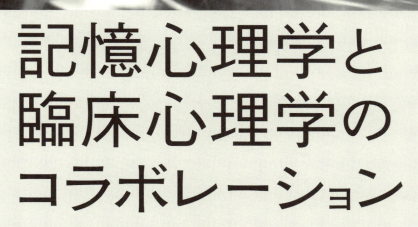

記憶心理学と臨床心理学のコラボレーション

杉山 崇・越智啓太・丹藤克也 編著
Takashi Sugiyama, Keita Ochi & Katsuya Tandoh

北大路書房

まえがき

　臨床心理学は，生活における本人または関係者の心と行動の問題で苦悩する人々を支える目的で発展した。そのため，心や行動への関心も生活を支えうるか，壊しうるか，または築きうるか，といった着眼点を持っている。この観点から記憶について考えてきたので，その黎明期から「記録としての記憶」ではなく，「記憶がどう生活に影響するか」という記憶の実用的な機能面に焦点が当てられてきたといえるだろう。

　一方で，認知心理学の領域では H. Ebbinghaus（1850－1909年）の忘却の研究，F. Bartlette（1886－1969年）の歪みの研究，といった正確さへの関心から，自伝的記憶や展望記憶などの研究領域で忘却や歪みの機能にも関心が向けられるようになった。臨床心理学と記憶研究の心理学（以下，記憶心理学）は，「記憶」の機能や生活への影響について，共通の関心を持つに至ったといえるだろう。

　本書は，この共通の関心を1つの本として形にすることを目指している。編者ら（杉山崇，越智啓太，丹藤克也）は2009年から日本心理学会の年次大会を主な活動の場として，記憶心理学と臨床心理学のコラボレーションを議論してきた。当初は建設的な成果というより，その課題が浮き彫りになることが続いた。

　特に両分野の「違い」は大きな課題だった。発展の経緯も違えば，研究のパラダイムも違う。人材育成の方針も用語も違う。研究者が関心を向ける研究方法の議論は多くの心理療法家には理解不能だろうし，心理療法家が情感を込めていきいきと語るナラティブな事例は研究者には退屈な場合もある。米国臨床心理学の父と呼ばれる J. Rotter（1916－2014年）が聞いたら嘆くような事態だが，これが今の日本の現実である。

　このように，乗り越えるべき壁の大きさを実感することが続いたが，5年間の継続を経て，さらに「トラウマ記憶」と「抑うつ」という2つの事象を共通の基盤とすることでいくつかの実りもあった。その実りを世に問う機会を北大路書房からいただき，また志を持つ研究者と心理療法家の多大なご尽力もあっ

まえがき

て本書に至った。心理学研究と臨床心理学の接続は世界的な課題であるが，相互の交流から双方の発展に繋がることが健全な心理学界のあり方であり，本書がその第一歩になればという気持ちからここに上梓するものである。

　なお，現在，臨床心理学と呼ばれている分野は科学性よりも実用性を重視して発展した心理査定学と心理療法（心理支援）学に大別できるが，本書では心理療法学を臨床心理学と呼ぶ。

2015 年 9 月
編者一同

目次

まえがき　i

第1部
総論：記憶心理学と臨床心理学，これまでとこれから

1章　記憶心理学の基礎概念と現状 …………2
1節　エビングハウスからアトキンソンとシフリンへ　2
2節　短期記憶　4
3節　リハーサル　5
4節　長期記憶　7
5節　画像記憶　7
6節　意味記憶とエピソード記憶　9
7節　ワーキングメモリ　11
8節　プライミング　13
9節　メタ記憶　15
10節　記憶過程の制御　17
11節　自伝的記憶　19
12節　記憶研究の現在と展望　21

2章　記憶心理学と臨床心理学の接点となる包括的モジュールについて
── 心の劇場と注意のスポットライト …………23
1節　はじめに　23
2節　臨床心理学における記憶の概念化　23
3節　認知行動療法と人間性心理学における記憶　31
4節　記憶心理学と心理療法を結ぶ意識と無意識のモジュール　36
5節　まとめ　40

目次

第2部 トラウマ体験と記憶

3章 虐待記憶とフォールスメモリ …… 44
1節 フォールスメモリシンドロームと2つの論点　**44**
2節 トラウマ記憶が抑圧されることはあり得るのか　**48**
3節 体験しなかった性的虐待の記憶を植え付けることは可能か　**54**

4章 PTSDの生物学的病理モデル …… 65
1節 PTSDとは　**65**
2節 トラウマ記憶の特徴　**66**
3節 PTSDの病態モデルとしての恐怖条件づけ　**67**
4節 PTSD患者の心理学的刺激に対する反応性の高さ　**69**
5節 PTSD患者における恐怖条件づけ研究　**71**
6節 トラウマ体験時のストレス反応　**72**
7節 ストレス反応と記憶　**74**
8節 PTSD患者における脳の変化　**75**
9節 PTSDの予防・治療研究　**76**
10節 おわりに　**77**

5章 PTSDと認知プロセス …… 79
1節 PTSDの分類と心理的症状・発症メカニズム　**79**
2節 PTSDにおける条件づけプロセス　**81**
3節 PTSDにおける認知プロセス　**82**
4節 侵入想起を中心としたPTSDの認知プロセスモデル　**93**

目次

第3部 抑うつと記憶

6章 抑うつの気分一致効果と自己関連づけバイアス……96
1節 はじめに **96**
2節 顕在記憶と潜在記憶 **97**
3節 抑うつについての記憶研究の方法論 **99**
4節 抑うつにおける記憶の機能不全 **100**
5節 抑うつにみられる記憶の機能不全のメカニズム **111**
6節 今後の課題 **114**

7章 抑うつにおける記憶の病態……117
1節 はじめに **117**
2節 抑うつ者の記憶バイアスと記憶機能障害 **118**
3節 抑うつにおける記憶研究の実際――過度に概括化された記憶 **129**
4節 抑うつにおける記憶研究の今後の方向性 **133**

8章 抑うつの思考抑制,抑制意図,信念……135
1節 はじめに **135**
2節 思考抑制とは **135**
3節 抑うつと思考抑制 **138**
4節 抑うつ者はなぜ思考抑制に失敗するのか **141**
5節 今後の展望とまとめ **148**

9章 心理的時間と記憶……149
1節 はじめに **149**
2節 心理的時間 **150**
3節 時間評価と脳における時間の制御過程 **150**
4節 時間と感情との関連 **154**
5節 抑うつと時間の評価との関連 **156**
6節 感情価と抑うつ **157**

7節　抑うつと感情価と時間　**158**
　8節　時間と記憶との関連　**159**
　9節　おわりに　**161**

第4部
臨床心理学とのコラボレーション

10章　統合的心理療法の立場から
―― 人間を全体としてとらえつつ，有効な視点で鮮やかに切り取るには　…**164**

　1節　筆者の立場　**164**
　2節　心理療法のいくつかの学派における「記憶」「感情」「主体感覚」　**166**
　3節　心理療法全般にみられる記憶の再編　**172**
　4節　特殊な事例にみられる記憶とその再編――トラウマ記憶を思い出さなかった例　**176**
　5節　今後の方向性――さらなるコラボレーションを求めて　**180**

11章　PTSDに対する心理療法
―― 幼児期，児童期，思春期，老年期の例から …………………………**182**

　1節　はじめに　**182**
　2節　虐待やトラウマ体験の影響と治療的な対応　**184**
　3節　事例について　**185**
　4節　幼児期での事例　**187**
　5節　児童期での事例　**189**
　6節　障害児の事例――重症の広汎性発達障害　**192**
　7節　思春期の事例　**193**
　8節　老年期の事例　**195**
　9節　まとめ　**197**

12章　心理療法における記憶生成と変容の過程
　　　——うつ病の事例から考える，記憶に苦しめられるメカニズムと治療的対応…198

　1節　はじめに　**198**
　2節　記憶に苦しむのはなぜか？——感情のパラドックス，情動と意識トリガーのスパイラル　**199**
　3節　うつ病の苦悩と記憶　**204**
　4節　事例にみる急性期の記憶過程　**214**
　5節　おわりに　**219**

　文献　**220**
　人名索引　**246**
　事項索引　**248**
　おわりに——記憶心理学と臨床心理学の課題と展望　**254**

第1部

総論：記憶心理学と臨床心理学，これまでとこれから

1章 記憶心理学の基礎概念と現状

1節 エビングハウスからアトキンソンとシフリンへ

　記憶についての科学的な研究は，エビングハウス（Ebbinghaus）までさかのぼれるといわれる。Ebbinghausは，実験的に記憶を検討しようとしたが，単語などを用いて実験を行うとその単語についての事前の知識などが影響してしまう可能性があるために，使用する材料を無意味綴という材料を作成して実験を行った。これは（子音）-（母音）-（子音）の3文字からなる意味を持たない文字列で例えば，HAJ，NEQなどである。Ebbinghausは，自らを被験者として無意味綴りで作成した単語のリストの記憶実験を繰り返して，記憶についての基本的な法則を導き出した。

　彼が用いた指標は，節約率というものである。これは，同じ対象を2度目に学習する場合に，最初の時間よりもどのくらい時間が短くなるのかという数値のことである。その後，心理学研究の主流は，行動主義となっていったが，これは刺激と反応の結びつきという単純なモデルによって記憶現象を説明しようというアプローチであった。このような研究の流れの中で，順向抑制，逆向抑制，系列位置効果など様々な現象が明らかになった。

　その後，コンピューターが開発され，人間の様々な認知プロセスをコンピューターアナロジーで説明していくという試みが行われるようになった。その中で当時最も大きな影響を与えたのが，アトキンソンとシフリン（Atkinson & Shiffrin, 1968）による記憶モデルである。彼らは，行動主義の流れの中では，ブラックボックスとして扱われていた記憶現象を初めて構造モデルとして定式化した（図1-1）。

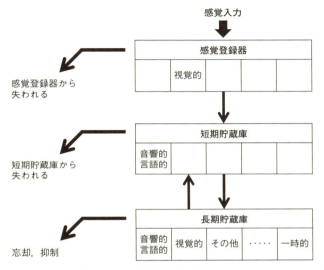

図1-1　AtkinsonとShiffrinの記憶モデル（Atkinson & Shiffrin, 1968, p.93）

　このモデルでは外界にある刺激の入口である感覚登録器（sensory register），15秒から30秒にわたって記憶を保持する短期貯蔵庫（short-term store），そして半永久的に記憶を保持する長期貯蔵庫（long-term store）が想定されている。このうち，記憶が貯蔵される短期貯蔵庫と長期貯蔵庫を指して二重貯蔵モデルと呼ばれることもある。

　感覚登録器は主に視覚的なイメージなどの感覚情報の入力を受ける。感覚登録器に情報が入力されると，その大半は一瞬のうちに消失してしまうが，一部の情報は短期記憶へと入力される。短期貯蔵庫は感覚登録器や長期貯蔵庫から受け取った情報を一時的に保持することができる。短期貯蔵庫へ入力された情報も感覚登録器と同様に短期間で消失してしまうが，感覚登録器に比べて保持時間が長いこと（最長30秒）が特徴である。また，リハーサル（復唱）を行うことで情報を長期的に短期貯蔵庫に留めておくことも可能である。長期貯蔵庫は短期貯蔵庫から転送された情報を半永久的に保持することができる。感覚登録器や短期貯蔵庫の情報は最終的には消失してしまうが，いちど長期貯蔵庫に転送された情報は半永久的に保持されることが特徴である。

Atkinson & Shiffrin（1968）のモデルでは，長期貯蔵庫に情報を転送するためには短期貯蔵庫に情報を長く留めることが必要であると考えられていた。この考えに基づけば，繰り返しリハーサルを行うことで長期貯蔵庫へと情報が転送されることになる（ただし，Atkinson & Shiffrin, 1968が感覚登録器から長期貯蔵庫への直接的な転送も生じる可能性があると考えていたのは特筆すべき事項である）。しかしながら，その後，Atkinson & Shiffrin（1968）のモデルでは説明のつかない現象に関する考察が深まった。例えば，Shallice & Warrington（1970）の報告した症例 K. F. は，短期記憶が障害されているにもかかわらず，長期記憶には障害がみられなかった。Atkinson & Shiffrin（1968）のモデルに基づけば，短期記憶が障害された場合，長期記憶も少なからず障害されるはずであるが，そうはならなかったのである。また，3節で述べる Craik & Lockhart（1972）の処理水準モデルの提唱によって Atkinson & Shiffrin（1968）のモデルは反論を受けている。

2節　短期記憶

短期記憶は情報を短い期間留めておく記憶のことである。短期記憶に保持されるのは，言語的，視覚的，空間的，ないしは嗅覚や触覚情報といった，様々な感覚情報である。Atkinson & Shiffrin（1968）のモデルでは，リハーサルバッファというシステムによって短期記憶情報を保持することができ，保持された情報の一部は長期貯蔵庫へ転送されると考えられていた。

短期記憶の容量はどのくらいであるのかという問いは多くの研究者の関心を集めてきた。短期記憶の容量の測定に用いられるのは，単語スパンや数字スパンのような，一度に何個の単語または数字を覚えることができるかを検討する課題である。Miller（1956）はマジカルナンバー 7 ± 2 という概念を提唱し，人が一度に記憶できる容量は 7 ± 2 個程度の意味のまとまりであるとした。この意味のまとまりはチャンクと呼ばれ，例えば ANAJAL という無意味な文字列をそのまま読めば6チャンクであるが，「ANA」「JAL」と認識すれば2チャンクとなる。のちに，Cowan（1999）は多くの実験データを基にして，

リハーサル方略などの要因を取り除いた場合には，マジカルナンバーは4±1となることを提唱している。Cowan（1999）の理論によれば，人が一度に注意を向けることのできるのは，刺激同士が相互に無関連である場合には4チャンクが限界であり，それ以上の情報は注意の焦点から外れてしまうという。

短期記憶は情報を保持するのみの役割であるが，この役割に情報の操作の側面を加えたワーキングメモリという概念が提唱され（Baddeley & Hitch, 1974），今日でも研究が行われている。

3節　リハーサル

リハーサルとは短期記憶内に留められた情報を繰り返し想起することをいう。Craik & Lockhart（1972）は，記憶痕跡を強めるためには深い意味的な処理が必要であるとする処理水準モデルを提唱する中で，リハーサルには2つのタイプがあることを主張した。1つは，維持リハーサル（タイプ1リハーサル）で，ただ情報を反復するだけのリハーサルである。もう1つは精緻化リハーサル（タイプ2リハーサル）で，記銘項目に対して意味的な深い処理を行うリハーサルである。維持リハーサルは長期記憶を促進せず，精緻化リハーサルを経ることによって記憶痕跡が強まり，長期記憶が形成されると考えられている。

Craik & Watkins（1973）は維持リハーサルと精緻化リハーサルの違いを明確にすべく，2つの実験を行った。ここではその第二実験を紹介する。参加者は12個の名詞からなる12リストを提示され，そのうち6リストでは直後再生を，残りの6リストでは提示から20秒後に遅延再生を求めた。その際，12個の単語のうち最後の4個を覚えておくことが特に重要であると教示した。参加者は直後再生および遅延再生課題を行った後，事前には知らされていなかった最終再生課題を行うように求められた。最終再生課題では，実験中に提示された語を思い出せる限り報告するように求められた。つまり，最終再生課題は長期貯蔵庫への転送がどの程度行われたかを検討する指標となっていた。

実験の結果を示したグラフが図1-2と図1-3である。仮に，Atkinson & Shiffrin（1968）のモデルのように，リハーサルによって短期貯蔵庫から長期

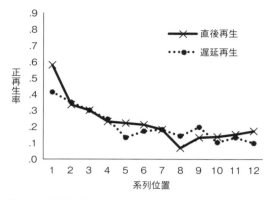

図1-2　最終再生課題の正再生率（Craik & Watkins, 1973）

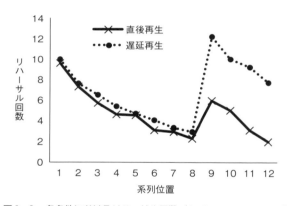

図1-3　各条件におけるリハーサル回数（Craik & Watkins, 1973）

貯蔵庫への転送が生じるのであれば，リスト内の最後の4単語の最終再生成績が向上するはずである。ところが，実験の結果，直後再生と遅延再生のいずれの条件においても，リスト内の最後の4単語の再生成績は向上していなかった。遅延再生課題では最後の4単語のリハーサルが大幅に増加していたが，そのリハーサルの効果は最終再生課題の成績としては表れなかったのである。この結果は，短期的に記憶を維持するためのリハーサルを行っても長期貯蔵庫への転送は行われないことを意味しており，維持リハーサルとは異なる，精緻化リハーサルの存在を仮定する必要性を示すものである。

4節 長期記憶

長期記憶とは，長い期間にわたって情報を貯蔵する記憶システムのことである。長期記憶はその性質ごとに，いくつかの種類に分類できることが知られている。代表的なのはSquire（1987）による分類（図1-4）で，彼は長期記憶を陳述記憶（declarative memory）と手続き記憶（procedural memory）に二分し，さらに陳述記憶の中にはエピソード記憶（episodic memory）と意味記憶（semantic memory）が，手続き記憶の中には技能（skills），プライミング（priming），古典的条件づけ（simple classical conditioning）などがそれぞれ含まれるとした。

陳述記憶は意図的な想起が可能な記憶であり，個人的な過去の出来事についての記憶であるエピソード記憶や，"郵便ポストは赤い"のような事実についての記憶である意味記憶に基づく。一方の手続き記憶は意図的というよりもパフォーマンスの形として潜在的に利用される記憶である。

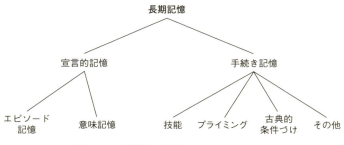

図1-4 長期記憶の分類（Squire, 1987, p.170）

5節 画像記憶

画像記憶とは，写真，絵などの画像材料についての記憶である。1960年後半から1980年代にかけて，画像に関する記憶は単語などの言語記憶と異なるのか，そのメカニズムに注目が集まり，さかんに研究が行われた。その先駆けとなっ

た Shepard（1967）は，単語，文章，写真の記憶課題を実施し，単語や文章に関する記憶は直後の再認課題で80％から90％程度の正答率となるのに対して，写真に関する再認課題成績は2時間の遅延を挟んだとしてもほぼ100％であり，1週間の遅延を挟んでも90％に近い正答率を示すことを明らかにした。このことから，画像記憶は単語や文章よりも優れていると考えられるようになった。Shepard（1967）の研究は刺激の等質性が保証されていなかったために批判を受けるが，等質性を統制した上で行われた研究においても画像記憶の優位性が示されている（Erdelyi & Kleinbard, 1978；Paivio, 1976）。

では，なぜ画像に関する記憶は言語に関する記憶よりも優れているのだろうか。その説明として，いくつかの仮説が考えられている（Madigan, 1983）。第一に，複雑性と弁別性の違いによって説明を試みる説がある。画像刺激は単語刺激よりも複雑性および弁別性が高いために，記憶成績がよくなるという考え方である。第二に，符号化時の処理の深さの観点から説明を試みる説がある。この仮説は Craik & Lockhart（1972）の処理水準の概念に従ったものであり，

画像刺激はイメージ符号化という深い処理を受けるために記憶成績がよくなると考えられている。第三に，二重符号化説（Paivio, 1971）があげられる。この仮説では，画像記憶は言語的にもイメージ的にも符号化されると考えられており，一方で言語記憶はイメージ的に符号化されることは少ないとされる。つまり，画像記憶は言語とイメージの二重の符号化を受けているために記憶成績がよいと考えられるのである。最後に，画像刺激は抽象的，命題的に符号化されるという説がある。この説では，画像がイメージとして符号化されるのではなく，スキーマにしたがって体制化され，保存されると考えられている。

これらの説をまとめる形で，箱田（1981）は，画像記憶は言語的，イメージ的な二重符号化だけでなく，意味的な符号化もなされているとして，三重の符号化説を提唱している。

画像記憶に関する研究はその後，顔の記憶研究へと発展し，どのように顔の記憶が形成されるのか，そのメカニズム研究が現在でも行われている。

6節 意味記憶とエピソード記憶

　意味記憶とエピソード記憶はいずれも記憶のシステムであり，命題として表象され，貯蔵／検索を経て利用されるという点で共通している。また，いずれの記憶も，言語的な想起や想起意識を伴わずに利用される手続き記憶とは異なる。それでは，意味記憶とエピソード記憶はどのように概念的に区別されてきたのであろうか。

　いわゆる陳述記憶を，意味記憶とエピソード記憶に区分する試みを提唱したのは Tulving（1972）であった。後に Tulving（1983／太田（訳），1985）はさらにこの主張を洗練させ，両者の相違点を3つの領域において明らかにした（表1-1）。

　1つは情報や知識における相違点である。何らかの事象が起きた際に，その意味や目的がわからなかったとしてもそれは感覚的経験としてエピソード記憶を形成する。一方で，意味記憶は，エピソードの内容が意味的に解釈／理解されなければ形成されないものである。例えば，"踏切が遮断された直後に電車が通過した"という感覚的経験はエピソード記憶になるが，その経験のみでは意味記憶にはならない。意味記憶として獲得されるためには，"踏切は電車の通過前に遮断されるものである"という意味的な理解が伴う必要がある。

　次に，操作における相違点があげられる。エピソード記憶の特徴として，意味記憶よりも文脈依存的であり干渉を受けやすいと考えられる。なぜなら，繰り返し学習され脱文脈化／体制化されている意味記憶に比べて，エピソード記憶は一度きりの文脈経験であり体制化が不十分であるからである。また，意味記憶のような抽象的知識の情報量に比べて，エピソード記憶のもつ具体的知識は情報量が多く複雑なため，干渉を受けやすくなっているとも考えられる。

　最後に，応用における相違点があげられる。これには，教育や汎用性といった観点が含まれる。幼少期から青年期にかけて学校へ通うのは意味記憶や手続き記憶を獲得するためであり，個々のエピソード記憶を獲得するためではない。また，世界に関する知識（意味記憶）は個人的なエピソード記憶よりも，生活を営んでいく上では有益である。このように，意味記憶はエピソード記憶より

表1-1 意味記憶とエピソード記憶の相違点（Tulving, 1983／太田（訳），1985, p.44）

区分特性	エピソード記憶	意味記憶
〈情報における相違点〉		
源	感覚	理解
単位	事象・エピソード	事実・観念・概念
体制化	時間的	概念的
リファレンス	自己	万物（世界）
真実性	個人的信念	社会的一致
〈操作における相違点〉		
登録	経験的	象徴的
時間的符号化	有・直接的	無・間接的
感情	より重要	重要でない
推理能力	制限あり	豊富
文脈依存性	より顕著	顕著でない
被干渉性	大	小
アクセス	意図的	自動的
検索の質問	時間？　場所？	何？
検索の影響	システムの変化	システムは不変
検索のメカニズム	共働的	開示的
想起経験	記憶された過去	表出された知識
検索の報告	……を覚えている	……を知っている
発達の順序	遅い	早い
小児健忘症	影響あり	影響なし
〈応用における相違点〉		
教育	関連なし	関連あり
汎用性	小	大
人工知能	不明	優秀
人間の知能	関係なし	関係あり
実証的証拠	忘却	言語の分析
実験室的課題	特定のエピソード	一般的知識
法的証言	容認可・目撃者	容認不可・鑑定人
健忘症	影響あり	影響なし
二院制人	なし	あり

も応用可能性が高いという点で異なっていると考えられる。

　Tulving（1972）が意味記憶とエピソード記憶の区分を提唱して以後，両者は明確に異なるのかについて，心理学実験的，神経心理学的な研究が行われてきた。例えば，神経心理学的な証拠として，健忘症患者を対象にエピソード再認課題と単語完成課題を実施したWarrington & Weiskrantz（1974）の研究があげられる。この実験では，参加者はまず単語の学習を行い，その後に2つの課題を行った。1つは，学習した単語とそうではない新たな単語が1つずつ

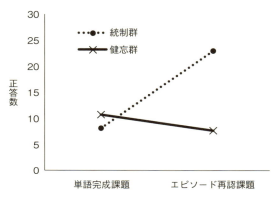

図1-5　単語完成課題とエピソード再認課題の成績
(Warrington & Weiskrantz, 1974, p.421)

ランダムに提示され，その単語が学習したものであるかそうでないかを回答するエピソード再認課題であった。この課題では，"実験室で単語を学習した"こと自体がエピソードであると捉えられ，エピソード記憶課題として扱われた。もう1つは，単語の頭文字が提示され，その後に続く文字を埋める単語完成課題であり，意味記憶課題として扱われた。実験の結果，意味記憶課題では健忘症患者群と統制群の成績に差がみられなかった一方で，エピソード記憶課題では健忘症患者群の成績が統制群に比べて大幅に低下していることが明らかとなった（図1-5）。

この結果は，健忘症患者はエピソード記憶が選択的に障害されており意味記憶には障害がみられないことを意味し，エピソード記憶と意味記憶の神経心理学的な区分を示す証拠であるといえる。

7節　ワーキングメモリ

ワーキングメモリは，情報の一時的な保持と操作を支える認知神経基盤のことである。ワーキングメモリという概念が広く用いられるようになったのは，Baddeley & Hitch（1974）がワーキングメモリの複数成分モデル（図1-6）を提唱して以降である。このモデルは改変が加えられ，現在もワーキングメモ

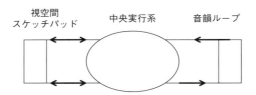

図1-6 ワーキングメモリの複数成分モデル（Baddeley & Hitch, 1974）

リの代表的なモデルとして支持されている。

　Baddeleyらは，短期貯蔵庫を妨害する目的で数字を復唱する課題を行わせながら，言語的推論課題を行わせるという二重課題を実施した。Atkinson & Shiffrin（1968）のモデルのように，短期貯蔵庫が単一のシステムであれば，短期貯蔵庫を妨害することで言語的推論課題の成績に大幅な低下がみられるはずであった。しかしながら，数字復唱課題によって短期貯蔵庫を妨害したにもかかわらず課題成績には大幅な低下はみられなかった。このことから，短期貯蔵庫は単一ではなく，複数の成分で構成されることが示唆された。そこで彼らは，中央実行系（central executive）と，それに従属する音韻ループ（phonological loop），視空間スケッチパッド（visuospatial sketch pad）の三成分からなるワーキングメモリモデルを提唱したのである（総説としてBaddeley, 2007／井関他（訳），2012）。

　中央実行系は，注意を焦点化する能力，注意を分割する能力，注意を切り換える能力を担っているとされる。音韻ループは，言語や音声を一時的に貯蔵することのできる音韻貯蔵庫と，言語産出を制御する構音コントロールで構成される。視空間スケッチパッドは，視覚情報や空間情報を保持する役割を果たしている。

　後年，Baddeley（2000）はこの三成分で説明のつかない現象の理解のために，エピソードバッファ（episodic buffer）という概念をモデルに加えている（図1-7）。エピソードバッファはワーキングメモリと長期記憶との情報の統合を担っており，音韻ループおよび視空間スケッチパッドと相互作用している。近年では，音韻ループと視空間スケッチパッドはエピソードバッファを通して間接的に中央実行系と関わっていると考えられており（Baddeley et al., 2011），情報を統合するシステムとしてのエピソードバッファがより強調されるように

1章　記憶心理学の基礎概念と現状

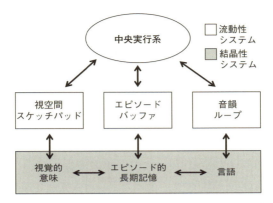

図1-7　エピソードバッファを加えたワーキングメモリモデル
(Baddeley, 2000)

なっている。

なお，ワーキングメモリに関するモデルはこの他にも，Engle et al. (1999) の注意制御モデル，Cowan (1999) の注意の焦点モデルなど，いくつか提唱されている。

8節　プライミング

プライミングとは，先行する刺激（プライム刺激）が後に行う刺激の処理に影響を及ぼすことである。プライミング効果は先行する刺激に対する想起意図を伴わなくとも生じるため，潜在記憶の代表例として取り上げられる。プライミングは大きく，直接プライミング効果（direct priming effect）と間接プライミング効果（indirect priming effect）の2つに分類することができる。

直接プライミング効果の検証方法として代表的なのが，単語完成課題（word-fragment completion）である。この課題は，例えば"ライオン"などの単語をいくつも提示された後に，"ラ＿オ＿"の単語完成をしてもらうもので，たとえ"ライオン"という単語を見た記憶がなかったとしても，単語完成の正答率や所要時間が促進されることがわかっている。ここでは，Tulving et al. (1982) の実験を紹介しよう。

13

Tulving et al.（1982）は参加者に96語の単語を提示し，その1時間後または1週間後に再認課題と単語完成課題を行った。再認課題では，はじめに提示された語と提示されなかった新しい語が提示され，その単語がもともとあったものであるかそうでないかの判断を求めた。単語完成課題では，はじめに提示された語と提示されなかった新しい語についての単語完成を求めた。その結果，新しい語では単語完成課題の正答率が.31だったのに対して，はじめに提示された語では.46であった。また，単語完成課題を行う以前に再認課題で用いられた語では.54，はじめに提示されてさらに再認課題で用いられた語では.65であった。このことから，単語完成課題よりも以前に提示されていた単語では単語完成課題の成績が向上することが伺え，これはプライミング効果によるものであるといえる。さらに，1時間後と1週間後における再認課題と単語完成課題の成績を比較したところ，再認課題では1週間後に正答率が大幅に低下したのに対して，単語完成課題では1週間後も正答率が保たれていることが示された（図1-8）。

　この結果は，再認課題のような顕在記憶とは関係なく，単語完成課題のような潜在記憶は少なくとも1週間は保持されることを示し，プライミング効果が潜在的に生じている可能性を支持するものである。

　間接プライミングは，プライム刺激とターゲット刺激が同一ではない場合にも生じるプライミング効果のことで，例えば，"動物"という単語を見た後に

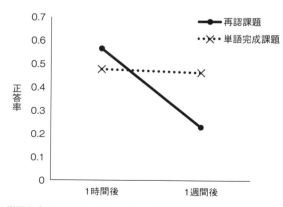

図1-8　単語完成課題におけるプライミング効果の持続（Tulving et al., 1982, p.339）

"ラ__オ__"の単語完成を求めると，"動物"を見ていなかった場合よりも正答率が向上するという現象である。間接プライミング効果は，ターゲット語（例：ライオン）とプライム刺激（例：動物）に意味的近似性がある場合に生じやすい。間接プライミング効果は活性化拡散モデル（spreading activation model；Collins & Loftus, 1975）によって説明できると考えられている。活性化拡散モデルは，概念間の関連をネットワーク構造で示したもので，ある概念が活性化すると，意味的距離の近い他の概念に活性化が伝播するというものである。つまり，"動物"というプライム刺激が提示されると，意味的距離の近い"ライオン"にも活性化が伝わるために，間接プライミングが生じるといえる。

　ここまでに述べたプライミング効果は，プライム刺激が後続の刺激の処理を促進するものであったが，それとは反対に，プライム刺激が後続の刺激の処理を抑制する効果も報告されている。Tipper（1985）は，先行する試行では無視するように教示されたディストラクタ刺激が，後続の試行においては反応すべきターゲット刺激となったときに，その刺激に対する反応が通常よりも遅れることを見いだしている。このような効果をネガティブプライミング効果（negative priming effect）という。

9節　メタ記憶

　メタ記憶（metamemory）とは，記憶についての認知のことである。例えば，"飛行機の操縦の仕方を知っていることを知っている"のはメタ記憶である。喉まで出かかる現象（tip-of-the-tongue phenomenon）のように，ある物の名前が出てこなくても，その名前を知っているはずであるというメタ記憶は異なる次元で働いていると考えられている。

　これまで，メタ記憶に関する様々な理論が提唱されているが（清水，2009を参照），ここではその中でも代表的なNelson & Narens（1990, 1994）のモデルについて紹介する（図1-9）。

　このモデルによれば，認知プロセスは対象レベルとメタレベルの階層で構成

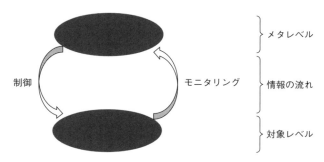

図1-9　メタ認知プロセスの構造（Nelson & Narens, 1990, p.126）

される。対象レベルは活動の変容，続行，終了を担い，メタレベルは対象レベルの活動の調整を行っている。これらのレベル間の相互作用はモニタリングと制御で表される。モニタリングとは，対象レベルの情報をメタレベルへと伝えることで，制御とは，メタレベルの情報によって対象レベルの活動を調整することを意味する。

記憶のプロセスは記銘，保持，検索の3段階からなることが知られているが，Nelson & Narens（1990）はこの3段階におけるメタ記憶の役割を明らかにしている（図1-10）。

ある情報を記銘しようとした際に，その学習以前においては，モニタリング

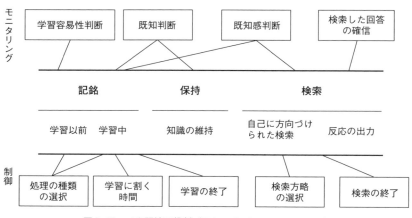

図1-10　メタ記憶の役割（Nelson & Narens, 1990, p.129）

プロセスとして学習容易性判断が行われる。学習容易性判断は，学習しようとしている情報の難易度と，どのような方略をとれば学習がもっとも容易になるかについての判断である。学習容易性判断に基づいて実際にどのような処理を行うかの選択判断が行われ，さらに，その学習にどの程度の時間を割り当てるかについての判断が行われる。次に，実際に学習を行う段階では，まだ学習できていない情報についての既知感判断と，すでに学習できた情報についての判断が行われる。そして，学習すべき各々の情報に時間をどの程度割り当てるべきか，再度の検討が行われる。学習が完了したとメタ記憶が働いた時点で学習は終了する。

保持の段階では，記銘段階で獲得した知識の維持にメタ認知的活動が必要となる。特に，思い出せない情報があった場合には既知感が再学習に必要となる。例えば，昨日に初対面だった人の名前が思い出せないとき，名前を聞いた覚えがないと感じれば再学習は行われにくいが，名前を聞いたはずなのに思い出せないと感じれば何とかして再学習が行われようとする。

検索の段階では，検索以前のプロセスとして，正答に対する既知感があるかどうかの判断が行われる。既知感がある場合には適切な検索方略の選択がなされ，検索が開始される。検索中，思い出すことに時間を費やそうと判断された場合，または思い出そうとしている情報に既知感がある場合には検索は継続する。しかしながら，既知感が低い場合には検索過程は終了する。検索した回答の出力にもメタ記憶が関わっており，検索した回答が適切である確信がある場合は出力が行われるが，確信度が低い場合には再度の検索が必要となる。

このように，メタ記憶は記憶の3段階それぞれに関与し，記憶のパフォーマンスに大きく貢献していると考えられる。また，メタ記憶に関する研究は，目撃証言の信憑性の研究など，記憶のモニタリングと制御が必要となる分野に応用されている。

10節　記憶過程の制御

前節で述べた通り，メタ記憶は記憶過程のモニタリングや制御に関わってい

る。では，モニタリングに基づいた，意図的な記憶過程の制御は可能なのであろうか。ここでは思考抑制（thought suppression）に関する知見を参照し，この問題について説明を行う（思考抑制については8章も参照）。

思考抑制とは，自らの感情や思考を意識から追い出そうとする意図のことを指す。例えば，ダイエットをしている際に，チョコレートのことを何とか考えないようにする試みは思考抑制の一種であるといえる。ところが，思考抑制はいつでも成功するわけではなく，かえって抑制しようとしている思考が増強してしまう思考抑制の逆説的効果（paradoxical effect of thought suppression）が生じることが知られている。つまり，チョコレートについて考えないようにすることによって，余計にチョコレートのことを考えてしまう現象が生じるのである。この逆説的効果を検討した実験としてもっとも有名な Wegner et al. (1987) の研究を紹介しよう。

Wegner et al. (1987) は大学生34名を抑制先行条件と表出先行条件に振り分けて実験を行った。いずれの条件においても，参加者は実験中考えていることを喋るように教示された。抑制先行条件の参加者は，はじめに，"シロクマ"について考えないように求められ，シロクマという言葉を発したり，思い浮かべてしまった場合には備え付けられたベルを鳴らすように教示された。抑制先行条件の参加者はこの抑制課題を5分間行った後，それとは反対に，シロクマについて考える表出課題を5分間行った。表出先行条件の参加者は，シロクマについて考える表出課題を5分間行った後に，シロクマについて考えないようにする抑制課題を5分間行った。両群の参加者がベルを鳴らした回数を示したのが図1-11である。

この結果は2つの重要な意味を持っている。1つは，抑制課題を行った際にも，思考を完全に抑制することはできないということである。もう1つは，抑制先行条件の参加者が，抑制課題では表出先行条件と同等程度に思考を抑制することができていた一方で，表出課題に移ると，シロクマについての思考が多くみられたという結果から窺い知ることができる。つまり，思考を抑制しようとする意図が途絶えた後も，抑制しなければならないという警戒が無意識的に働き続けたために，シロクマがふと脳裏に浮かびやすくなり，このような逆説的効果が観察されたのである。

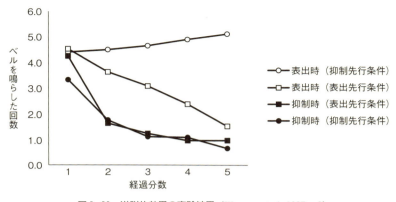

図1-11　逆説的効果の実験結果（Wegner et al., 1987, p.8）

　Wegner（1994）は思考抑制の逆説的効果が生じてしまうメカニズムとして，皮肉過程理論（ironic process theory）を提唱した。皮肉過程理論では，何か思考を抑制しようとする意図を持った際に，抑制したい思考が意識内に生じていないか監視する監視過程（monitoring process）と，監視過程が検出した情報をもとに，抑制したい思考を実際に意識外へと排除しようとする実行過程（operating process）が協同すると考えられている。ここで重要なのは，実行過程は意識的に認知的負荷を割いて行われる一方で，監視過程は無意識的かつ認知的負荷は少ないという点である。したがって，自発的に実行過程を止めたり，何らかの認知的負荷がかかり実行過程による意識的な制御が低下した状態であっても，監視過程は無意識的に，抑制したい思考への警戒を働かせている。このように，実行過程の働きが低下し監視過程による警戒が続いている状況下では，抑制したい思考に対してむしろ敏感になってしまうために，逆説的効果が生じると考えられている。

11節　自伝的記憶

　自伝的記憶とは，自分に関するエピソード記憶の集積であり，簡単に言えば我々の思い出の総体である。我々は子どもの頃の記憶から最近のものまで莫大

なエピソードを保持していると考えられている。では，自伝的記憶は何歳くらいまでさかのぼることができるのであろうか。いままで多くの研究者がこの問題を検討してきた。例えば，Sheingold & Tenney（1982）は，子ども時代の顕著な出来事，例えば，弟や妹が生まれたときのことがらをどのくらい記憶しているかについて，「赤ちゃんが男の子か女の子かを教えてくれたのは誰ですか」「お母さんが入院するという事をあなたにいったのは誰ですか」のような質問をつくり，これを弟や妹が生まれたときに，1歳3か月であった人から17歳5か月であった人まで38人，合計81件の出産について調査し，どのくらいの質問に答えることができるかを調査した。その結果，2歳までに弟や妹が生まれた場合にはほとんどの人が，質問にほとんど答えることができないこと。3歳になると答えられる質問は急増することがわかった。そこで彼らは，幼児期健忘は3歳程度まで続くと結論づけた。じつは，いままで行われたほとんどの研究がほぼ同様の結論を出している。興味深いことに，現在の年齢が何歳であるかに関わらず，この年齢以下の記憶を想起することはできない。これを幼児期健忘という。

　幼年期健忘の原因については，いくつかの説が提唱されているがその中で，特に重要なのはFivush（1991）の見解である。彼女らのグループは，そもそも記憶が残っていくためには，その出来事がいつ，どこで，どのように起こったのか，という形でまとめなおすことができる能力が形成されていなければならないと考えている。「いつ，どこで，どのように」というのはまさにエピソード記憶しかもっていない特徴である。そして，この能力は，主に家族などとの会話の中で形成されていくというのである。彼女は1人の女の子の発話を詳細に観察し，このようなことができるようになっていくのは，3歳頃からで，これが，幼年期健忘が消失する時期とほぼ一致していることを示している。

　さて，人生において我々が体験する記憶はどのように保持されているのだろうか。10歳の時の体験と40歳の時の体験の総量はおなじはずだから，1つの考えとしては，どの年代の記憶も同じ程度記憶されているというものが考えられる。また，古い記憶は次第に忘却されてしまうので新近性効果が生じ，最近のことはたくさん記憶されていて，昔の記憶になるほど記憶されている量が減少するとも考えられる。

しかし，実際に調査してみるとこれらのようにはならないという事がわかっている。30歳以上の成人を参加者として実験してみると，すべての人で，10～30歳の時の記憶，特に20代の記憶だけが突出して多く記憶されているのである。これをレミニッセンスバンプ（reminiscence bump）という（Franklin & Holding, 1977）。レミニッセンスバンプが生じる理由については，様々な説が唱えられているが，この時代は卒業や就職，結婚などの重要なイベントが発生しやすく，このような出来事はその後の人生でしばしば参照され，人生の方向づけをするために使われるからではないかという説が有力である。ただ，一方でこの時代にはもっとも認知的な能力が優れているので，記憶されているに過ぎないという生物学的な学説も存在する。

12節　記憶研究の現在と展望

以上のように，記憶研究は我々が日々経験している様々な記憶現象について，実験的にも理論的にも多くの研究がなされてきており，Ebbinghaus 以来，我々の記憶現象についての知識は，数百倍以上になったといってよいであろう。

では，今後記憶研究はどのように発展していくのであろうか。ここでは，2つの方向性をあげておこう。1つは脳科学とのリンクである。心理学における記憶研究はいわば，機能的な観点から，記憶現象を明らかにするものであった。それが実際に脳の中でどのようなメカニズムで働いているかについては特に問題にされないことも多かった。その理由は，そもそも，高次な脳の働きについて，研究するための手段がなかったからでもある。しかし，近年，fMRI や fNIRS をはじめとした高度な脳のイメージング装置が急速に発展してきて，我々が行っている高次の活動に対応した脳の活動を捉えることができるようになってきた。この種の研究を進展させていくことによって，ハードウェアの側面からも我々の記憶システムについての理解が進むことは間違いない。

そしてもう1つの方向性であるが，それがまさに本書でも扱っているような，臨床心理学とのリンクである。本書を見ていただければわかるとおり，様々な心理障害はある意味で記憶の機能不全として捉えることが可能である。とすれ

ば，臨床心理学を記憶の応用認知心理学として捉え直すことさえできる可能性がある。このような新しい観点で研究を進めていくことによって，心理障害についての理解が進むとともに，その治療方法にも大きな進歩が見込まれるかもしれない。

2章 記憶心理学と臨床心理学の接点となる包括的モジュールについて
——心の劇場と注意のスポットライト

1節 はじめに

「まえがき」で述べられているように，記憶心理学と臨床心理学は記憶の機能や生活への影響に関心を向けるという「接点」を持った。本章ではこの接点をもとにした両者の発展に向けて，まずは臨床心理学における記憶関連の概念を整理してみよう。その後，記憶心理学と臨床心理学をつなぐためのグランドデザインとして，意識と無意識の包括的モジュールを検討しよう。最後にこのモジュールに基づいて本書の各章の位置づけを考えてみよう。

2節 臨床心理学における記憶の概念化

臨床心理学には多くの学派があるが，近年の心理療法史では4大アプローチと分類するのが主流になっている（表2-1；Cooper, 2008；杉山，2014a, 2014b）。心理療法は総じて無意識的な記憶や思考とのつきあい方を論じているといえるが（杉山，2014a），表2-1のように記憶に関連する概念の表し方は学派ごとにかなり異なっている。臨床心理学は類似する概念や現象を扱っていても学派ごとに独自の用語と人間観を設定するのが特徴なので[注1]，記憶を扱って

注1：各心理療法に独自の用語と概念化があるからこそ，それぞれに議論を深め理論体系を構築することができたともいえるが，その弊害も多い。まず，学派相互の理論的な交流が行われにくい。実務のための学問なので，実務（事例研究）を通した着眼点の違いや臨床観の違いを交換する交流は行われるかもしれないが，このような交流は逆にそれぞれの「違い」の強調と確認の場になり理論の「検証」に繋がることは少ない。結果的に，初学者は何らかの学派への傾倒を求められ，研究者にとっては科学的には「未検証」の心理療法の理論体系は怪しげに映り，記憶心理学と臨床心理学の協働が進みにくい状況があったと考えられる。

表2-1　臨床心理学における記憶の概念化（アプローチ・学派別）

アプローチ	学派	非宣言的記憶		宣言的記憶			展望記憶 時間的展望	ワーキングメモリー	情動（感情）記憶
		手続き記憶	プライミング（要因を含む）	エピソード記憶	意味記憶 個人的	意味記憶 社会的			
力動	精神分析	転移	他者	トラウマ体験	対象の表象		直面化 洞察 修正感情体験		
	分析心理学	マッチングの手続き		マッチ・ミスマッチのエピソード	その人の法則	この世の法則	法則のマッチ・ミスマッチ		
人間性	クライエント中心	理想自己		現実自己	理想自己		気づき		全ての学派で情動的側面を重視
	感情焦点化	感情スキーム		トラウマ体験	感情スキーム		感情調整		
認知行動	第1世代	条件づけ	手がかり	消去抵抗					
	第2世代	自動思考 回避行動	強迫観念	自動思考・信念・スキーマの根拠	スキーマ・信念	強迫観念 回避行動	認知再構成 スキーマの修正		
	第3世代	承認受容		構成概念			意思の放棄 注意の分割・調整 マインドワンダリング		
システムズ	家族	家族・対人関係内での相互作用　様式		家族・対人関係内での相互認知様式とその具体例					
	対人関係								

いても必ずしも「記憶」という用語が用いられていない。そこで，表2-1[注2]では内容的に相当する概念は「記憶」に含めている[注3・注4]。

　ワーキングメモリは私たちの意識を担う中心的なシステムと考えられており，私たちが日常的に経験する意識体験はワーキングメモリ内の諸システム間での情報の相互作用で生じるとされている（Baddeley, 2000；苧阪，2007）。そこで，心理療法の中で行われる意識的な活動，例えば認知や感情の修正・再構成の体験はワーキングメモリで行われていると考えることができるだろう。そこで，意識的に行う修正や再構成に該当する概念はここに集約して表した。ワーキングメモリのメカニズムと心理療法の概念体系の対照は杉山（2014b）を参照していただきたい。

注2：システムズ・アプローチには世代間伝播などの家族・対人関係内の様々な様式が家族関係や対人関係のダイナミズムに蓄積されることに注目しているが，個人内の記憶過程にはあまり注目していない。
注3：本表の展望記憶は，将来の出来事に対する行動の意図（出来事ベースの展望記憶）の比較的長期的なものを想定し，行動は認知行動アプローチに倣って思考も含めているが，これら用語と概念の問題は「あとがき」で検討した。
注4：自伝的記憶は宣言的記憶，時間的展望，情動記憶にまたがる概念なので本表では割愛した。

また，情動記憶は臨床的問題への関与が大きく，ほぼすべての学派で注目されている。一方で記憶心理学では情動記憶の研究はトラウマ記憶を除けば臨床で扱われる諸問題とリンクした形ではあまり行われていない。そこで，本章では情動を扱う科学的なアプローチとしてDamasio（1999, 2010）の意識モデル（以下，Damasio説）を引用して考えてみよう。Damasio説は精神分析と認知神経科学をつなぐ文脈で引用されることが多く（Solms & Turnbyull, 2002），情動記憶を理解する上で示唆があるものと思われる。

　本章の2節3節はこの表を説明する形で，各心理療法が扱ってきた記憶関連の概念を紹介し，現代の記憶心理学の記憶分類との対照を行う試みである。そして4節では記憶心理学と臨床心理学を包括的に理解するためのモジュールを検討するが，意識の神経相関（NCC：Neural Correlates of Cosciouness）を考慮した意識と無意識を扱う認知科学と認知神経科学の成果を統合した杉山（2014a, 2014b）の議論を基に検討してみよう。

1．精神分析と分析心理学

（1）精神分析における記憶

　現代の精神分析における記憶関連の概念としては，「早期体験」「対象の（内在化された）表象」「転移」の3つの概念が重視されているといえるだろう。

　早期体験は一種のエピソード記憶でもあるが，この学派で重視されているのは「"殺される"と思うほどの厳しすぎるしつけの体験」などの一時的あるいは長期反復的なトラウマ体験の記憶である（以下，トラウマ記憶）。トラウマ記憶は強く深い感情を伴う記憶（emotional memory，以下，情動記憶）でもあり，通常のエピソード記憶のようにスムーズに言語化されにくい場合も多い（4章参照）。

　つぎに対象の表象は，「私につらく当たる人」や「私に厚意的な人」といった一種の意味記憶といえる。また実際に遭遇した時の対応に関する意図も含んでいるので，一種の出来事に基づく展望記憶ともいえるだろう。

　なお，近年の精神分析では，古典的精神分析におけるトラウマ記憶の想起（回復，意識化）や表象の言語化に固執することは稀で（Fonagy, 1999），むしろ「手続き記憶（非宣言的記憶）としての転移（BPSG, 2010）」に注目してい

る。

　転移とは対人関係パターンの心理療法セッションにおける再現である（Joseph, 1985）。例えばクライエントが「先生は，本当は私のことが嫌いでなんでしょ！もう先生とはお話したくありません！！」という感情を向けてきたとする。日常生活でこのような言動をすると普通は相手に嫌がられて関係が破綻する。しかし，セラピストが〈私はあなたのセラピストです。あなたを大切に想うことはあっても，嫌いになることはあり得ませんよ〉と現実的な対応を行ったとしよう。このような対応は不必要な対人関係のパターンを展開している現実への直面化を促す対応となる。そして，「そんなの信じられません！」〈でも本当なのです〉「嘘です」〈嘘に見えますか？〉「…わかりません…」，などの相互作用を繰り返すうちに手続き記憶はすこしずつ再構成されていく。その結果として表象やトラウマ記憶に伴う情動が変容することを目指す。時にはセラピストが「そんなことをいうと悲しいではないですか！」など感情的になる場合もある。これは一種の逆転移と呼ばれる現象だが，転移とそれに対応する逆転移の相互作用の中でも，逆転移が病理的でない限り手続き記憶の再構成は進むと考えられている。

　そして，手続き記憶のような非宣言的記憶は言語化なしで変容するので，意識化や言語化に必ずしもこだわらない（Fonagy, 1999）。つまり，必ずしも過去の辛い体験を語る必要はなく，言葉による洞察も必須ではないのでセラピストによる解釈も不要なこともある。

　また，転移という手続き記憶の再現を促す要因は，心理療法場面ではセラピスト，日常生活では何らかの関係をもつ他者となるが，これは一種のプライミング要因ということができる。

（2）精神分析における意識の時間的起点と第3世代CBTとの接点

　さて，初期の精神分析は記憶の回復を目指していたが，この試みでは記憶想起の起点が「現在」に設定されているといえる。つまり，トラウマ記憶も表象も，「その状態を脱してもいいはずの現在」における「正しい認識（現実検討）」ではない。つまり，記憶の世界（脳がつくり出した刺激；Damasio, 1999, 2010）に没入して，意識（注意）を今現在の現実ではない何かに固着させていることが病理であり，言わば未だに過去のある事態を生きようとしているかの

ような状態を病理とみなしている。そして「この記憶は現実でも現在でもない」と気づくこと（洞察）で，「いま，ここ」を生きる意識を回復させて病理の軽減を目指したといえる。

なお，精神分析は病理の背景に幼児的な快楽・権力の希求があると想定し，その欲求が上記の固着を招くとも考えられている。幼児的な固着傾向が高い人は社会にうまく適応できないことが多い。そのため，精神分析は未熟な人々への教育・矯正的なアプローチとされることもある（Jung, 1916）。

このように精神分析は今現在をよりよく生きることを大切にする人間観を持っている。実は，今現在の気づきや洞察を大切にする姿勢は，心理療法の手続きはまったく異なるが，後述の認知行動療法第3世代（以下，第3世代CBT）の人間観と近いものがあるといえる。第3世代CBTの文脈では直接的に主張されることは少ないが，何かを嫌がる，または焦ることで逆に嫌な何か，または考えうるは最悪の事態に注意が固着した状態を「マインドフルではない状態」と想定している（筆者はこれをマインドレスネス，または「心が忙しい状態」と呼んでいる）。

何かを嫌がるということは，快楽や権力の希求といった欲求が満たされないことが背景にあることが多い。例えば，自分の将来に絶望して抑うつ気分を慢性化させている人は，その将来を嫌がるあまりそれしか考えられなくなっているといえる。自分に不快感を与えた誰かを許せずに憤懣を溜めることも，その誰かの表象を嫌がるあまり，逆に注目してしまって繰り返し再生してしまっているといえる。

つまり，求めても手に入るかどうかわからないものを希求するあまり，または嫌がってもどうにもならないものを嫌悪するあまり，余計に苦しくなっているのである。第3世代CBTでは「幼児的」と批判することは少ないが，その源流をたどって禅や仏教の欲求への態度を参照すると，貪瞋痴（欲張り，不寛容，取り乱し）を戒めるなど欲への批判的態度が見て取れる。欲求への態度は精神分析と第3世代CBTには共通点があるといえるだろう。

(3) 分析心理学における「記憶」への疑問

一方で，分析心理学は精神分析が想定した「記憶」が本当に記憶なのかと疑問を呈している（Jung, 1916, 1931, 1935）。Jungは，心理療法の対象者は過去

を生きているのではなく，現在に至るまで「ずっと病理的な（その人なりに幼児的な）状態を生きていると考えている。

　例えば，幼児期に息子がほしかった父親から「おまえなんか生きる価値がない」と罵倒され続けた女児がいたとする。親の自分への態度は自己概念（自己スキーマ）に反映されるため，女児は自己否定的な自己概念と自分を誇りたい願望の葛藤に苦しんでいた。しかしある時，「自分は価値がない存在として生きるしかない。何をやってもむだだ…」と無力感に身を任せたところ葛藤が急激に軽くなり気が楽になった。苦しみからの解放で負の強化が成立し，さらに無力感を強くしながら「いつ死んでもいい…。どうなってもいい…」と周りに言われるがままに普通の学校生活を送り，一見は平凡な女性として成人し，望まれるがままに結婚した。夫は子どもを望むが，深い無力感は子どもを育てる気力を彼女に与えることはない。子作りに消極的な態度は夫を苛つかせ，時に夫から罵倒されることもある。

　このような例では，精神分析の人間観では父親に罵倒され続けるという早期体験のトラウマに未だに苛まれている，という捉え方になる。すでに父親に罵倒され続ける日々が終わり，1人の自立した成人になったわけだが，彼女は未だに無力感に身を任せるという不要なコーピングを続けている，という病理と理解することになるだろう。そして，父に罵倒される中で無力感に身を任せるしかなかった複雑性トラウマ体験の「記憶」に固着した意識を現在の現実に向けさせようと試みるかもしれない。

　しかし，分析心理学では病理とは捉えるものの，必ずしも「不要」とは考えない。なぜなら，セラピーで尊重するべき今現在は必ずしも「誰もが納得する合理的な現実」だけではなく，「その人にとっての（その人なりの）今現在」だからなのである。言い換えれば，父親に罵倒された苦しみや無力感に身を任せることで開放される喜びは彼女の人生そのものでもある。彼女の人生はそこからスタートして現在に至っている。他の人生は知識としては知っていても体感としては知らない。言わば無力感とともにあることが「彼女なりの現在（現実）」なのである。分析心理学は精神分析と同じく今現在を生きることも大切にしているが，同時に精神分析では批判的に捉えられる「その人なりの現在」を生きることも大切にするのである。

(4) 分析心理学の対象

　分析心理学のこの態度の背景には，社会的に不適応な人だけでなく十分に適応できている人も対象にしてきたという経緯も関係している。つまり，「人並みかそれ以上の適応」ができているわけなので，仮にその人なりの現在を生きているとしてもなんら実害はないのである。

　むしろ，社会適応のために蔑ろにされているその人の一面がその病理によって救われていることもある。例えば，周囲が期待する明るく健全な子ども・青年・成人として成長した人には，そうでない側面を周囲に拒否される体験をした人も少なくない。そして，その側面を満たすための密かな趣味を持って，またはそれ自体を職業として，そこに生きる喜びを見いだしている人もいる。つまり，何らかのその人の生きる意味や価値が見いだされるのであれば，今現在の「病理」も批判的に捉えるべきではないと考えているのである。

　なお，その人なりの現在に繋がる過去は必ずしも「本当の過去」，とは限らない（佐藤他，2007）。今現在の喜びや苦痛をその人なりに説明する詭弁かもしれない。その意味では3章で紹介されている偽りの記憶なのかもしれない。しかし，仮に偽りの記憶であっても，本人がその記憶によって自分という存在に納得ができるのであれば分析心理学では悪いこととは考えない。

　このようにJung（1916）の分析心理学の臨床的な態度は，精神分析の教育・矯正的な態度とは一線を画するところがある。精神分析ではトラウマ記憶とされるかもしれない体験も，記憶ではなく「その人なりの現在」とある意味で肯定的に捉える場合がある。

(5) 元型と物語

　では分析心理学では記憶はどのように扱われているのだろうか。分析心理学はJungの壮大な思想なので，その論者によって少しずつ表現や用語が異なるのが特徴だが，個人の記憶に類するものとしては「物語」（小川・河合，2008），個人を超越した記憶に類するものとして「元型（archetype）」をあげることができるだろう。

　元型とは生まれる前から私たちの心の中にビルトインされている生きるための様々なイメージである。個人的な記憶ではなく，進化の中で受け継がれてきた「種の記憶」または「生命の記憶」とでもいうべきものだが，この解説は各

所で行われているのでここでは割愛する。記憶の分類としては，筆者は転移のように複雑な感情が伴うことと個人の志向性に影響を与えることから手続き記憶の一種として分類できるのではないかと考えている。

　ここで言う物語とは心理療法の対象者に話を限れば自分と人生が与える試練との葛藤の物語と表現できるだろう（Steavens, 1983）。まず，分析心理学では人は生涯にわたって「その人」としての発達の途上にいると位置づけている。そして，人はその人独自の志向性や嗜好性（何が嬉しくて，何が嫌なのか）といった「その人独自の法則」と呼ぶべきものを持っている。一方で，この世には規則，禁忌，常識，マナーといった「この世の法則」と呼ぶべきものがある。2つの法則は時にかみ合わない（ミスマッチ）。ここに病理（葛藤）が生まれる。そして，2つの法則のマッチ・ミスマッチの体験を通して「自分はこの世ではこうふるまうべきなのだ，こうしたほうがよいのだ」といった「その人自身の法則」を見つけるプロセスは一種の物語になる。

　ここで，「その人独自の法則」「この世の法則」そして「その人自身の法則」はエピソードの積み重ねから抽出された，または教えこまれた意味記憶の一種と考えられる。意味記憶は個人的意味記憶（personal semantic memory；Kopelman et al., 1989）と社会的意味記憶（social semantic memory；Olson et al., 2007）に分けて考えられている。前者は「その人独自の法則」と「その人自身の法則」に（表2-1では，両者を合わせて「その人の法則」としている），後者は「この世の法則」に該当するといえるだろう。

　また，その人の独自性とこの世のマッチ・ミスマッチの体験はエピソード記憶であるが，「この世では何をすべきで，何をすべきでないか」という生き方のトレーニング体験でもある。つまり何かを「する・しない」という展望記憶も獲得されると考えられる。また「その人自身の法則」は「マッチングの手続き」でもあるので一種の手続き記憶とも呼ぶこともできるだろう。

　そして，「物語」は本人がそれを意識することがあれば一種の自伝的記憶である。自伝的記憶は目指すべき将来に応じて書き換えられることがあるので前項（4）で紹介した「その人なりの現在」と同じく偽りの記憶である可能性を含んだものである。

（6）分析心理学における想起

　分析心理学もその人なりの現在や物語，元型，法則に「気づく」こと，すなわち想起して意識化することを心理療法のプロセスとして重視している。ここで言う意識は何らかの目的志向性を持つ意志だが，分析心理学ではその目的は「個性化（individuation）」という内発的な自己実現に置かれている。これは，これからの自分の物語を描くことともいえるだろう。言い換えれば，これまでの物語や法則，元型を想起する目的は，よりよい展望記憶・時間的展望を描くことにあるとできるだろう。

　展望記憶・時間的展望は顕在的，潜在的の両次元が考えられている（Zeintl et al., 2007；田渕他，2009）。つまり，意識されていない展望記憶も存在する。意識は自己の最適な状態（ホメオスタシス）の管理システムで（杉山，2014a, 2014b），「その人独自の法則を生きることができない」といった不全感をもたらす展望記憶の意識化は好まれないだろう。

　Jung（1916）によると法則間のミスマッチの意識化を拒むことは「その人の法則」を拒むことであるとしている。例えば，「この世では具現化できない」ということもその法則の一面であり一部である。「その人の法則」を拒んでいる限り，本当の意味でその人という人生を生きているわけにはならないと考えている。このように，分析心理学ではこの世では許されない，満たされない自分の側面を含めて意識（想起）して生きることを「個性化」と概念化して，心理療法の，そして人生の目標の1つと位置づけている。

3節　認知行動療法と人間性心理学における記憶

　認知行動療法（以下，CBT）と人間性心理学はともに精神分析とは体系の異なる人間観を築いているが，記憶心理学を考慮してそれぞれの特徴や人間観を考えてみよう。

1．行動療法：第1世代CBT

　行動心理学の古典的条件づけ，オペラント条件づけは連合学習と呼ばれる一

種の手続き記憶と説明され,手がかり(cue)という概念はプライミング要因ともいえるだろう。また,情動や動機づけとの関わりから一種の情動記憶とも考えられ,上記のDamasio説におけるソマティック・マーカー仮説との関連も議論されている。

また,オペラント条件づけにおける部分強化学習には消去抵抗が強いことが知られ,部分強化効果と呼ばれている(Humphreys, 1939)。部分強化は強化時と消去時の区別(弁別)がつけにくいため,強化に対する期待や予想が変わりにくく動機づけが低下しにくいと説明されている(弁別仮説;Domjan & Burkhard, 1993)。つまり,少なくともこの仮説では「自分がこうしたら,こうなるはずだ」という経験に基づく一種の期待の存在を想定している。言い換えれば,「過去にこうしたらこうなった」という自伝的記憶や,「ここで自分はこうするはずだ(べきだ)」といった展望記憶も間接的に想定されているといえる。

2.認知療法:第2世代CBT

この学派は,考え方と行為の最適化を通して現在の適応を促す技法体系である。自分なりの理解や解釈(2節で言う「その人なりの現在」)に疑念を持ってもらうことから始める。何らかの不適応に悩んでいることと,本人が自分なりの現在に疑念を持つことが施行の条件になっている。症状や病理ごとに実証研究で検討された病理モデルと治療モデルを構成しているのが特徴で,様々な介入変数と技法がある。ここでは,①認知再構成法,②不安障害への技法,③スキーマ療法,のそれぞれにおける記憶を考えてみよう。

(1)認知再構成法

精神分析家A. Beck(1921-)が開発した方法である。精神分析では解釈(直面化)を用いて意識を現実に向けるように促すが,この方法は時にセラピストがクライエントと対立することになり,クライエントへの気分的な負担が高い。この負担はセラピストへの反感(抵抗)になり,セラピーを停滞させるので,セラピストによる解釈ではなく共同作業による現実検討を重視するのが特徴である。したがって,基本的な記憶観は精神分析的学と共有しているが,いくつかの違いもある。

まず、転移に相当する概念は置かない。それに代わる手続き記憶に関連する概念としては、出来事や他者への反応様式としての自動思考（こうに違いない、という偏った解釈）の活性化、それに基づく行動化と感情表出という一連のプロセスが仮定されている。また精神分析では表象と表現されている他者のイメージは、自分との関わりも含めて意味記憶化されたスキーマという概念に置き換えている。なお、エピソード記憶は不安障害への技法、スキーマ療法とともに自動思考や信念の再構成、またはスキーマの修正の根拠として扱われている。これは記憶の検索という意味では、直接検索を促しているといえるだろう（雨宮、2014）。

（2）不安障害への技法

自分の意志でコントロールできないという自我違和感のある不安に悩まされる症状が不安障害である。認知再構成法を適用して不安の背景にある思考（強迫観念や予期不安）を修正する方法はあまり治療効果がなかった。そこで不安を促す強迫観念や予期不安といった侵入思考をほぼすべての人が体験するという疫学的資料に基づいて、これを「出来事」と位置づけた（丹野、2002）。つまり、侵入思考そのものの修正ではなく、侵入思考への解釈（自動思考）やコーピング（手続き記憶）を整えることを治療目標として治療効果を上げたといえる。

侵入思考は一種の無意図想起であり（服部、2014；及川、2014）、「これは、こういうものだ（例えば、不潔だ、重大なリスクだ、など）」といった自分や社会についての意味記憶的な側面も含んだ概念といえる。将来の破滅的なイメージを示唆する場合は回避行動（強迫行為）に動機づけられる。半ば自動的に行われれば手続き記憶、行動する意志の想起を伴えば展望記憶ともいえる。また、侵入思考そのものが次のプライミングを促す刺激なので、本人の意志で抑制しようとして注目するとさらにプライミングが増強され、ますます抑制できないと考えられている。精神分析が想定する病理と同じく、今現在の真実かどうかが検討されないまま、不合理な反応を続けることが障害となっているという観点で捉えられている。

（3）スキーマ療法

ここで想定されているスキーマは、社会的認知心理学で言う自己スキーマに

該当するが，早期体験に由来する，自分自身，または自分と周囲の関係性についての意味記憶である（杉山，2011）。エピソード記憶を積み重ねることで抽出されたスキーマが，慢性的に事象の解釈を歪めさせてパーソナリティ障害が生じると想定されており，スキーマを修正するために具体的なエピソードの想起（直接検索）も積極的に行う方法である。

3．非言語的治療方略：第3世代CBT

この学派は第1世代，第2世代で効果が小さかった臨床的な問題を対象として発展してきたが，代表的な技法にアクセプタンス＆コミットメント療法（acceptance & commitment therapy），弁証法的行動療法（dialectical behavior therapy），マインドフルネス認知療法（mindfulness-based cognitive therapy）などがある。

特徴は「問題」や「苦悩」を何とかしようとする意思が逆に苦悩を増やすという人間観で，いい意味での「あきらめる（その存在を明らかにしたうえでこだわらない：仏教で言う四聖諦）」を目指している。第2世代で用いられる自分なりの解釈を疑わせる方法は受け継がれているが，それ以上に苦悩を承認（acknowledgment）・受容（acceptance）することが重要視されている（Hayes et al., 1999）。ここでの承認・受容は認知処理の結果というより反応様式として想定されているので，一種の手続き記憶とも考えることができるだろう。

また，マインドフルネスと呼ばれる自分自身の内的な体験（思考，情動，身体感覚など）に対する知覚を増進させた状態を目指し，瞬間瞬間に内的に生じている現象に注意を分割的に向けることを目指す。自己概念や思い出といった宣言的記憶や展望記憶も無視するわけではないが，この学派ではそれらは構成概念にすぎない。記憶に注目することは生成検索（雨宮，2014）を増加させてしまうので注意はできる限り分割して様々なものに注意を向けさせる。つまり，意図的にマインド・ワンダリング（関口，2014）をつくり出して直接検索を促していると考えられる（杉山，2014a）。言い換えれば記憶の想起・検索の調整を技法化しているといえるだろう。

4．人間性心理学と記憶

　人間性心理学にも諸学派があるが，全般的な特徴は誰もがよりよい方向に進もうとする潜在的な志向性を持つと信じることにある。またおおむねすべての学派で自分はこういう存在であるという自己概念（クライエント中心療法では「理想自己」）が想定されており，これは一種の個人的意味記憶であるといえるだろう。そして，自己概念と実際の体験（現実自己）のズレが人としての機能不全を招くと定義した（Rogers, 1961）。

　この理論では意識は理想自己を参照して現実自己の比較を体験しているが，理想自己は自分についての望ましい展望である。そのため，現実自己は理想自己とのズレが大きいと，本人が持っている意味体系では受け入れ難い現実的な体験，すなわち不快なエピソード記憶といえるだろう。心理療法では「今，ここ」の気づき，すなわち意識することが強調されている。理想自己と現実自己の双方を想起して，理想自己を放棄するのではなく上手にあきらめる（上田，1996），または自分という存在の新しい価値を見いだすという手続きが想定されることが多い（杉山，2014b）。この手続はワーキングメモリで行われる認知的，情緒的作業と考えられる。手続きの進め方は学派によって細部に違いもあるが，おおむね自分という存在を喜べる方向に進める志向性があるといえるだろう（杉山，2014b）。

　記憶に関してはゲシュタルト療法から発展した感情焦点化療法（Greenberg, 2002）が特に言及している。この心理療法は，経験の積み重ねによってつくり上げられた認識と反応の様式を「感情スキーム」という用語で概念化している。認識の様式は一種の意味記憶，反応の様式は一種の手続き記憶に該当すると考えられるので，感情スキームは感情を中心に体系化された意味記憶と手続き記憶と言い換えることができるだろう。例えば，虐待や長期間にわたって進行した喪失体験などの長期反復的トラウマ体験に基づいた感情スキームがあった場合，些細な出来事で深刻な恐怖や悲哀を経験することになり，日常的に苦痛を経験することになる。そこで，無意識的に作用していた感情スキームに気づき，想起させることで感情体験を再処理させて，スキームを再構成することを目指す。この過程は感情調節とも呼ばれている。独自の概念化を行っているが，記

憶の想起→変容→再保存（4章，11章参照）を目指した技法ということができるだろう。

4節　記憶心理学と心理療法を結ぶ意識と無意識のモジュール

　ここまで見てきたように，心理療法はそれぞれの概念と人間観で記憶とその変容過程を検討してきたが，総じて無意識的な記憶過程をどのように意識で扱うと対象者が生きやすくなるか検討されてきたといえるだろう。本書では3章から9章までトラウマ体験に由来する問題と抑うつについての記憶心理学の成果が紹介されているが，ここではこれらの成果を心理療法に活かすために意識と無意識のメカニズムの包括的なモジュール（杉山，2014c）を検討し，各章の位置づけを考えてみよう。

1．心（皮質）の劇場と無意識的なプロセッサ

　記憶心理学と心理療法を結ぶ包括的モジュールは，様々な概念を吸収できる概括性を持ち，さらにその概括性に一定以上の妥当性がなければならないと考えられる。本章では，この条件を満たす理論モデルとして，まずはグローバルワークスペース理論（Baars & Franklin, 2003）と IDA (Intelligent Distribution Agent) モデル（Franklin & Baars, 2010）を援用したい。これらの理論モデルは注意の容量制限と神経相関（NCC: Neural Correlates of Consciousness）を考慮しており，認知神経科学的な妥当性が相対的に高い（月元，2014）。また（心・皮質／知覚・記憶の）劇場，無意識的プロセッサという劇場中の演者たち，注意（意識）のスポットライト，という概括性の高いメタファーを用いており（図2-1），様々な心理学概念を幅広く吸収できる可能性を持っていると考えられる。

　これらの理論モデルにおける無意識的プロセッサは臨床心理学で言う表象，理想自己，トラウマ記憶，スキーマなど，ほぼすべてのイメージに該当する包括的な概念である。そして，それぞれの担当する刺激，表象，情報といった「演目」を自動的に上演する。さらに他のプロセッサの動きと検索意図（意図

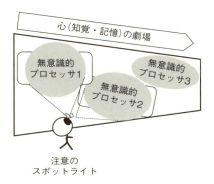

図2-1　心の劇場と注意のスポットライト

的な注意）に対応してネットワークで動く。プロセッサはある程度は固定化されているが，プロセッサ間で連携が構成されたり，再構成されたり，といった変容も想定されている。

　劇場で展開される演目は潜在的な記憶でもあるが，注意のスポットライトを向けることで顕在記憶，すなわち意識化されると考えられる。また意識的意図とは無関係に刺激に敏感に反応するので，注意が向けられない程度の控えめな上演（図2-1の無意識的プロセッサ3）をプライミングと考えることができる。

　本書ではトラウマ記憶の固定化と想起，変容のメカニズムや事例が4章と11章で紹介されている。5章ではトラウマ記憶関連刺激の閾値の低下などトラウマ記憶関連のプロセッサの性質が紹介され，関連する事例は12章で紹介されている。

　抑うつでみられやすいプロセッサの特徴は記憶欠損や記憶バイアスとして6章と7章で紹介され，抑うつを長引かせる信念が8章で紹介されている。また，対象の表象に付随する感情の修正（修正感情体験）は12章で紹介されている。これらの章は心の劇場やプロセッサの状態についての章ということができるだろう。

2．情動と意識トリガー

　感情は持続的な気分と衝動的な情動に区別できるが，気分は劇場の状態や作

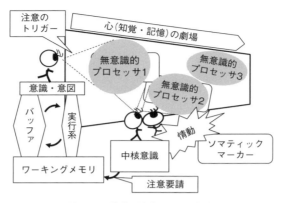

図2-2　情動と注意の2つの操者

動しているプロセッサに付随している感情情報（感情価），および感情によるネットワーキングによるものと思われる。抑うつでは気分の影響が強いが（6章，9章参照），PTSDのフラッシュバックなどでは上演されたトラウマ記憶に対して，まさに「いま，ここ」の情動反応を示すことも知られている。少なくとも扁桃体を中心にした情動システムはプロセッサが上演するものに反応していると考えることができるだろう。

　グローバルワークスペース理論とIDAモデルは情動を変数として相対的に深く考慮していないので，ここからは同じくNCCを考慮したA. Damasio（1944-）の説を援用しよう（杉山，2014b）。情動は自己への対象や事象の影響を瞬時に査定するシステムであるが，Damasio説によると感情価の高いプロセッサへの注目を強く要求するとされている。このような情動に連動する注意のスポットライトの操者をDamasio説では中核意識（中核自己）と呼ぶ。

　注意の要求は中核意識からワーキングメモリ実行機能（実行系・実行過程）に引き継がれ（Damasio, 2010），意識的な注意となる。そして，意識にトリガーされたプロセッサは担当する演目をさらに盛大に上演し続ける。なお，意識にトリガーされた状態とは，筆者の理解では精神分析で言う（注意・関心が）固着した状態と同じ意味と考えて差し支えないだろう。

　トリガーされたものがトラウマ記憶に関連するプロセッサ（図2-2の無意識的プロセッサ1）であれば，トラウマ記憶が情動を喚起し，それが意識によ

る注意をさらに呼び込む。そして，関連したプロセッサ（図2-2の無意識的プロセッサ2，3）も巻き込んで大々的にトラウマ記憶が上演され，より強く情動が喚起される，という繰り返しが続くと考えられる。つまり，Jungが想定したように，少なくとも情動を強く喚起する記憶は過去ではなく，ずっとそこを生き続けている現在でもあるといえるだろう（図2-2）。なお筆者はこの現象を「情動と意識トリガーのスパイラル」と呼んでいる（12章参照）。

3．注意の2つの操者

ところで，上記の過程は病理的な事態を想定しているが，通常の注意は意図的に操ることもできる。情動が強く要求しない場合はワーキングメモリ実行機能が厳重に管理している。しかし，マインドワンダリング（意図せずにその場の課題とは違うことを考えている現象；関口, 2014）という現象がみられるように実行機能が管理を緩める状態もあり，特に感情価の高い事象が劇場に登場すると情動が中核意識を使って注意を強奪するかのような現象が生じると考えられる。

図2-3のように注意のスポットライトはワーキングメモリ実行機能と情動の綱引きで操られているが，相対的に情動のほうが強力な場合もあるらしい。これは，実行機能内部に「求める意志・嫌がる意志（報酬系制御）」という情動に加担しようとする領域もあるためである。この問題は，PTSDについては5章，抑うつについては8章で論じられ，事例の実際は12章で紹介されている。

4．意識と意図，感情のパラドックス

意識は自分自身の状態や状況を把握して対処するためのシステムなので，基本的には自己意識であり，通常の意識は何らかの目的志向性を持っている（苧

図2-3　注意をめぐる綱引きのイメージ
（苧阪, 2007；杉山, 2014a, 2014b）

阪,2007)。主な目的は「自己」の最適化で(杉山,2014b),自己をおびやかす演目が劇場に登場すれば劇場から消す方向に動機づけられる。その原始的な反応が恐怖(逃避・回避)や憤怒(排除)といった一次的な情動で(Lewis, 2000),逃避・闘争といった行動である(Cannon, 1932)。

一方で,人類は皮質を高度に進化させて記憶(脳がつくり出す刺激;Damasio, 1999, 2010)への情動反応という脅威の予測システムを進化させてきた(Freud, 1917, 1926;杉山,2014b)。恐怖や悲哀はそれ自体が苦痛という脅威を伴っている(12章参照)。つまり脅威の予期システムによっておびやかされるという感情(情動)のパラドックスが起こってしまう(杉山,2014b)。PTSDでも抑うつでもこのパラドックスは伴っており,その実際は4章,5章,6章,8章,10章,12章で紹介されている。感情のパラドックス下では,実行機能と情動の綱引き関係が崩れ,情動が注意を強奪した状態になる。すなわち,情動と意識トリガーのスパイラルが続いていると考えられる(12章参照)。

なお,抑うつは喪失した何かに対する悲哀反応が慢性化した状態で,喪失体験に関連する過去の世界を生きていることが指摘されている(Freud, 1917;木村,1982;杉山・五味,2014)。この状態では情動と意識トリガーのスパイラルによって,意識は過去に規定された苦悩が永遠に続くかのように体験されると考えられる。この問題は9章と12章で特に時間性について議論されている。

なお,注意の調整,すなわちワーキングメモリ実行機能の調整は第3世代CBTで特に技法化されている。近年ではマインドフルネスがワーキングメモリ実行機能にも関わる前頭前野の領域に作用していることも示されており(Germer et al., 2013),今後はワーキングメモリ実行機能を視野に入れた記憶心理学と臨床心理学のコラボレーションを展開する必要があるといえるだろう。

5節 まとめ

心理療法の事例は学派ごとの独自の概念で説明されることが多いが,科学的な心理学で検討された概念や理論体系ではないので,実際のところ心理療法で何が起こっているかはブラックボックス化されているに近い。この状態が続く

ことは，心理職の科学者-実務家モデルに基づく科学的な態度としては好ましくない。心理療法が記憶に治療的に関与することを目指している以上，どのように記憶の仕組みに関与しているのか，実務者は正しく理解し，対象者へも説明する努力が求められるだろう。本書の目的の1つは，記憶心理学の用語と枠組みで心理療法を捉え直す試みであるが，この試みは壮大な試みにならざるを得ない。そのため，グローバルワークスペース理論やIDAモデル，さらにDamasio説といった壮大な理論体系を援用することになるだろう。しかし，すでに心理療法の統合を目指す世界的な動きの中では心理学との接続が議論され始めている。本書がその礎として研究者と心理療法家に受け止められれば幸いである。

第 2 部

トラウマ体験と記憶

3章 虐待記憶とフォールスメモリ

1節　フォールスメモリシンドロームと2つの論点

1．フォールスメモリシンドローム

　1980年代〜1990年代にかけて，主にアメリカにおいて，精神科医やカウンセラー（臨床心理士）によってカウンセリングを受けていた患者たちが，次々に，子どもの頃に父親（あるいは，祖父，母親，その他の近親者）によって性的虐待を受けていたという記憶を蘇らせるという出来事が起きた。記憶を蘇らせた人々は，両親に対して民事裁判や刑事告発を行うことになった。一方，このような告発を受けた両親の多くは，自分の子どもによるこの告発にまったく心当たりがなく，ただただ当惑するばかりであった。家庭内における訴訟合戦は，多くの家庭を崩壊に導くことになった（Ofshe, 1994；Conway, 1997；Sabbagh, 2009）。このような一連の出来事をフォールスメモリシンドローム（偽りの記憶症候群）という。この問題は，心理学や精神医学などのメンタルヘルス業界のみならず，マスメディアや法曹界を巻き込み，世論を二分するような論争が繰り広げられた。

2．『生きる勇気と癒やす力』と記憶回復療法

　この現象のもっとも重要なきっかけとなったのは，ハーバードメディカルスクールの臨床精神医学教授であるHermanの研究である。彼女は，いくつかの論文とそして，著作において，次のような主張を行った。「父親によって幼い娘が強姦されたり，性的な虐待を受けているという現象が驚くべきほど，広

範囲でみられている。娘たちはこの虐待が原因で様々な精神的な問題に直面している。現代文化や父親たちはこのような事実を覆い隠しているが，いまや，その事実を白日のものにさらし，娘たちはその事実を思い出し，家族と対決していかなければならない」(Herman, 1981／斉藤（訳），2000)。

　Herman の著作ではいくつかの実証データを元に，父娘間の性的虐待が頻繁に起こっていることが示されているが，彼女の扱っているケースは，そのほとんどが，虐待経験をずっと記憶して想起可能だった被害者（サバイバー）のケースである。これに対して，Bass と Davis は，『生きる勇気と癒やす力（*The courage to heal*）』(Bass & Davis, 1988, 2002／原・二見（訳），1997) という著作の中でこのような体験の記憶が抑圧され，想起できない状況におかれているケースが多いことを指摘した。彼女たちは専門的なトレーニングを受けた心理学者ではなく，「実践を通して」カウンセリングのノウハウを学んだというカウンセラーである。彼女らの著作は，一般向けに平易な言葉で書かれており，大部の本にもかかわらず，あっという間にベストセラーになった。この本は多くの人にインパクトを与えた。なぜならこの本には，「思い出せないかもしれないが，もしかしたら，あなた自身も父親からレイプされている被害者かもしれない」というメッセージが含まれていたからである。

　この本は Herman の理論のポピュラーバージョンであり（実際，Herman がこの本を推薦していた），そのロジックは次のようなものである。「もしあなたが何らかの精神的な問題を抱えているならば」→「その原因は間違いなくあなたが両親から性的虐待を受けていたからである」→「その記憶を思い出せないのは，それが抑圧されているからである」→「その記憶をカウンセリングなどによって思い出し，両親と対決することによってあなたの権利と精神的な健康を取り戻さなければならない」(2 章　癒やしの過程)。

　この本がベストセラーになるとともに，子どもの頃の性的な虐待の記憶の想起を請け負う記憶回復療法を行う精神科医やカウンセラーが急増した。彼らは，催眠やグループ療法を行いながら，副読本として，『生きる勇気と癒やす力』を患者やクライエントに読ませ，性的虐待の記憶を思い出させるという手法を広めていった。その結果，さらに多くの人々が両親による虐待の記憶を「想起」することになった。

第2部 トラウマ体験と記憶

『生きる勇気と癒やす力』はその後，イギリス，カナダ，オーストラリア，ドイツ，フランスなどで相次いで出版された。するとそれらの国々においても同様な事態が発生した（日本でもこの本は著名なPTSDの専門家である，小西聖子氏の解説をつけて出版された。また，Hermanの著作も著名な精神科医である中井久夫氏の翻訳で出版された。彼女らの著作は一部で熱烈な支持者をつくり出した。しかし，日本ではフォールスメモリ裁判はそれほど生じず，この問題が，大きな社会的な問題になることはなかった）。

ちなみに，この記憶回復療法の起源は，Freudと彼のつくり出した精神分析療法であるといわれる事が多い。確かに，記憶回復療法では，「無意識」や「抑圧」などの精神分析的な概念が使われるし，実際に記憶回復療法を行ってきた医師やカウンセラーは精神分析を標榜している人が多かった。ただし，Freud自身は，一時期，確かに実際に生じた性的虐待体験が抑圧されていることが，現在の精神症状の原因であるという誘惑理論を唱えており（例えば，『ヒステリーの病因論のために』(1896))，これを想起させることによって症状を消失させることができると考えていた。しかしその後，抑圧されているトラウマは現実のものであるとは限らず，幼児性欲によって空想されたものであるかもしれない（『ヒステリーの病因論のために：追記(1924)』）といった考えにかわっている。また，「正統な」精神分析療法と，記憶回復療法は心理療法の進め方やその技法などが多くの点で異なっている。ちなみに，Hermanは著作の中でFreudが誘惑理論を放棄したのは，「父親のみだらな行為が広範囲にみられることを信じたくないというFreudの気持ちが強くなった」からだとしている（Herman, 2000）が，これは必ずしも正しくはないだろう。Freudが誘惑説を撤回するに至った経緯については『精神分析運動史』(1914年)に詳しい。

3．偽りの記憶論争

アメリカでは1980年代後半から，この問題に関して，非常に多くの民事裁判，刑事裁判が行われることになった。ただ，訴えられた「加害者」側の両親たちも黙ってそれに応じているわけではなかった。彼らは，1992年にフィラデルフィアで「偽りの記憶財団（FMSF：False Memory Syndrome Foundation)」

を設立して，自分たちを訴えた子どもたちやこの現象自体に対して共同して立ち向かっていくことにした。彼らは，「記憶回復療法によって，想起された子どもの頃の性的虐待の記憶は実際には存在しなかったフォールスメモリ（偽りの記憶）だ」と主張した。この財団には，記憶回復療法によって家族が崩壊の危機に直面している4000以上の家族が参加した。同様の団体は翌年には英国でもつくられた（英国偽りの記憶協会：BFMS：British False Memory Society）（もちろん，FMSF，BFMS も告発されたり，報告された性的虐待事例のすべてがフォールスメモリであると主張しているわけでない）。

また，同時期には精神医学，心理学の様々な学会や専門誌においてもこの現象がさかんに取り上げられるようになった。多くの研究者が FMSF に顧問として参加したが，その中でキーパーソンとなったのが，認知心理学者の Loftus である。彼女は，「被害者が想起している性的な虐待の記憶は，カウンセリングの過程で埋め込まれたもの」であり，「子どもの頃の性的虐待の記憶が，『抑圧され』カウンセリングによって『回復する』といったメカニズムは認知心理学的な記憶研究の研究成果からはあり得ないことである」と主張した（Loftus, 1994；Loftus & Davis, 2006）。

これに対して，Herman や彼女を支持するグループは，あらゆるメディアを使って「罵詈雑言」的で脅迫的な言動を含む激しい口調で FMSF や Loftus を非難した。例えば，FMSF を児童性愛者の関連団体だと主張した。Herman 陣営から見れば，FMSF や Loftus の主張こそが，いままで虐げられきた女性の権利を踏みにじる暴力的なものだった。

この問題が複雑で暴力的になった原因の1つは，これが単なる医学的，心理学的な，科学の問題であっただけでなく，女性の権利問題などのラジカルな政治運動とも密接に結びついていたからである。Herman は性的に虐待され続けている女性の現状と苦悩を社会に広く知らしめた英雄だったのである。Herman 陣営は，FMSF の科学的な主張よりも，その反フェミニズム性や保守主義を攻撃し，多くの論争と感情的な対立，軋轢を引き起こした。この「醜い」争いは「心理学史上最大のスキャンダル」といわれるようになった。

現在，この論争自体は「終結」している。論争は，FMSF 側の実質的「勝利」に近い形で終焉した（これに対して，Herman 陣営は勝利したのは自分た

ちだとまったく逆の主張をすることも多い。例えば斉藤（2000）は，Hermanの著作の解説の中で，FMSF側の主張について，『いまでは時代遅れの反動の嵐（back-lash）に過ぎなかったという妥当な結論が出ている』と書いている。しかし，この論争の経緯を知るものの中で，彼の意見に同意するものはほとんどいないだろう）。

当時は，実際には存在しなかった性的虐待の記憶が，記憶回復療法の過程で「埋め込まれる」，といった現象が存在しうるということはほとんど信じられていなかったが，いまでは広く認められるようになってきている。また，記憶回復療法によって，想起した記憶に基づく訴訟もほとんど行われなくなった。訴えられるのは，「性的虐待をした」両親から，「性的虐待の記憶を埋め込んだ」精神科医やカウンセラーになっていった。

この論争は実質的には政治論争になってしまったため，議論された問題がすべて科学的な見地から明らかになったとはいいきれない。この論争が提起した科学的な論点は現在でも科学的に検証が続いている。そこで，本論では，この論争の主要な2つの論点について，科学的な観点から，その流れを簡単に振り返り，その現状と問題点を明らかにしてみる。

2つの論点とは，次のようなものである。

① そもそも，性的虐待のような重要なトラウマ体験がそっくりそのまま想起できないような状態になりうるものなのか。また，一定期間，想起できない状態にあったトラウマ記憶が催眠療法やその他のきっかけで突然想起されるようになるという事はありうるのか。
② 実際には生じなかった性的虐待の詳細な記憶が心理療法（特に記憶回復療法によって）植え付けられることはあるのか。

2節　トラウマ記憶が抑圧されることはあり得るのか

1．トラウマ記憶についての実験的研究

トラウマ体験のような，情動を激しく喚起するような出来事を体験したときに，我々は何を記憶するのだろうか。この点についての研究には，いくつかの方法がある。最もよく用いられているのは，実験的に情動喚起の状態をつくり出し，その状況下での記憶を調べる方法である。この方法の研究は，主に目撃証言研究の文脈で行われてきた。実験参加者に事故や事件，怪我，手術シーンなどのストレスフルな情動喚起刺激を「目撃」させ，一定時間後に再生，あるいは再認テストを行うというやり方である（越智，2005）。

　このタイプの研究が明らかにしてきたことは，次のようにまとめることができる。①情動喚起や感情喚起はその出来事に関する記憶を促進する，②ただし，促進されるのは，その出来事の中心部分や重要な部分についての記憶であり，周辺的な部分や重要性の低い部分の記憶は逆に抑制される場合がある（注意集中効果），③出来事の中心的な部分がズームアップされ周辺部分は記憶から抜け落ちた形の記憶表象が形成される（Safer et al., 1998；Nobata et al., 2010）。④出来事自体は記憶されているが情動が喚起される直前の出来事の記憶が低下する場合がある（Loftus & Burns, 1982）。これらの研究結果は，いずれも情動喚起が出来事の重要部分の記銘を促進することはあっても，出来事自体が忘却されてしまうようなことはないことを一貫して示している。ただし，このような実験室実験を性的虐待の記憶などのトラウマ記憶の特徴を理解するのに使用することについては，批判も少なくない。そのもっとも重要な批判は，実験室で導入できるような「情動喚起」は実際のトラウマ体験に比べれば強度が弱すぎるというものである。

2．トラウマ記憶についての現実的研究

　このような批判に対して，現実社会で発生したトラウマティックな出来事の記憶について検討した研究が行われている。

　この種の研究の代表的なものは，フラッシュバルブメモリの研究である。これは，「ケネディ大統領暗殺」や「スペースシャトルコロンビアの爆発」「ダイアナ妃の事故死」「9・11テロ」などの衝撃的な事件を初めて知った瞬間の記憶について調査するものである（Brown & Kulik, 1977；Winograd & Neisser, 1992；Luminet & Curci, 2008）。また，自分自身が事故に遭遇した瞬間，強盗

第2部 トラウマ体験と記憶

などの犯罪に遭遇した瞬間，地震やハリケーンなどの災害に遭遇した瞬間の記憶についての研究も行われている。(Christianson & Hübinette, 1993; Er, 2003; 越智・相良, 2003; Fivush et al., 2004)。これらの研究では，事故や事件，災害の直後に一度調査が行われ，その後，様々な遅延期間後にその直後の状況を想起させ，照らし合わせるという手続きが使用される事が多い。

この種の，「現実的な」研究の結果，おおむね以下のようなことが明らかになった。① トラウマティックな体験をした瞬間の記憶は鮮明に想起される場合が多い，② 一般には，喚起された情動が強く，出来事が重要であるほど記憶されている情報は多い，③ ただし，想起された記憶の中には誤っている（記銘時の状況と想起された内容が異なっている）ものも少なくない。④ 記憶の正確性についての確信度は実際の正確性を担保しない。つまり，想起された誤った記憶について「確実なものである」と評価される場合も多い。

しかしいずれにしろ，実験研究も現実場面における研究も，情動喚起は記憶を促進するのが一般的であり，ホロコーストの犠牲者が，「そんな体験をしたなんてまったく思い出せない」という現象があり得ないのと同様に，「父親からトラウマティックな性的虐待などを受けたが，その記憶がすっかり抜け落ちている」という現象が生じることは考えにくく，周辺的な部分の記憶はともかくとして，「父親からの虐待の記憶はむしろ鮮明に残っている」という現象がむしろ発生しやすいという事が示唆される。

多くの実験心理学者がトラウマ記憶の抑圧現象について否定的な立場をとっているが，それはこのような理由からである。

3. トラウマ記憶の抑圧が存在しうるという研究

これに対して，トラウマ記憶が抑圧されうるという研究者も少なくない。彼らの主張の根拠となっているのは，実際に，トラウマ体験をした直後に解離性健忘（トラウマティックな体験を想起できないと報告する健忘状態）になったケースや遁走（行方不明になり，別の場所で過去の記憶を失ったまま別人として生活しているのが発見されるケースで直前にトラウマティックな体験をしていることが多いことが知られている）が数多く報告されているからである(Schooler, 1994, 2001; Schooler et al., 1997)。

3章 虐待記憶とフォールスメモリ

　この立場の研究者は，そもそもトラウマ記憶の中にも様々なタイプのものがあり，その中には実験的研究でみられるように非常によく記憶に残るものと逆に想起されにくくなったり，想起不能になったりする（つまり，抑圧される）ものがあると考える。

　例えば，Terr は，一度きりの事故や事件などのトラウマ体験については，実験心理学者達の主張のように，抑圧されるというよりも，むしろ，鮮明な形で保持され，記銘される可能性が大きいと主張した。しかし，その一方，両親から反復，継続して行われる虐待などの記憶に関しては，まったく別のメカニズムが働き，このような虐待の出来事自体が想起不能になってしまう可能性もあるという。Terr は前者のタイプのトラウマをタイプ1トラウマ，後者のタイプのトラウマをタイプ2トラウマと呼んで区別している（Terr, 2008）。

　また，Freyd は，加害者と被害者の関係が親密で信頼関係があり，被害者が加害者なしに生きていくことが困難な状況，つまり，加害者がケア・テイカー（自分の面倒を見てくれる人，多くの場合，両親や家族である）である状況で，彼らから虐待（特に性的なもの）を受けた場合，被害者の加害者に対するイメージは，葛藤状態におかれ，被害者は，虐待の体験の記憶を思い出しにくくすることや，それらの記憶を機能的に分離された領域においやることによって，この葛藤に対処する場合があり，このような状況では，抑圧や解離が生じるとしている（Freyd, 1998）。Freyd のこの理論は，裏切りのトラウマ（betrayal trauma）理論と呼ばれている（ちなみに，Freyd 自身が父親からの性的な虐待を受けていたことを心理療法の過程で思い出した1人である。これに対して，両親はそのような事実はないと主張している。FMSF を創始したのは，Freyd の両親である）。

　これらの理論を裏づけるデータとしてしばしば引用されるのが，Williams (1994) の研究である。この研究では，10か月から12歳までの間に性的な虐待の被害に遭い，救急医療センターに搬送され治療を受けた記録のある女性たちに約17年後にインタビューを行った。その結果，38％がその出来事について報告できなかったという（ただし，そもそも3歳以下のエピソード記憶は記憶されていないと思われるため，この割合はそのまま虐待記憶が抑圧される率であると考えてはならない）（Loftus & Davis, 2006）。その後，Goodman et al.

(2003) も，刑事的に告発され資料が残っているケースを基に，本人の年齢で3〜17歳の時に生じた性的虐待の被害者について，10〜16年後に子どもの頃のトラウマについてインタビューをする研究を行った。この研究では，虐待を受けた年齢が年長であるほど，また，虐待がシビアなものであるほど，虐待経験が報告されることがわかったが，9.7%の被験者は虐待の事実を否定した。

また，Freyd et al.（2001）は，一般の大学生を対象に質問紙調査を行い，過去に身体的，心理的，性的な虐待を受けた経験について，答えさせるとともに，それらの経験を想起するのがどのくらい難しいか，記憶が不完全になっているかについて評定させた。この結果を，虐待種別と虐待の加害者がケア・テイカーである場合とそうでない場合に分けて集計してみた。その結果，ケア・テイカーから性的虐待を受けている場合にその記憶の想起が困難になっていることが示された（図3-1）。

このように，もし，子ども時代の性的虐待の記憶が他のトラウマティックな記憶と異なったメカニズムで処理されるのだとすれば，実験心理学者たちが，単に「情動喚起を引き起こすトラウマティック」体験について行ってきた実験的研究やそこから得られた研究結果は，性的虐待のフォールスメモリ現象にはそのままは，適用できないことになる。

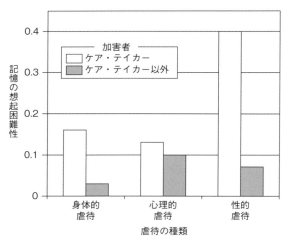

図3-1　虐待の種類と記憶の想起困難性の関係（Freyd et al., 2001）

4. トラウマ記憶の抑圧の心理学的メカニズム

では，仮にこのような特殊なトラウマ記憶想起不全現象が実際に生じるとするならば，そこにはどのようなメカニズムが存在していると考えられるだろうか。この問題については，現在のところ，2つのアプローチが存在する。1つはこのような現象を引き起こす特殊なメカニズムを仮定するものである。特に臨床心理学者や精神医学者の中にこのようなモデルを支持するものが多い（例えば，Van der Kolk, 2003)。これらの説では，「抑圧」「解離」などの特殊メカニズムを導入してこの現象を説明しようとする。この説を実証する研究は，多くはないが，ただし，性的な虐待や性犯罪の被害の記憶が他の犯罪や災害，トラウマティックな出来事と異なっており，記憶されにくい，あるいは想起されにくいという現象はしばしば報告されており（Koss et al., 1996；Byrne et al., 2001；Mechanic et al., 1998)。これが根拠となっている。

これに対して，記憶研究者の多くは，従来明らかになっている記憶メカニズムによって，この現象を説明しようと考える場合が多い。関連する現象の中で，最近注目を浴びているのは，検索誘導性忘却（retrieval-induced forgetting）である。

検索誘導性忘却はある概念を想起することによって，その概念と同一カテゴリーに属する別の概念が想起しにくくなってしまう現象である。具体的には，「果物－りんご」「果物－ぶどう」などの果物のリストと「乗り物－ひこうき」などの乗り物のリストを記銘させた後で，「果物－り○○」などの手がかりで「りんご」を検索させ，再生させるとその後，「ぶどう」の再生パフォーマンスが低下するというものである（Anderson et al., 1994)。

このようなメカニズムを虐待記憶の想起に応用すれば，例えば，父親について，「あたたかくやさしい父親」という概念と「性的虐待をするいやな父親」という概念が併存している場合に，前者を検索，想起することによって，後者の概念が想起しにくくなってしまうのではないかというのである。これを直接的に実験的な研究で明らかにした研究はないが，過去のネガティブな自伝的記憶の想起をポジティブな自伝的記憶を想起させることによって抑制できるという事を示した実験はHarris et al.（2010）によって行われている。

しかし現在のところ，検索誘導性忘却のメカニズムが虐待記憶の検索不全と関連しているのかどうか，関連しているならどのように関連しているのかについて，明確な結論が出ているとはいえない（Anderson, 2001）。

3節 体験しなかった性的虐待の記憶を植え付けることは可能か

この問題のもう1つの論点は，そもそも実際には存在しなかった性的虐待の記憶が，カウンセリングなどの過程で「植え付けられること」がありうるのか，というものである。

1．体験していない出来事を思い出させる実験

「回復した記憶」が正しいと考える研究者たちは，特に論争初期には，カウンセラーによって，実際に起きていない出来事が植え付けられるなどという事は，ありえないと主張した。これに対して，「そのような事は十分発生しうる」と強く主張したのは，Loftus である（Loftus, 1994）。彼女は，以前から，事後情報効果（postevent information effect），つまり，目撃した事件のあとで入力された情報によって元の記憶の内容が変形を受けたり，書き換わってしまうことがある事を示していた（Loftus, 1975）。ただし，「後から入ってきた情報によって記憶の一部が変形する」という現象と，そもそも存在しない記憶が形成されてしまうというのはやはり少し距離があるように思われる。そこで，Loftus は，実際には生じていない子どもの頃の出来事を実験協力者に想起させることができるのかの実験を行った。性的虐待の記憶を想起させるのは倫理的にも大きな問題があるため，彼女が選択したのは「ショッピングモールで迷子になり初老の男性によって保護された」という出来事の記憶である（Loftus et al., 1996）。

ここでは，彼女自身の研究ではなく，Hyman のグループによる同様なパラダイムの実験を見てみたい。Hyman et al.（1995）は大学生に過去にあった3つの出来事を呈示してその出来事を想起させる実験を行った。このうち2つの出来事は，あらかじめ，実験参加者の大学生の家族にアンケートして実際にそ

のような出来事があったことを確認しておいたエピソードであったが、残り1つのエピソードは逆に、そのような出来事は実際にはなかったということを確認しておいたエピソードであった。そのエピソードは、「いたずらして、自動車のパーキングブレーキを外してしまい、車が動き始めてしまった」「買い物に行ったスーパーマーケットで誤って火災報知器を鳴らしてしまった」「親戚の結婚式に出席したとき、走り回って遊んでいてテーブルにあったパンチボウル（レモンやオレンジが入ったカクテルで大きな容器にはいっておかれていて、そこから皆がシェアして飲むスタイルのもの）をひっくりかえしてしまった」という3つの中から選ばれた。これらは、実際には起きなかったが、おきてもおかしくないような出来事である。実験参加者ははじめこれらの出来事のアウトラインを与えられ、その出来事を思い出すことができるかを試した。すぐに思い出せない場合には何らかのヒント（一緒にいた人々や時期や場所など）が与えられた。もちろん、実際には生じなかった出来事にはヒントはないのでこの場合、適当な情報が与えられた。もし、出来事を思い出すことができなかった場合には、数日間間を空けて、もう一度、想起試行が行われた。最終的には3回の想起試行が行われた。この実験の結果、実際に起きた出来事は3回目までにほとんど全員が思い出すことができたが、25%の人々は、実際には起きていないフォールスメモリも想起してしまった（図3-2）。

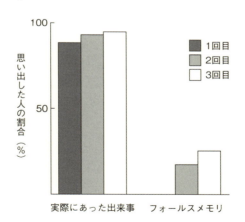

図3-2　Hymanらのフォールスメモリ形成実験の結果（Hyman et al., 1995より作成）
実際に起きなかった出来事でも、繰り返し想起させると想起可能になる。

2．イメージ化とフォールスメモリの形成

では，HymanやLoftusの実験参加者はなぜ，実際にはなかった出来事を想起してしまったのであろうか。彼女らが注目するのは，イメージ化というメカニズムである。我々は，過去に発生した「ある出来事」を想起しようと努力すると，その過程で，その出来事をイメージ化しようとする。このときに関連する過去の様々な実際の記憶やその断片，映画やビデオ，写真で見たイメージ，空想したイメージなどが，検索されるが，それが何度も何度も「思い出そうと」努力しているうちに，まさにジグソーパズルのピースのように次々に組み合わされていき，ストーリーを持った出来事の記憶として再構成されてしまうというのである。我々は，「実際に見たもの」と「頭の中でイメージしたもの」を正確に区別する（これをリアリティモニタリング reality monitoring という）のが困難である。そのため，空想したイメージ（実際には一部は実際のイメージ，一部は空想からなっているイメージである）を実際に生じたものだと考えてしまうのである（図3-3）。

このように考えると，もともと人よりイメージ能力が高い人々（Clancy et al., 2002；McNally et al., 2004）や空想傾向の強い人々（Spanos et al., 1991），リアリティモニタリングの失敗を起こしやすい人（Meyersberg et al., 2009）は，よりフォールスメモリを生じさせやすいという事が予測されるが，実際にそのような傾向があることが知られている。

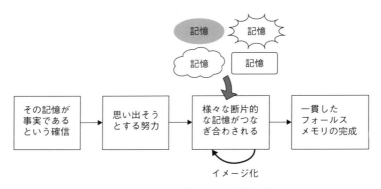

図3-3　フォールスメモリが形成される道筋（越智，2015）

また，関連する写真などの視覚的な手がかりを与えることによって，イメージ化を促進させるとフォールスメモリ想起が促進されることも示されている。例えば，Lindsay et al. (2004) は，次のような実験を行っている。

まず，実験参加者の家族に，参加者の小学校各学年のクラス写真を借してもらい，また参加者が小学3～4年生，小学5～6年生の時のエピソードをいくつか聞かせてもらった。この出来事を「実際にあった出来事」とした。実験参加者には，これらの「実際にあった出来事」について，クラス写真を見せながらその詳細を思い出させる実験が行われた。はじめに小学5～6年時のエピソードが，次に小学3～4年時のエピソードの想起実験を行ったが，その後，小学1～2年生時のエピソードについての想起実験が行われた。ただし，ここで呈示されたのは，実際にはなかったエピソードであった。使用されたエピソードは，「学校にスライム（ぬるぬるどろどろしたおもちゃ）を持ってきて，先生に叱られて罰として，30分間壁のほうに向かって正座させられた」というものである。この出来事が想起されてしまえば，それはフォールスメモリを想起したことになる。インタビューは2回にわたって行われ，1回目のインタビューで想起できなかった場合には，数日後に改めてインタビューが行われた。

実験の結果，写真なし群では，約4分の1の実験参加者がフォールスメモリを想起したが，小学1～2年生の時のクラス写真を手がかりとして与えた群では，半分以上のものが，実際には生じなかったこのエピソードを想起してしまった（図3-4）。

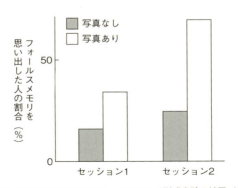

図3-4　写真をヒントにすることによるフォールスメモリ形成実験の結果（Lindsay et al., 2004）

空想によるフォールスメモリの形成は，このような「些細な出来事」でのみ生じるわけではない。実際のトラウマティックな出来事でも同様に生じる。例えば，Terr（2008）は次のようなケースを報告している。

ウィニフレッドが2歳5か月の時，当時5歳の姉のホリーがプールで大けがをした。この怪我は，内臓が体外に飛び出すほどの大けがだった。しかし，このとき，ウィニフレッドはその付近にはいたが，姉とは違う子ども用プールにいてその出来事は目撃しなかった。また，この年齢では，もし仮に目撃していたとしても記憶に残ることは考えられない。実際，ウィニフレッドが4歳の時に，Terrが彼と面接したときには，彼は，姉の事故を直接見ていないし，記憶もしていないといっていった。ところが，その後，ウィニフレッドはその事故の記憶を「思い出し」始めた。最終的に，ウィニフレッドは姉の腹から体外に吸い出されて広がる腸や，姉を抱える父親を鮮明に記憶していると語った。

姉のホリーはこの事故の後，家でずっと寝たきりで療養しており，ウィニフレッドはずっとその姉のそばにいた。そして，事故の時の話を何回も聞き，そしておそらく何回も何回もその出来事をイメージ化したのだろう。そのために様々な記憶の断片が次第に組み合わされ，さらには自分の想像も合わさって，長期間かけて事故の記憶が形成されていったのだと考えられる。

この事例をみると，人生の中の一大事であるような，トラウマ体験は何度も頭の中で繰り返されるので，実際には見ていなかったり，体験しなかった記憶が形成されてしまう可能性は，普通の記憶よりもかえって大きいのではないかと考えられる。実際，フラッシュバルブメモリの中には，実際の体験とまったく異なるようなフォールスフラッシュバルブメモリ，あるいはファントムフラッシュバルブメモリが形成されてしまうことが多いことが様々な研究によって指摘されている（Neisser & Harsh, 1992）。

3．その出来事が実際にあったと感じる場合にフォールスメモリが生じる

ただし，このようなフォールスメモリは「その記憶が実際に生じた記憶である」という強い確信がなければ生じない事もわかってきた。これはつまり，そのような確信がなければ，イメージ化が促進されないからである。

これを実験的に示した研究として，Pezdek et al.（1997）の研究がある。彼

らは，この現象をカソリックの高校生とユダヤ教徒の高校生を用いて実験した。実験参加者の家族から聴取した「実際にあった子どもの頃の出来事」3つに加えて，「実際にはなかった」出来事2つを呈示して，その出来事を想起できるかどうかを試したのである。実際になかった出来事は宗教的な行事に関するもので，1つは，ユダヤ教の行事に関するものであり，もう1つはカソリック教の行事に関するものであった。ユダヤ教の行事に関するものは，安息日開始の行事で金曜の日没前に家族でろうそくをともすというもので，カソリックのものは，教会での礼拝で神父が聖餅を授けたあと自分の席にもどるときに間違って別の家族のところに座ってしまったというものであった。もちろん，カソリックの学生にとっては，このようなユダヤ教的なエピソードを体験した可能性は極めて低いと感じられるし，同様にユダヤ教徒の学生にとってはカソリックの行事に参加した可能性はやはり極めて低いと感じられるものであった。この実験の結果，51人の参加者のうち，13人がフォールスメモリを想起したが，カソリック信者はユダヤ教的なフォールスメモリを，ユダヤ教徒は，カソリック的なフォールスメモリを想起することはほとんどなかった（しかし，数人は想起してしまった）（表3-1）。

　逆にこのような出来事があったという確信さえつくることができれば，どんなフォールスメモリでも自然に形成されてしまう可能性もある。例えば，宇宙人に誘拐されて人体実験されたと信じている人はそのような記憶を（Clancy, 2009），前世の記憶が心の中に受け継がれていると信じている人はそのような記憶を（Spanos et al., 1991）想起しやすいという事がわかっている（越智, 2015）。

表3-1　フォールスメモリを想起した高校生の宗教とエピソードの関連
　　　（Pezdek et al., 1997）

	どちらも思い出せない	カソリックのみ思い出す	ユダヤのみ思い出す	両方思い出す
カソリック	19	7	1	2
ユダヤ教	19	0	3	0

4．なぜカウンセリングの過程でフォールスメモリが形成されるのか

では，フォールスメモリシンドロームにおいては，なぜ，多くの実際にはなかった性的虐待記憶が想起されてしまったのだろうか。この過程を分析してみると，いままであげてきたフォールスメモリ形成を容易にする要因が，まさに『生きる勇気と癒やす力』の本の内容，そして，出版後の状況にぴったりあっていたからだということが理解できる（表3-2）。

(1) 子どもの虐待が生じたということを信じさせる

まず，性的虐待のフォールスメモリを「植え付ける」ためには，Pezdek の実験が示したように，そもそもそのような虐待が実際に発生したのだと思わせることが必要である。『生きる勇気と癒やす力』には，我々が感じる様々な精神的な不調や嗜癖，親との関係の悪さ，怒りや不安などの原因のすべてが性的虐待によって引き起こされると直接的，間接的に書かれている。特に1章「心の棚卸し作業」においては，表3-3にみられるような，我々の多くが普通に体験するような様々な現象がリストアップされており，これらが性的虐待を受けた証拠であると暗喩されている。また，性的な虐待が原因で様々な不調を引き起こしたサバイバーのケースが豊富に引用され，この種の虐待が頻発しているという印象を与える。これらの記述を読むことによって，自分の抱える様々な問題は間違いなく，子どもの頃の性的虐待が原因であるのだと感じられるようになっていく。

また，この本には，「少しでも，性的虐待の可能性があると感じることがあれば，それは真実である」という趣旨のことが繰り返し書かれている。具体的には，次のような記述である。「性的虐待を受けたと思って，あとで間違いだったと判明するケースは稀です。たいていは逆で，『もしや』という疑いの念をたどると虐待の事実が表面化してきます，虐待されたと強く感じ，生活面

表3-2　性的虐待のフォールスメモリ形成のプロセス

1．子どもの虐待が生じたということを信じさせる
2．繰り返して想起の試みやイメージ化をさせる
3．精神科医，カウンセラーによる権威効果
4．サバイバー仲間によって想起が支援される
5．催眠の使用によるイメージ化の促進とリアリティモニタリングの阻害

表3-3　子どもの頃の性的虐待の可能性を評価するための手がかり

・好きな人にしがみついてしまいますか
・自分を他の人と違うと感じますか
・気持ちが混乱することがよくありますか
・やり始めたことを最後まで遂行できないことがありますか
・自分の直感を信じるのが苦手ですか
・自分はダメだという気持ちを仕事や業績でカバーしようとしますか
・感情を表すのが苦手だと思いますか
・アルコール，薬物，食物の取り方に問題がありますか
・子どもに対して過保護だと思いますか

でも何かしらの兆候があれば，あなたが虐待を受けた可能性は高いといえるでしょう」(『生きる勇気と癒やす力』p.27)。このような記述が，自分が性的虐待の被害者ではないかという疑いを確信に高めていくのである。

　ちなみに，子どもの頃の性的虐待がこの本に書かれているような精神的な変調の原因となるというエビデンスは実際には存在しない (Rind & Tromovitch, 1997 ; Rind et al., 1998)。また，もし仮に性的虐待被害者にそのような症状がみられるとしても，その逆の関係，つまり，そのような症状がみられれば，それは性的虐待を受けた証拠であるといえないのはもちろんである。

(2) 繰り返して想起の試みやイメージ化をさせる

　ただ，実際にはこれらの記述を読んでも多くの読者は自分の性的虐待体験を即座に想起することはできない。しかし，この本には，「自分が受けた性的虐待の記憶を思い出すことができない」ということが実際にはよくあるということが書かれている。この時点で，多くの読者は，自分が抱えている様々な問題が子どもの頃の性的な虐待が原因であるが，その記憶は「抑圧」されていて想起することができないのだ，と感じる。

　そこで，次に行われるのは，想起の試みである。この試みでは基本的には，ゆっくりと時間をかけて自分が性的虐待を受けていた時の「断片的な」記憶を想起することが推奨される。注意しなければならないのは「記憶の植え付け」という言葉が示しているような医師やカウンセラー側からの強引な誘導を行うことは必要ないということである (Hymanの実験をはじめとして，フォールスメモリを形成させる実験のほとんどは強引な方法をとっていない)。それらの行為はむしろ，記憶の植え付けにはマイナスの効果をもたらすと考えられる。

（1）で生じたシナリオさえあれば，あとは時間をかけてイメージ化を行い，様々な記憶の断片を組み上げていくのはむしろ，思い出す側の主体的な活動である。『生きる勇気と癒やす力』には，「焦る必要はない」ということが繰り返し書かれているが，その通りであり，ゆっくりと時間をかけて，何度も反すうすることによって，はじめてより鮮明なフォールスメモリが形成されるのである。

（3）精神科医，カウンセラーによる権威効果

虐待の記憶を想起させる段階では，精神科医やカウンセラーは「あなたが性的虐待を受けたのは間違いないこと」だと何度も強調し，その記憶を思い出すことを絶えず励まし強化する（Sabbagh, 2009）。このような専門家からのはたらきかけは，権威効果をもたらし，フォールスメモリ想起を促進する。

専門家からの誘導によって，フォールスメモリが生じやすくなるという現象はいくつかの研究によって示されているが，ここでは，Mazzoni & Loftus (1998) の研究をあげてみよう。この研究では，カウンセラーの「夢解釈」によって，フォールスメモリ想起が促進されることが示されている。この研究の対象は，大学生128人である。彼らはまずLEI（Life Events Inventory）という質問紙に回答した。これは，人生で起きる可能性のある36個の出来事について，自分が体験したかどうかを「その出来事は絶対に起こらなかった（1）」〜「絶対に起こった（8）」までの8段階で評定するものであり，項目としては，「窓ガラスを割った」「賞品にペットをもらった」などが含まれている。次にこれらの項目の中で「公共の場所で迷子になった」「両親に放任された」「気づくと見知らぬ場所に1人でいた」の3つの項目をクリティカル項目として選定し，これらの項目の体験率が低い50名を選択した。この50人のうち半数を「夢条件」残りを「非夢条件」に割り振った。いずれの条件の参加者も3〜4週間後に再び実験室に読んできて，もう一度LEIを受けてもらった。

ただし，「夢条件」の実験参加者は，この間に別の臨床心理学の実験に参加させた（LEIの実験と臨床心理学の実験は同じ実験であると思われないように，異なった実験者が行った）。この実験では，参加者に何度も見る夢や最近見た夢，鮮明な夢を報告させ，それについての臨床心理学者が解釈し，説明するというものだった。この解釈はあらかじめつくられたものであり，「あなたの夢

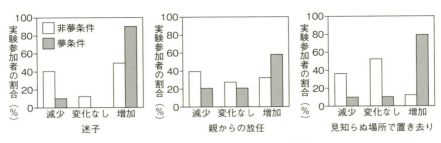

図3-5　夢解釈を受けた後のその出来事を体験した評定値の変化（Mazzoni & Loftus, 1998）

は，3歳より以前につらい経験をしたことがあることを示しています。あなたは，子どもの頃，どこかで迷子になったか，両親の一方から放任されたか，どこか見ず知らずの場所で1人にされた経験があるのではないでしょうか」というものだった。

　この実験の結果，夢条件の実験参加者は，2回目のLEIの試行において，このクリティカルな3項目を体験したであろうという評定値が増加した。結果を図3-5に示してみる。非夢条件の参加者が，LEIの評定値の平均値がほとんど変化していないのに対して，夢条件では，LEIの評定値がすべての項目で上昇する方向に変化している（Mazzoni & Loftus, 1998；Mazzoni et al., 1999）。

（4）サバイバー仲間によって想起が支援される

　記憶回復療法では，その記憶の真実性について反論する可能性のある人（主に家族）とのコミュニケーションは禁止され，他のサバイバー，つまり，すでに記憶を思い出した人々との集団セッションに参加させられる場合が多い（Sabbagh, 2009）。集団セッションでは，虐待記憶を想起することが他のメンバーによって動機づけられ，少しでも記憶を想起すると，その発言は支持され，強化される。ある記憶の真実性は周りの人々がその記憶を信じてくれるかということと関連しており，このような社会的なサポートは，フォールスメモリを埋め込むためには，有効な手法の1つである。この手法は，フォールスメモリだけでなく，いわゆる「洗脳」にもよく用いられる方法である。

（5）催眠の使用によるイメージ化の促進とリアリティモニタリングの阻害

　また，虐待記憶の想起過程では，しばしば，催眠面接が使用される。催眠面

接はフォールスメモリをつくり出すためには非常に適した方法である。催眠下では，被暗示性が高まるため，事後情報が記憶に組み込まれやすくなるほか，イメージ化が促進されたり，リアリティモニタリング能力が低下したりする。特に患者が「何を思い出すべきか」をあらかじめ知っている場合（「回復された記憶」のケースでは，患者ははじめから何を思い出すべきか知識として知っている場合がほとんどである）には，催眠面接の過程でカウンセラーが誘導しなくても自発的にイメージ化が促進され，フォールスメモリの想起が生じやすい。

　これを実験的に検証したものとしてSpanos et al.（1991）の研究がある。彼は，フォールスメモリとして前世の記憶をつくり出すことを目的として，大学生に催眠をかけ，年齢を退行させて，前世記憶を思い出すことができるのかについて検討した。その結果，110人中，35人に前世記憶を思い出させることに成功した。また，彼は，「前世は今と違った性別である可能性がある」「魂は距離を超えるので，前世はいまとまったく異なった場所に住んでいた可能性もある」「昔は今よりもはるかに虐待が多かった」などの情報を付加して，催眠による前世記憶想起セッションを行ってみた。もし，彼らが想起しているのが，本当に前世ならば，想起時に行われるこのような情報の付加は想起する前世に影響しないはずである。ところが，実際にはこのような情報を与えることによって，異性の前世を想起する率や，地理的に遠距離の前世を思い出す率が増加し，さらに，ひどい虐待を受けていたと報告することが増加した。これは，想起している前世が教示に大きく影響を受けていることを示しており，想起された記憶がフォールスメモリである可能性を示すものである。

　このように，記憶回復療法やそのプロセスは，いずれも，虐待のフォールスメモリがつくり出されやすい条件を満たす手法であると考えられる。このようなことから，現在では，実際にはなかった虐待の記憶も条件さえ整えば，十分，想起させることは可能であると考えられている。

4章 PTSDの生物学的病理モデル

1節 PTSDとは

　心的外傷後ストレス障害（posttraumatic stress disorder：PTSD）とは，実際にあやうく死にそうになったり，重傷を負ったり，性的暴力を受けたり，あるいは，その危険を被る可能性のある出来事の直接経験したり，目撃することがきっかけとなって生じる精神障害の一種である。最新版の『精神疾患の診断・統計マニュアル』（Diagnostic and Statistical Manual of Mental Disorders, Fifth Edition：DSM-5；American Psychiatric Association, 2013）では，PTSDは従来の不安障害でなく，新しく設けられた"心的外傷およびストレス因関連障害群"に分類されている。

　PTSDの症状は表4-1の通りであり，その診断には，これらの症状が1か

表4-1　PTSDの症状クラスター

侵入（再体験）	フラッシュバックや悪夢など，意図せず望まないトラウマ体験が繰り返し想起されたり夢に出てきたりすること
回避	トラウマ関連の思考・感情，トラウマを想起させるリマインダーを必死になって避けようとすること
認知と気分の陰性の変化	持続的で過度に歪められた自責・他責の念，興味の減衰，トラウマ体験の重要側面の想起不能など，認知や気分が否定的な方向に傾くこと
覚醒度と反応性の著しい変化	攻撃行動，破滅的行動，過度の警戒心，過剰な驚愕反応，集中困難，睡眠障害など，覚醒度や反応性が亢進すること

月以上続くことが必要である。DSM-5では，これらに離人感（自分が体から遊離し傍観者である感じ）あるいは現実感消失（周囲が非実在的で夢のような感じ）という解離症状が亜類型として加わっている。

　PTSDが他の主要な精神障害と違う点は，疾患発症の明確なきっかけとしてのトラウマ体験が存在することである。PTSDを生じさせるトラウマ体験としては，地震・津波などの自然災害，自動車・電車などの交通事故，身体的・性的な暴力，戦争やテロ，虐待などをあげることができる。全米疫学調査(Kessler et al., 1995)ではPTSDの生涯有病率は7.8％であったが，特定のトラウマ体験，例えば，レイプや戦闘，では，その後の発症率が高いことが知られている。

　PTSDのその他の特徴としては，抑うつ，不安障害，アルコール依存などの併存が多いことである。その症状にあるフラッシュバックや不眠は，仕事・学業・家事などの社会的機能を著しく低下させ，トラウマ体験に関連した刺激を回避しようとするために外出を億劫にさせる。また，これらから逃れるためアルコールによってつかの間の平穏を得ようとする。近年では，PTSDが認知症や心臓血管系疾患のリスク要因であることも明らかとなっている（Edmondson & Cohen, 2013；Yaffe et al., 2010）。

2節　トラウマ記憶の特徴

　トラウマ記憶には，その他の記憶とは大きく異なる特徴がある。例えば，van der Kolk（1994）はトラウマ記憶について，「トラウマに関連する感覚的な経験と視覚イメージが時間の経過とともに色あせず，その他のありふれた経験と比較して湾曲されづらい。人がトラウマを受けたときには"言葉にできないほどの恐怖"を体験し，その出来事によって生じたあまりに強烈な情動によって，それを言葉やシンボルとして捉えることが不可能になる」，と述べている。また彼によると，今から100年以上も前にJanet（1889）は，「人が圧倒されるような体験をすると，それによって生じた強烈な情動が，その体験を意識的な処理から分離することですでに存在する記憶スキーマに統合することを妨げ，かわりに，内臓感覚（不安やパニック），視覚イメージ（悪夢やフラッシュバッ

ク）として記憶される」，また，「トラウマを受けた人は，過去に脅威を感じたトラウマに関連するリマンダー——これは現在とは切り離されているにも関わらず——に対して反応しているように見える。患者は，現状に注意を払うことを犠牲にして情動を何とかコントロールしようとすることに精一杯であり，そのため，経験から学ぶことに困難を生じている」，と述べているという。これらの記述からも明らかなように，トラウマ記憶を扱う際には，こうした特徴を扱うことのできる独自の理論的枠組みが不可欠である。

3 節　PTSD の病態モデルとしての恐怖条件づけ

　人間の記憶に関するモデルは種々存在するが，PTSD の病態を一番よく説明するものとして広く受け入れられているのは恐怖条件づけである。PTSD に関する理論は，この病態が記憶や学習過程と関与しているという点で一致している（Charney et al., 1993）。すなわち，トラウマ体験という恐怖記憶の過度の固定化，あるいは，その消去の失敗が PTSD の病態と深い関わりを持っている，というわけである（Rauch et al., 2006；Rothbaum & Davis, 2003）。図4-1に，この模式図を示す（詳細は後述）。

　恐怖条件づけとは，Pavlov の古典的条件づけを理論的背景とするもので，Watson & Rayner（1920）が最初に実験したことで有名である。彼の「アルバート坊やの実験」では，最初，白いネズミは特別な意味を持っていない中性刺激（neutral stimulus：NS），鉄板を叩く大きな音は，その音が恐くて泣くといった無条件反応（unconditioned responses：UCR）を誘発する無条件刺

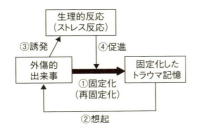

図4-1　PTSD の心理生物学的病態モデル

激 (unconditioned stimulus：US) であったが，白いネズミと恐い音を対呈示することにより，坊やは白いネズミに対して恐怖反応を示すようになった (図4-2)。こうなると，白いネズミは中性刺激でなく条件刺激 (conditioned stimulus：CS)，白いネズミによって誘発される恐怖反応は無条件反応でなく条件反応 (conditioned response：CR) と呼ばれるようになる。そして，いったんこうした連合（結びつき）が形成されてしまうと，坊やはウサギや毛皮のコートなど白く毛がある類似したものに対してまで恐怖を示すようになった。ここで，類似する刺激に対しても恐怖反応が生じることを般化，白いネズミと恐い音の対提示を止めることによって白いネズミに対して恐怖反応が生じなくなることを消去という。また，白いネズミ（CS＋）と恐い音の対提示は行うが，白いウサギ（CS－）に対して恐い音の対提示を行わないことによって，白いネズミに対しては恐怖反応が生じるが，ウサギに対しては恐怖反応が生じなくなることを分化，消去後にしばらく時間をおいてから白いネズミを提示すると恐怖反応が生じることを自発的回復という。

以上をPTSD患者に当てはめて考えると，例えば，ある男性による女性の

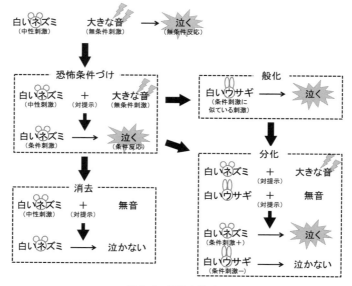

図4-2　恐怖条件づけ

レイプ被害者は，事件とはまったく関係ない男性が自分に近づいてくるだけでパニックを生じ得るが，これは，男性という共通点によって般化が生じた結果とみなすことができる。仮にこの無関係の男性が医師であったとして，周りに女性の看護師がいたとしてもパニックを生じ得るが，客観的に安全であるという現在の文脈はほとんど役に立たないのである。これは例えば，静電気体質の人がドアノブで静電気による電気ショックを受けて恐怖条件づけされた場合，今日は雨が降っているから静電気を受けることはないと知っていても，ドアノブにふれる際にためらいが生じる，ということの延長線上にあると考えればわかりやすいかもしれない。なお，PTSDから回復すれば，こうした状況でパニックは生じなくなるが，この場合には消去が成立したとみなすことができる。

 節　PTSD患者の心理学的刺激に対する反応性の高さ

1．トラウマ体験のリマインダー

　PTSD患者では，トラウマ体験のリマインダーに対する過度の生理学的反応が観察される（図4-1の②→③）。例えば，Pitman et al.（1987）が行った戦闘ベテラン（退役軍人）PTSD患者を対象とする研究では，事前のインタビューに基づき作成された個々のトラウマ体験を簡潔にまとめ，それを30秒ほどのテープに吹き込んだ刺激（＝スクリプト）を患者に提示しながら生理指標を測定する，という手法（＝スクリプト法）がとられた。その結果，PTSD患者群は，同様の戦闘経験を持つがPTSDを発症していないコントロール群と比べ，こうしたリマインダーに対して非常に大きな心拍，皮膚コンダクタンス，表情筋反応を示すことが明らかとなった。ここで心拍反応は，交感神経系によるアクセルと迷走神経系によるブレーキの双方から調節される自律神経系の感情指標であり（Berntson et al., 1993），皮膚コンダクタンスは，交感神経系によって調節される精神性発汗として測定される緊張状態や覚醒水準の高さの指標，表情筋，特に，眉毛のすぐ上にある皺眉筋は，不快感情の指標である（Bradley & Lang, 2000）。同様の知見は，災害やレイプなどトラウマ体験の種類，リマ

インダー刺激の提示方法，反応を測定する指標，患者の性別・人種を超えて観察されることが知られている（Pole, 2007）。例えば，Tucker et al.（2007）が行ったテロ事件の生存者を対象とする一般市民PTSD患者の研究では，4分間の半構造化面接がリマインダーとして用いられたが，PTSD患者はこのリマインダーに対して大きな心拍，血圧反応を示した。

さらに近年では，リマインダーに対する反応が，後のPTSD症状の予測因子となり得ることも示されている。例えば，Kleim et al.（2010）の研究では，暴力被害2週間後に実施されたスクリプトに対する心拍反応が大きい女性群は，そうでない群と比べて6か月後のPTSD罹患率が2倍であることが示された。一般に，恐怖条件づけにおける条件反応として心拍や皮膚コンダクタンス反応などが用いられていることを考えると，PTSD患者におけるこうした反応性の高さは，トラウマ体験によって成立した恐怖条件づけが消去されないまま現在に至っていることをよく示している。また，リマインダー刺激として，個別のトラウマ体験に基づくもの（例えば，二輪車に乗っていて交通事故を起こした）を用いようと，一般的な関連刺激（例えば，ドライブレコーダーで記録したまったく関係のない四輪車の事故場面）を用いようと，反応の大きさに違いは認められない事が知られている（Pole, 2007）。このことは，過度の般化が進んでいることをよく示している。

2．驚愕刺激

PTSD患者では，単純に大きい音に対する過度の生理学的反応が観察される。例えば，Shalev et al.（1992）が行った研究では，95dB（A），持続時間500ms，立ち上がり時間0 ms，1000Hzの純音を不意に提示して参加者をびっくりさせた時の生理学的反応（＝驚愕反応）を測定する，という手法（＝驚愕パラダイム）がとられた。その結果，PTSD患者群はこうした驚愕音に対して非常に大きな心拍，皮膚コンダクタンス，表情筋反応を示すことが明らかとなった。さらに，PTSD群の93％が音への馴化（驚愕音の繰り返し提示に対する慣れ）に失敗したのに対し，コントロール群ではわずか22％であった。同様の知見は，以上より弱い，通常ならあまりびっくりしない音に対しても当てはまる（Orr et al., 1997）。また，驚愕反応は，トラウマ体験からの時間経過とともに変化

していくことも知られている。例えば，Shalev et al.（2000）と Griffin（2008）は，心拍反応性が時系列に沿った症状の程度と関連することを明らかにした。Orr et al.（2003）による一卵性双生児を対象とした驚愕反応研究では，非常に興味深い知見が得られている。ここでは，片方は戦争による PTSD であるがもう片方は戦争に行っておらず PTSD でもない双生児のペア，片方は戦争に行ったが両者とも PTSD でない双生児のペア，が対象とされた。その結果，PTSD 患者だけが驚愕刺激に対する心拍反応が高いこと，片方が PTSD である双生児のペアは，もう一方のペアと比べて驚愕音に対する皮膚コンダクタンス反応の馴化が遅いことが明らかとなった。これらの結果は，驚愕反応に対する心拍反応は「環境」あるいは「育ち」の側面を反映しており，一方，皮膚コンダクタンス反応は「遺伝」あるいは「氏」の側面の反映であることを示している。なお，Lykken et al.（1988）の双生児研究から，皮膚コンダクタンス反応の馴化の40％は遺伝によって説明されることが知られている。このように，PTSD 患者は刺激に対する過敏性を有していることが示されており，驚愕音の提示によりフラッシュバックが生じるとの報告もある（van der Kolk, 1994）。実際，PTSD 患者は，大きな音やびっくりするような刺激に恐怖を抱いていることが多いのである。

 節　PTSD 患者における恐怖条件づけ研究

　恐怖条件づけを用いた研究からは，PTSD 患者が独特なパターンを示すことが明らかとなっている。例えば，Orr et al.（2000）の様々なトラウマ体験を持つ PTSD 患者を対象とする研究では，ディスプレイに表示される色違いの丸を CS＋と CS－，弱い電気ショックを US とする恐怖条件づけが行われた。その結果，PTSD 患者群では，同様のトラウマ経験を持つが PTSD を発症していないコントロール群と異なり，CS＋に対する心拍，皮膚コンダクタンス，皺眉筋反応（CR）がわずかの試行で生じるようになり，かつ，消去期間においても CS＋に対する皮膚コンダクタンス反応が誘発され続けていた。こうした特有のパターンは，高次条件づけを用いた実験パラダイムにおいても示され

ている。例えば，Wessa & Flor（2007）の研究では，嫌悪 US と連合した US がさらに別の US に対する嫌悪 US として働く2次（second-order）恐怖条件づけが用いられた。その結果，PTSD 患者は，トラウマ体験に関連する手がかりを嫌悪 US とする2次の CS＋に対する CR が大きいだけでなく，消去まで遅いことが明らかとなった。この研究は，PTSD 患者が以前は中性であった多数の手がかりに対してまでも情動的反応をしてしまう様子をよく捉えている。さらに，消去に対する抵抗性は，後の PTSD 症状の予測因子となり得ることも示されている。例えば，Guthrie & Bryant（2006）が行った消防士――PTSD 発症頻度が高い職業である――を対象とする長期縦断研究では，PTSD 発症前後における比較が行われたが，PTSD 発症前における皺眉筋反応の消去の遅さが発症後の PTSD 症状重篤度の分散の31％を説明することが明らかとなった。

　Blechert et al.（2007）は，同じトラウマ体験をしても PTSD を生じる人がいるのといないのはなぜか，という点について3つの観点をあげている。1つ目は，過度に条件づけされやすい傾向である。これは，PTSD 患者の定位反応や UCR，文脈的恐怖における驚愕反応がもともと大きいことから（Blechert et al., 2007；Grillon & Morgan, 1999；Guthrie & Bryant, 2006；Orr et al., 2000），刺激に対する感度がもともと高いというものである。2つ目は，条件づけの抑制である。これは，PTSD 患者が CS－にさえ条件づけられてしまうことから（Grillon & Morgan, 1999；Peri et al., 2000；Rothbaum & Davis, 2003），安全な刺激に対する恐怖反応を抑制できないというものである。3つ目の説明は，判別学習能力の低下である。これは，PTSD 患者が瞬目判別学習に困難を来すことから（Ayers et al., 2003；Ginsberg et al., 2008），一般的な記憶障害によって危険と安全手がかりの区別に困難を生じているというものである。これらは，どれか単体というよりは，すべてが関係しているように思われる。

6節　トラウマ体験時のストレス反応

　生体が生存の危機にさらされた際には，生存に向けた合目的的防衛反応として，いわゆる，ストレスの3F反応（Fight, Flight, or Freeze response：闘

争・逃走・凍結反応）が生じる（Cannon, 1929）。人がトラウマ体験という脅威にさらされて生じるのは、まさに、こうした闘争－逃走反応である（図4－1の③）。この際、脳内では扁桃体、視床下部、中脳中心灰白質、青斑核、前頭前野などの広い部位が協調して働くことで、怒りや恐怖といった情動が発現するとともに、交感神経系および神経内分泌系の亢進が生じる（LeDoux, 1996；Winters et al., 2000）。交感神経系の活動亢進では、その末端から放出されるノルアドレナリンによる血圧・心拍、血管収縮、精神性発汗の上昇や、交感神経－副腎髄質経路によるアドレナリンとノルアドレナリンの分泌が生じる。神経内分泌系の亢進では、視床下部－下垂体－副腎皮質（HPA）経路によってコルチゾールの分泌が高まる。アドレナリンには、情動を強く喚起するとともに、血圧の上昇、心拍や心収縮力の増加、骨格筋血管の拡張、血糖値の上昇、血小板の凝縮作用の増強などの働きがある。コルチゾールには、血糖値の上昇や、過剰な免疫反応を抑える抗炎症作用などがある。これらはいずれも、闘争－逃走反応に向けた準備反応とみなすことができる。筋運動には、そのエネルギーとなるブドウ糖が必要であるし、怪我をした際に大出血を押さえるには血小板の凝固が必要である。以上のストレス反応を経時的に並べると、潜在的な脅威における状況では外界の情報に注意を向け、第1次警戒態勢として凍結反応を誘発する。ここでは心拍数が下がり、末梢血管が収縮し、血液を体の中心部へと集める。これには不意の攻撃を受けた場合の大出血を抑制する機能がある。そして、実際に危険な状況が誘発されてしまったら、即座に心拍数を上げて中心部にたまっている血液を骨格筋に提供し、続いての態勢である闘争・逃走に向けて準備を急激に整える（Fanselow, 1994；Lang et al., 1997）、となる。通常、こうした反応は、実験室レベルで行われる暗算（Matsumura & Yamakoshi, 2013；Matsumura, Yamakoshi et al., 2012；松村・澤田, 2009）や公衆スピーチ（Matsumura et al., 2011）などのストレス誘発課題であれば、その終了後遅くとも数十分以内には安静値へと回復する。しかし、実際のトラウマ体験では、そうはいかない。例えば、阪神淡路大震災（正式名称：平成7年兵庫県南部地震）の北淡町（現：北淡市）における調査では、震災1～2週間後においてなお、血圧や血液凝固関連マーカーの上昇が認められていた（Kario et al., 2003）。このように、トラウマ体験で生じる闘争－逃走反応は、

7節 ストレス反応と記憶

　ストレス反応の誘発（図4-1の③）は，恐怖，恐れなどに対する記憶の固定化を促進する働きがある（図4-1の④→①）。例えば，Cahill et al.（1994）の健常児を対象とした研究では，12枚の紙芝居を提示し，その1週間後に抜き打ち記憶テストを行う，という実験が実施された。紙芝居は2種類あったが，片方は情動喚起的（前半と後半：中性的，中間：情動喚起的），もう片方は中性的（全部）であり，両者は非常によく統制されていた。また，紙芝居提示に先立ってβブロッカー（交感神経活動を抑える薬剤）とプラセボが投与された。その結果，記銘時にβブロッカーを投与された群は，通常認められる紙芝居の不快部分に対する記憶成績の向上が認められなくなることが明らかとなった。この背景には，中枢のノルアドレナリン神経系（扁桃体や海馬，前頭前野など記憶と深く関わる部位を含む経路）活動亢進がある。Southwick et al.（2002）の研究では，Cahillらの紙芝居課題の記憶成績が，主として中枢ノルアドレナリンの代謝物である血漿中3-methoxy-4-hydroxyphenylglycol（MHPG）とよく相関することが明らかとなっている。ここで重要なのは，トラウマ記憶の固定化には悪循環が想定される点である。すなわち，トラウマ体験によって誘発されたストレス反応（図4-1の③）によってトラウマ記憶が過度に固定化され（Roozendaal et al., 1997）（図4-1の④→①），固定化されたトラウマ記憶がフラッシュバックや悪夢といった形で想起されると（Pitman, 1989；Pitman et al., 1993）（図4-1の②），それがストレス反応を誘発させることで（図4-1の③）トラウマ体験の固定化がさらに進む（van der Kolk et al., 1985）（図4-1の④→①），というわけである（Southwick et al., 1999）。なお，中枢ノルアドレナリン神経系の亢進は前頭前野の機能を下げることが知られているが（Arnsten, 1998；Birnbaum et al., 1999），前頭前野は注意，ワーキングメモリ，行動プランニングといった認知機能のみならず，恐怖条件づけの消去ないしは獲得された恐怖記憶の調整にも深く関与していることが知られ

ている（Phelps et al., 2004）。ストレス反応が起こるような緊急事態では，それがもう安全であるかを確認したり状況の細かな分析を行って緻密な行動方略を練るよりは，とかく迅速な闘争－逃走反応を起こす方が生存価を高めると考えられている（Arnsten, 1998；Birnbaum et al., 1999；Charney et al., 1993）。この点において，トラウマの再体験によりストレス反応が生じている場合には，その体験が過去のものであり現在は安全である，という客観的状況であったとしても，その事実はまったく役に立ち得ないため，いったん強固に固定化した恐怖記憶を消去するのは困難であるといえる。また，恐怖やストレス反応時における扁桃体の過度の活動亢進（Adamec, 1991；Squire & Zola-Morgan, 1991）や，ストレスによる長期のコルチゾール分泌（Sapolsky et al., 1990）は，海馬に機能低下や障害をもたらすことが知られているが，海馬は，陳述記憶の貯蔵，空間地図の作成，経験のカテゴリー化，体験のインデックス要覧の作成などに関与している部位である（van der Kolk, 1994）。恐怖条件づけは無意識下であっても扁桃体を介して成立するため（LeDoux, 1996），トラウマ体験の重要な陳述的側面を思い出せないという症状は，こうした機序が合わさって生じているのかもしれない。例えば，Park et al.（2008）が行ったラットを用いた動物実験では，ネコへの暴露というストレス刺激によって誘発されたコルチゾール分泌増加が，その直後に実施した放射状水迷路の学習成績——これは海馬依存性の空間課題である——を大幅に低下させることが明らかになっている。

8節 PTSD 患者における脳の変化

既述の如く，海馬は記憶と関係の深い脳領域であるが，PTSD 患者では海馬の体積が小さいとの報告がある。例えば，Bremner et al.（1995）の研究では，MRI を用いて脳の体積が計測されたが，戦闘ベテラン PTSD 患者における右海馬の体積は，年齢・性・教育歴などをマッチさせた健常なコントロール群と比べて 8％少なかった。同様の知見は，Gurvits et al.（1996）の PTSD を発症していない戦闘ベテランをコントロール群とした研究や，Stein et al.（1997）の幼少期の虐待による PTSD 患者を対象とした研究でも認められている。た

だし，トラウマ体験後1週間と6か月後，PTSD発症の有無，のいずれの間にも差が認められないという研究や（Bonne et al., 2001），子ども（10歳程度）の2年間追跡研究ではPTSD発症の有無で差を生じないという研究もある（De Bellis et al., 2001）。一卵性双生児を用いたGilbertson et al.（2002）の研究からは，非常に興味深い知見が得られている。ここでは，片方は戦争によるPTSDであるがもう片方は戦争に行っておらずPTSDでもない双生児のペアー，片方は戦争に行ったが両者ともPTSDでない双生児のペアー，が対象とされた。その結果，PTSD患者の症状の深刻度は，本人だけでなく，その双生児の海馬体積と負に相関すること，片方がPTSDである双生児のペアーは，そうでないペアーと比べて海馬の体積が小さいことが明らかとなった。これらの結果は，PTSD患者に認められる海馬の体積の小ささは，PTSDによる結果ではなく，PTSD発症の脆弱性因子であることを示している。なお，PTSD患者はコルチゾールの濃度が低いため，コルチゾールによる海馬の障害（Sapolsky et al., 1990）が体積減少に寄与しているとの説明は難しいように思われる。

9節　PTSDの予防・治療研究

1．エクスポージャー療法

　エクスポージャー療法（PE：Prolonged Exposure；Foa et al., 2007）とは，トラウマ体験をPTSD患者に安心・安全な環境で繰り返し暴露することで，今はもう危険でないことを学習するという心理療法である（図4-1の②→①をブロック）。Powers et al.（2010）のメタ分析研究によって難治性PTSDにもその効果が実証されている。近年では，消去学習を促進させるような薬物（例えば，Dサイクロセリン）や，バーチャル・リアリティー（仮想現実）技術の導入により，治療効果を安全に促進させる研究に注目が集まっている（Cukor et al., 2009）。

2. βブロッカー

βブロッカーには，既述の如く，記憶の固定化を妨げる作用がある。Pitman et al. (2002) はこれを応用し，トラウマ体験直後に救急科にやって（運ばれて）きた患者に，βブロッカーあるいはプラセボを10日間投与した。その結果，βブロッカー投与群において3か月後に実施されたスクリプト課題に対する心拍・皮膚コンダクタンス反応の抑制が認められた（図4-1の③→④→①をブロック）。また，Brunet et al. (2008) のトラウマ体験から10年程経過した慢性PTSD患者を対象とした研究では，そのトラウマ体験を詳細にインタビューした直後にβブロッカーあるいはプラセボを投与した。その結果，βブロッカー投与群において，1週間後に実施されたスクリプト課題に対する心拍・皮膚コンダクタンス反応の低減が認められた（図4-1の②→③→④→①をブロック）。これらの結果は，PTSDの予防・治療に対するβブロッカーの有効性を示唆するものである。今後は，効果を最大限にできる投与タイミングなどに関する研究が必要と思われる。

3. コルチゾール

コルチゾールには，用量依存的（逆U字曲線）に記憶の固定化を妨げる作用がある（Abercrombie et al., 2003）。Schelling et al. (2001) の研究では，敗血症性ショックの患者に高用量のコルチゾールあるいはプラセボを投与した結果，コルチゾール投与群において31か月後のPTSD症状が低いことがわかった。同様の知見は，Schelling et al. (2004) の心臓外科手術の直前からコルチゾールを投与し続ける研究でも認められた。今後は，de Quervain (2008) が行ったように，慢性化したPTSD患者に対する効果を検証する研究が必要だろう。

10節 おわりに

本章では，PTSDと記憶の関係について心理生物学的観点から解説したが，

紙面の関係上，割愛せざるを得なかった部分が多かった。そのため，十分な説明を行えず，わかりづらい点も多々あったのではないかと心配している。しかし，これらの内容が，読者のトラウマ記憶に対する理解のきっかけとして少しでも役立つのであれば，著者としてこれに勝る喜びはない。

5章 PTSDと認知プロセス

1節 PTSDの分類と心理的症状・発症メカニズム

1. PTSD（心的外傷後ストレス障害）とその分類

　事件や事故，災害，戦争，虐殺などの自分または他人の生死に関わるような状況に直面し，強い恐怖や無力感を体験した場合，我々は精神的に大きなダメージを受ける場合がある。このようなダメージは時間の経過とともに次第に治癒していくものだが，その程度が非常に大きかったり，また，相当長期間にわたって我々を苦しめる場合もある。

　このような症状のうち，きっかけとなるイベントの直後に生じるものをASD（Acute Stress Disorder：急性ストレス障害）といい，1か月以上症状が継続している場合には，急性PTSD（Acute Post Traumatic Stress Disorder），3か月以上症状が継続する場合を慢性PTSD（Chronic Post Traumatic Stress Disorder）という。

2. PTSDの症状

　PTSDは，様々の心的な障害が複合的に発症する状態であるが，その症状は，大きく3つに整理することができる。なお，医学的診断基準については4章も参照してほしい。

(1) 侵入想起

　第一のものは，侵入想起（フラッシュバック）である。これは，心的外傷をもたらした出来事やそれに関連する出来事が，視覚的イメージやその他の感覚

を伴った形で繰り返し，想起されることである。この想起は，本人がまったく予期しないときに突然生じる場合があり，そのような意味で「侵入」的である。想起は，その出来事を追体験しているかのように迫真性や鮮明性をもって体験され，そのときの行動や情動が再現される場合がある。侵入想起が生じると，現在行っている作業や思考に妨害的な影響をもたらすだけでなく，想起とともに生じる恐怖や不安によって耐え難い心的な苦痛を受ける。侵入想起は，悪夢の形で生じることがあり（Neylan et al., 1998），その場合には覚醒し，再入眠が困難になるなどの症状が発生する。

侵入想起はPTSDの中核的な症状であり，心的外傷体験の激烈さ自体よりも侵入想起の程度（Davidson & Baum, 1993）やその制御不可能性の認知（Dougall et al., 1999）のほうがPTSDの長期的な症状を予測する。

(2) 回避・麻痺

第二のものは，回避・麻痺である。回避とは，その出来事に対して，話題にすることを避けたり，その出来事を思い出させるような場所にいくことや，関連した刺激を見聞きすること，そのときと同様な行動をすることを避けることである。

また，麻痺とは，いろいろなものに対する関心や興味を失ったり，友人や他者との関わりがなくなること，感情の範囲の縮小，他の人から孤立している，または疎遠になっていると感じるようになること，ぼんやりすることなどである。出来事の重要な側面についての想起不能が生じる場合もある。

(3) 覚醒亢進症状

第三のものは持続的な覚醒亢進症状である。入眠困難や夜間覚醒，集中困難などである。また，いらだたしさが持続したり，過度の警戒心や怒りの爆発なども生じる。また，ちょっとしたことで過度に動揺したり，驚いたりする過敏性がみられることもある。

3．PTSD症状の発症メカニズム

では，なぜ，PTSDにおいては，このような症状が発生するのであろうか。生死に関わるような状況を体験した場合，われわれはそのような状況を次からは，できるだけ回避するようにする必要がある。次に同様な状況に遭遇すれば，

今度は本当に死んでしまう可能性があるからだ。そこで我々は進化の過程で，そのような状況を予期しいち早く回避するようなメカニズムを獲得してきたと考えられる。このようなシステムは一般的にはもちろん適応的であるのだが，状況によっては，様々な不適応症状を発症させることになる。これがPTSDの症状である。

　PTSD発症のメカニズムは大きく分けて，条件づけプロセスによるものと，記憶や思考などの認知プロセスによるものにわけられる。以下それぞれのプロセスとその特性について検討してみることにする（条件づけプロセスについては4章も参照）。

2節　PTSDにおける条件づけプロセス

1．PTSDにおける古典的（レスポンデント）条件づけプロセス

　古典的（レスポンデント）条件づけとは，無条件刺激に随伴して条件刺激が呈示されることによって，条件刺激と無条件反応の間に連合が生じることをいう。PTSDのひきがねになるトラウマティックな状況においては，心的なトラウマ事態を直接引き起こす事件や事故，災害などの刺激が無条件刺激，それに対して生じる生物体側の生理的な反応が無条件反応となる。人間の場合，これは主観的には，不安や恐怖，ショックなどとして感じられる。また，条件刺激となるのは，このトラウマ事態に随伴して生じていた様々な知覚的な要素である。通常の条件づけプロセスでは，学習の成立までに多くの学習が必要である場合が多いが，トラウマティックな状況の場合には，典型的な条件づけと異なり，1回の学習で成立する（Ehlers et al., 2010）。

　つまり，その出来事が起きた際に目にしていたものや耳にしていたもの，感じていた刺激が，条件刺激となり，これが不安や恐怖などの条件反応を引き起こすようになるのである。汎化メカニズムにより，事件の時と類似の環境に接すれば接するほど，トラウマティックな状況下で感じたような生体反応が再現されることになる。

レイプの被害に遭った被害者が，犯人と類似した身なりの人を見ただけで恐怖を感じたり，また，カーブで交通事故に遭った人が，同じようなカーブを通過するときに不安を感じたり，冷や汗がでたり，と関連する刺激に過敏になるのは，このメカニズムによるものである。また，地震などの自然災害に接した人が災害の発生した時間帯になると落ち着かなくなることや，その出来事の時と同じような天気や気温などの状況で胸騒ぎを起こしたりすることもあり，かなり多様な刺激が条件づけられる。条件づけは特に意識を媒介としない反応であるので，意識的にはなにが不安の引き金（条件刺激）になっているのかがわからない場合も少なくない。このような場合，予期しないときに不安やパニックを感じることになる。

2．PTSDにおけるオペラント条件づけプロセス

1．のメカニズムによって，トラウマ関連刺激は，恐怖や不安，ショックなどと結びつく。これは弱化子となるため，このような刺激に接近するような行動はオペラント条件づけのメカニズムによって生起しにくくなっていくと考えられる。また，このような刺激を回避する行動はより生起しやすくなっていく（このような考え方をマウラーの二過程説という）。

例えば，雪道で交通事故に遭い重傷を負った被害者は，雪道を走ったり，車に乗ること自体を避けるようになるし，また，雪や車に関する話題を回避するようになる。レイプの被害に遭った女性は男性自体を避けるようになる。重度になると，自宅や自室などの，不安を引き起こす刺激のない環境から離れられなくなり，ひきこもりや外出恐怖（広場恐怖）などが生じたりする。PTSDの症状を形成する「回避」はこのメカニズムによって生じるものだと考えられる。

3節　PTSDにおける認知プロセス

PTSDにおいてこのような条件づけが果たしている役割は大きい。条件づけはもっとも基本的な学習メカニズムであるため，動物でも同様な現象を観察することはできる（Smith-Bell et al., 2012）。しかしながら，人間のPTSDでは，

この条件づけモデルの想定するものよりもはるかに複雑な症状が発生する。それは人間の場合，条件づけに加え，認知的なプロセスが原因となる症状が付け加わるからである。

1．トラウマ関連刺激の活性化と閾値の低下

　トラウマに関連した刺激に接近するのを防ぐためには我々はまず，環境内に存在するトラウマ関連刺激にいち早く気がつくことが必要である。そこで，このような刺激が出現しないかどうかを常に監視することになる。これは，認知プロセスにおいてトラウマ関連刺激を常に活性化させておくこと，閾値を低下させておくことを意味する。これは適度に行われれば，我々を次の被害から守ってくれるが，その一方で自律神経系の活動亢進や外部刺激への過度の敏感さ，ちょっとした刺激を手がかりとしてのトラウマ記憶の侵入想起などを引き起こす原因となる。

　このトラウマ関連刺激の活性化現象を実験的に確認する方法の1つとして，トラウマ関連語に関するストループ効果の実験がある。ストループ効果とは，様々な色で書かれた文字の色をできるだけ早く答えるという課題を行う場合「○○」という文字が赤で書かれている場合よりも「あお」という文字が赤で書かれている場合のほうが回答に時間がかかるという現象である。これは，「あお」という文字が自動的に処理されてしまい，赤という文字の色を報告するプロセスに干渉してしまうことが原因だと考えられている。

　自動的に処理されやすい文字ほど，ストループ効果は大きくなる。この現象を用いて，ある単語がどのくらい活性化され，自動的に処理されやすくなっているかを測定することができる。つまり，PTSD患者においては，トラウマに関した概念が活性化されているために，「あお」などの色名の文字の代わりにトラウマ関連語を用いた場合でも，ストループ効果が大きくなることが予測されるのである。

　具体的な研究として，Foa et al.（1991）の研究があげられる。この研究では，15人のPTSDを発症しているレイプ被害者と13人のPTSDを発症していないレイプ被害者，そして，16人の統制群が用いられ，ストループ効果の実験が行われた。用いられたのは4種類の条件で，第一の条件は，RAPE（レイ

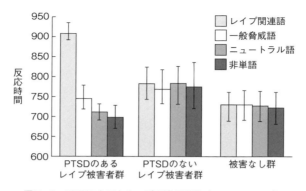

図5-1　PTSDとストループ干渉の関連（Foa et al., 1991）

プ），ASSAULT（襲撃），SCREAM（悲鳴）などのレイプ関連語，第二の条件は，DEATH（死），ANXIETY（不安），FUNERAL（葬儀）などの一般的な脅威語，第三の条件は，BANANA（バナナ），RAISIN（レーズン），MELON（メロン）などの果物の名前でニュートラル語，そして第四の条件は，PUNIC，CHORRY,GAILTなど上記の語から一文字を入れ替えてつくった無意味語だった。これらの単語が，様々な色で呈示され，実験参加者は呈示されたこれらの単語の文字の色をできるだけ早く読むように求められた。この実験の結果を図5-1に示す。PTSDのあるレイプの被害者の場合，レイプ関連語に対する反応時間だけが極度に遅くなっているという事がわかる。つまり，レイプにおけるPTSD患者はレイプに関連する概念が認知プロセスにおいて活性化された状態にあると考えられる。

同様な事は多くのタイプのPTSDにおいても同様に示されることがわかっている。例えば，交通事故の被害者を用いた研究（Beck et al., 2001；Bryant & Harvey, 1995；Harvey et al., 1996），レイプの被害者を用いた研究（Cassiday et al., 1992），虐待の被害者を用いた研究（Dubner & Motta, 1999），フェリー事故を用いた研究（Thrasher et al., 1994），ベトナム戦争の復員兵を用いた研究（Kaspi et al., 1995；McNally et al., 1990, 1996）においてもそれぞれのトラウマ関連語によるストループ効果が観察されている（ただし，Kimble et al.（2009）は，最近，トラウマ関連用語のストループ効果について疑義を呈した論文を発表している）。

2. トラウマティックなエピソード記憶の想起

トラウマ状況に存在していた各種の刺激に接した場合，それが検索手がかりとなり，トラウマ体験のエピソード記憶が想起されやすくなる。このような「過去の苦い」記憶を想起することによって，あらかじめ次に起こる事態に対処したり，回避したりすることができるからである。つまり一種の警告シグナルとしての想起である（Ehlers et al., 2002）。

一般に，自伝的エピソード記憶の想起には，トップダウン処理によるものとボトムアップ処理によるものがある。前者は，「小学校のころに田舎に行ったときになにがあったかな」などと記憶を検索していって，ある特定のエピソードを想起するものであるが，ボトムアップ処理は，環境内の刺激が手がかりとなってダイレクトに特定のエピソードが想起されるものである。トラウマ記憶の想起は主にボトムアップ処理によって引き起こされる。この場合，トップダウンな検索と異なり，想起は自動的に行われ，ダイレクトに意識に上ってくる。そのため，なにが原因で，その記憶が想起されたのかが意識的に把握できない場合もある。これが「予期できない侵入想起」として体験されるわけである。

このように侵入想起されるトラウマ記憶は，言語的なものであるよりもむしろ視覚的なものであり（Hackmann & Holmes, 2004），非常にビビットで迫真感のある場合が多いこと，体験したトラウマな出来事の最悪の瞬間を切り取ったような記憶であることが知られている（Holmes et al., 2005）。そのため，この記憶が想起されると激しい不安や恐怖が引き起こされたり，そのときに行っていた活動が妨害される。

ところで，このようなトラウマ記憶の視覚的な特性から考えて，PTSD患者に視覚的な妨害課題を行わせればトラウマ記憶の侵入想起と拮抗するので，これを減少させることができるのではないかと推論することができる。これを実験的な状況で調査したのが，Deeprose et al.（2012）の研究である。

この研究では，まず実験参加者に9分間のストレスフルなフィルムが見せられた。内容は交通事故や爆発事故などのシーンが描かれているものである。その後，実験群の参加者は視覚空間タッピング課題（5×5のマトリクスの3つのセルが点滅するのをみて，それと同じセルをタップして回答する課題）を，

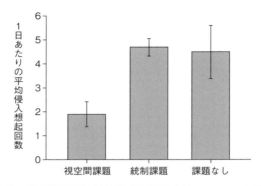

図5-2　視覚空間課題による侵入想起の抑制（Deeprose et al., 2012）

統制課題群の参加者は，数字を3ずつ逆唱していく課題を行った。残りの参加者は課題なし群に割り振られた。その後，1週間にわたって，参加者が日常生活を送る中で，このフィルムの内容が想起されてしまったら，それをメモするように教示した。その結果，1週間でフィルムの内容が想起された回数は図5-2のようになり，視覚空間課題を行った群で有意にフィルム内容の想起が少ないことが示された。

また，Holmes et al.（2009）は，ビジュアルなゲームである「テトリス」を行う事によって侵入的想起を妨害できることを明らかにした。彼女は実験参加者に実際の事件や事故を描いたトラウマティックな映像を見せ，その30分後に

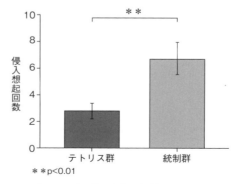

＊＊p<0.01

図5-3　テトリスによる侵入想起の抑制（Holmes et al., 2009）

半数の参加者にテトリスを10分間プレイしてもらった。その後，1週間で最初に見たトラウマティックな映像が侵入想起された回数を集計したところ，テトリス群で有意に侵入想起が少なくなることがわかった（図5-3）。

3．喚起された情動によって検索されるトラウマ記憶

　古典的（レスポンデント）条件づけのメカニズムによって喚起された生理的な反応は，それ自体が検索手がかりとなって，さらにトラウマ記憶の想起を促進する。このメカニズムを支えているのは，気分一致効果（mood conguency effect）や気分の状況依存記憶（mood state-dependent memory）である。

　気分一致効果とは，そのときの気分と一致した内容の記憶が想起されやすくなるという現象である。つまり，不安や恐怖を感じれば，不安や恐怖という属性を持つトラウマ記憶の想起が促進されることになる。また，気分状況依存記憶とは，検索時に記銘時と同じ感情であった場合に，記銘した内容が想起されやすくなるという現象である。この現象もまた，不安や恐怖の気分が引き金になってトラウマ記憶が想起されるようになることを予測する（気分一致効果と異なり，想起される内容自体は必ずしも不安や恐怖という属性を持たなくてもいい）。

　恐怖感情について感情の状況依存効果を実験的に示した研究として，Lang et al.（2001）がある。彼らは，ヘビ恐怖症とクモ恐怖症の大学生を用いて，ヘビやクモを実際に見せることによって恐怖を生じさせ，その状況下で実験を行った。実験は2回に分けて行われた。最初の実験では，実験参加者は，恐怖喚起下とリラックス条件で，16個のキューワードが呈示され，それについて，関連する自伝的記憶を想起させられた。その数日後に，このとき呈示されたキューワードについて想起させる実験が行われた。実験は，やはり恐怖喚起下とリラックス条件で行なった。その結果，恐怖喚起下で自伝的記憶想起課題を行った群では，やはり恐怖喚起下で，リラックス条件で課題を行った群では，リラックス条件でより多くの項目を，想起することができた（図5-4）。

　また，心拍の増大などの交感神経系の活動亢進自体が，心的トラウマ記憶を想起するための手がかりとなり，フラッシュバックなどの想起が増加することが示されている。例えば，Rainey et al.（1987）は，戦争によるPTSD患者の

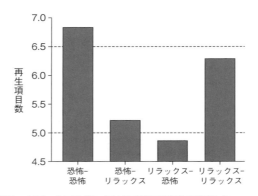

図5-4 恐怖−リラックス条件における感情の状況依存記憶 (Lang et al., 2001)

退役軍人に7名に，情動を喚起させる薬剤である乳酸ナトリウムを注射した。これによって，全員にフラッシュバックが誘発された。また，Southwick et al. (1993) は，20人のPTSD患者に同様な作用を持つヨヒンビン（yohimbine hydrochloride）0.4mg/kgを投与することによって，その70％にパニック発作を，40％に侵入想起を引き起こすことができることを示した（同様な研究として，Jansen et al., 1997）。

4．トラウマ記憶の想起抑制意図による逆説的想起促進

　トラウマ記憶が侵入的に想起されることは，PTSD患者にとって非常に不快であるだけでなく，それ自体がもとものトラウマ体験に匹敵するような不安，恐怖，ショックを生じさせる。そのために，彼らは，トラウマ記憶の想起をできるだけ避けようとする。

　しかしながら，この試みはなかなか困難である。というのも，いままで述べてきたように，トラウマ記憶の侵入想起は，環境内の刺激やそれによって引き起こされた情動が検索手がかりとなって，自動的にボトムアッププロセスとして，引き起こされるものであるため，意識的には「なぜ，その記憶が侵入想起されたのか」がわからず，自分の制御の及ばないところで発生していると感じられるからである。そのため，彼らは侵入想起をコントロールできないのではないかと感じやすい。そこで，彼らは侵入想起を防ぐためには，一見，過剰と

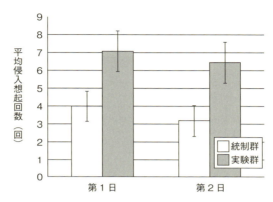

図5-5 実験群と統制群における第1日目と第2日目の侵入想記回数（バーは標準誤差）
（越智・及川，2009）

も思える様々な対策をとるようになる。

　その1つは，トラウマ記憶が想起されないように，意識的に努力するということである。ところが，これは，侵入思考における皮肉過程（Wegner, 1994）と同様なプロセスを引き起こす危険性がある。つまり，トラウマ記憶に関して，その想起を警戒し抑制しようとすることは，環境中や思考の流れの中に現れるトラウマ関係の刺激に対する監視活動を続けるという事を意味しているが，この作業によってトラウマ関連刺激が常に活性化された状態で維持されることになり，これが検索手がかりとなって，トラウマ記憶が想起されやすくなる可能性がある。また，多くの環境内の刺激がトラウマ関連刺激かどうか，照合する過程で，これらの間に連合が生じてしまう。

　この現象をデモンストレーションした研究として，越智と及川（2009）がある。この研究では，実験参加者に短いビデオを見せたあとで，実験群の参加者には，「このビデオの内容を絶対に思い出してはいけない」と教示した。統制群には「このビデオの内容を人と話してはいけない」と教示した。その翌日と翌々日に，日常生活を送る中で，このフィルムの内容が侵入想起された場合にはそれを記録することを要求した。この実験の結果，「絶対に思い出してはいけない」と教示した群で逆説的な侵入想起増大現象が観察された（図5-5）。

5．自伝的記憶想起の概括化

　また，PTSD 患者には，自伝的記憶想起における概括化（overgenerality）という現象が生じることが知られている（抑うつにおける記憶の概括化については 7 章を参照）。これは，自伝的記憶を想起させた場合，具体的で特定可能なエピソードを想起する代わりに抽象的でおおざっぱな内容の記憶を想起するという現象である（Williams, 1996）。つまり，「小学 3 年生の夏休み，愛媛県の田舎に行って祖母に川に連れて行ってもらい，そこで網で魚を捕った」といった記憶が想起される代わりに，「子どもの頃，祖母と遊んだ」とか「昔，田舎にいった」などの概略的な形で記憶が想起，報告されるのである。この現象を実験的に検討したものとして，McNally et al.（1995）の研究がある。

　彼は，ベトナム戦争の復員兵で，PTSD を罹患しているもの19名と罹患していないもの13名に対して実験を行った。実験参加者には，20個のキューワードが呈示され，それに対して60秒以内に特定の自伝的記憶のエピソードを想起するように求めた。キューワードのうち，半数は，happy（幸せ），open-minder（偏見のない），helpful（有用な），humorous（ユーモアのある）などのポジティブ語で，残りの半数は，selfish（利己的），guilty（やましい），cruel（残酷な），cowardly（臆病な）などのネガティブ語であった。想起課題が終了後，評定者がその記憶内容の具体性・特定性について採点を行った。その結果，それぞれのキューワードに対して，どの程度具体的な自伝的記憶を想起できたのかを図 5-6 に示した。この図を見てわかるように，PTSD 群は特定の自伝的記憶を想起できない傾向があり，特にそれはポジティブなキューワードにおいて顕著であった。

　同様な結果は他の多くの研究でも同様に示されている（McNally et al., 1994；Schönfeld et al., 2007；Moore & Zoellner, 2007）。

　また，Sutherland & Bryant（2007）は，このような自伝的記憶の概括化が心理療法によって，PTSD の症状が軽快すると消失するかどうかについて研究を行った。

　実験参加者は，交通事故や暴力事件の被害者の PTSD 患者である。彼らに心理療法に先立って，自伝的記憶想起課題を実施し，その後，彼らには認知行

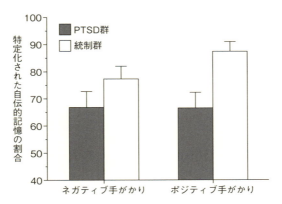

図5-6　PTSDと自伝的記憶の超概括化の関連（McNally et al., 1995）

動療法による治療が行われた。その結果，治療に参加した患者のうち，9人の患者は症状が軽快し，すでにPTSDと診断されなくなっていたが，6人は結局症状が軽快しなかった。治療終了の6か月後に彼らには，もう一度自伝的記憶想起課題が行われた。

　自伝的記憶想起課題では，彼らにhappy（幸せ），brave（勇敢）などのポジティブ語10語と，hurt（苦痛），fear（恐怖）などのネガティブ語10語が呈示され，それについて，想起した最初の自伝的記憶について報告させた。報告させた内容について，評定者がその特定度について査定を行った。その結果を図5-7に示す。治療が成功した群においては，想起される記憶がより特定化されるようになったが，失敗した群ではむしろ，より記憶が概括化した。

　PTSD患者において概括化現象が生じる原因として，次のような仮説が考えられる。PTSD患者は，もし，トラウマティックな出来事の自伝的記憶を想起してしまった場合，それ事態がショッキングで不安や恐怖をもたらすために，それを回避するために，自伝的記憶想起においてあまり深く，つまり具体的なエピソードまで記憶をたどることはしないで，早めに検索プロセスを中断させてしまうのではないかというのである。実際，侵入的想起を回避しようとする動機が大きいほど，自伝的記憶が概括化することが示されている（Lemogne et al., 2009）。

　これは，侵入想起の多くがそうであるボトムアッププロセスによる想起より

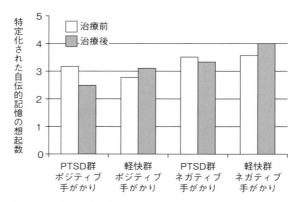

図5-7 心理療法の効果と自伝的記憶の概括化の関連（Sutherland & Bryant, 2007）

はむしろ，トップダウンの自伝的記憶検索においてみられやすい現象である。したがって，PTSDの患者は，鮮明で写真的で侵入的な想起をする一方で，意識的には特定可能な自伝的な記憶を想起できないというアンバランスな自伝的記憶想起の特徴を持つことになる。

6．記憶パフォーマンスの低下

　PTSD患者は，通常の記憶実験のパフォーマンスが全体的に低下することが多いと指摘されている。例えば，Jelinek et al.（2006）は，交通事故や傷害事件などの被害者のPTSD患者40名と健康な統制群40名を対象として，記憶実験を行った。彼らには，無意味で言語化しにくい図形10個と高頻度で使われる単語10個が呈示され，それらについて直後（短期記憶課題）と20分後（長期記憶課題）に自由再生テストが行われた。この研究の結果，直後条件でも，遅延条件でも，単語でも図形でも，PTSD群は統制群よりも成績が有意に悪く，PTSD患者の記憶パフォーマンス抑制現象が確認された（図5-8）。

　この原因としては，PTSDは，そもそもうつ症状も併発することが多く，うつが一般に記憶パフォーマンスを低下させるため，その影響を受けているのだという説がある。しかし，この研究では，すべての条件で，BDI（ベックうつ尺度）と記憶パフォーマンスの間には有意な相関はみられなかった。そのため，PTSDに伴ううつがPTSD患者の記憶パフォーマンスを低下させているわけ

5章　PTSDと認知プロセス

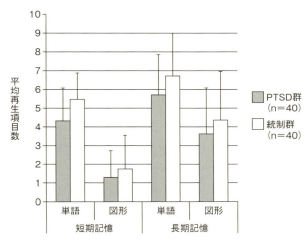

図5-8　PTSDによる記憶課題パフォーマンスの低下現象（Jelinek et al., 2006）

ではなく，PTSDに特有の別の何らかのメカニズムによって，この効果が引き起こされているのではないかと考えられる。

4節　侵入想起を中心としたPTSDの認知プロセスモデル

　ここまで，PTSDにおける認知プロセスの特性について見てきた。3節でそれぞれのプロセスについて比較的独立して検討してきたが，実際にはこれらのプロセスは相互に密接に関係しながら働いていると思われる。そこで，これらの関連についてまとめてみた（図5-9）。これを見てみるとPTSDにおける認知プロセスは侵入想起と，それをコントロールしようとする意識的な処理過程として整理することができるように思われる。
　トラウマ関連概念の活性化や，環境内におけるトラウマ関連刺激，そして条件づけによって生じる生理的な覚醒は，いずれも侵入想起を促進するものであるし，また，侵入想起は，生じてしまえば不安や恐怖を引き起こしてしまうために，なんとかそれを押さえ込もうとして，意図的な抑制が行われ，その結果として逆説的に侵入想起が増加したり，また，認知処理を浅くしようとするた

93

第2部　トラウマ体験と記憶

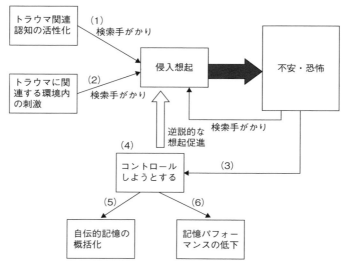

図5-9　PTSDにおける認知プロセス

めに概括化や記憶パフォーマンスの低下が起こると考えられる。

　また，このモデルを見ると，結局のところこのプロセスを制御しようとする試みが，逆に侵入想起を増加させてしまっているように思われる。このような意識的制御の介入が逆に事態を悪化させていくという現象は，様々な精神疾患で同様にみられるものである。今後はこの認知プロセスを精緻化していくとともに，治療にどのように応用できるのかを考えていくことが必要だろう。

第3部

抑うつと記憶

6章 抑うつの気分一致効果と自己関連づけバイアス

1節 はじめに

1．抑うつとは

　抑うつ状態になったときにみられる症状には，憂うつで悲しい気分が続くなどの気分の症状や，悲観的に考えたり，悪い出来事の原因が自分だと強引に考えたりする思考の症状がある。また，集中力，記憶力，判断力の低下などの特徴もみられる。しかし，単に「抑うつ状態になると，このような症状が起きる」と説明するだけでは，症状改善の手立ては見つからない。近年，情報処理過程，特に記憶の側面から，このような症状が起きる原因を探る研究が数多くなされている。その中の1つとして，抑うつの症状の背後に「記憶」の機能がうまくはたらかないという記憶の機能不全があるという仮説に基づいた研究がある。第3部では，そのような観点からなされている「抑うつと記憶」についての研究を紹介する。

　そうした第3部の中で，本章では，長期記憶の観点から抑うつと記憶の関係を概観する。抑うつ者の長期記憶には，記憶欠損と呼ばれる一般的な記憶力の低下がある。その一方で，記憶バイアスと呼ばれるネガティブな情報ばかりをよく思い出すという部分的な記憶力の向上もある。このように，抑うつ者の長期記憶の機能にはアンバランスさがあり，抑うつの様々な病理と関連していると考えられている。また，抑うつと長期記憶に関する研究は1980年代から行われてきているが，研究が十分でない領域や理論的な不備も多く，結論が保留にされているテーマもある。このように，抑うつと長期記憶の関係は予想以上に

複雑であり，記憶研究者や臨床家に多くのことを考えさせるトピックである。

2．抑うつと記憶の関連

抑うつにおける記憶の機能不全は，記憶欠損（memory deficits）と記憶バイアス（memory biases）の2種類に分類される。前者の記憶欠損とは，記憶機能の低下のことであり，例えば，ワーキングメモリの低下や長期記憶の低下を指す。この記憶機能の低下は，抑うつの症状である集中力，記憶力，判断力の低下に繋がる。後者の記憶バイアスとは，感情的な情報についての記憶の歪み・偏りのことである。例えば，自分が仕事で失敗したときなどのネガティブな出来事ばかりを思い出しやすく，一方，自分が仕事で成功したときなどのポジティブな出来事は思い出されにくいといった現象を指す。この記憶バイアスは，憂うつな気分，悲観的な考え方，ネガティブな思考に繋がる。

近年の抑うつモデルでは，記憶欠損と記憶バイアスの2つの観点から，抑うつの症状や抑うつのメカニズムを説明しようと試みる。本章では，研究知見の蓄積がある長期記憶に焦点を当てる。長期記憶の中でも，特に，顕在記憶と潜在記憶と呼ばれる記憶に着目し，抑うつにおける記憶の機能不全について考えていく。そのための基本的な知識として，2節では顕在記憶と潜在記憶の区分について，3節では研究の方法論について，それぞれ概説する。そして，4節では長期記憶における記憶欠損と記憶バイアスについて考察し，5節ではそのメカニズムについて述べる。最後に，まとめと今後の課題について論じる。

2節 顕在記憶と潜在記憶

1．長期記憶

記憶は，情報が保持される時間の違いに応じて，短期記憶と長期記憶に分けられる。短期記憶の研究は，近年ではワーキングメモリ（作動記憶）の研究領域で研究されることが多い。短期記憶が情報の保持機能に重点を置いているのに対して，ワーキングメモリは保持と処理の両方の機能を重視する。抑うつと

ワーキングメモリについては，Baddeley（2007）や上田（2014）を参考にされたい。

さらに，長期記憶は様々な観点から分類される。私たちが以前の記憶を思い出す場合，思い出す内容や思い出し方によって記憶が分けられる。思い出す内容による分類としては，'depression' という英単語は「うつ」という意味であるといった知識の記憶である意味記憶や，昔に体験した自分自身に関する出来事の記憶である自伝的記憶といった分類がある。自伝的記憶の詳細については7章および松本と望月（2012）を参考にされたい。それに対して，以下では思い出し方による分類である顕在記憶と潜在記憶について説明する。

2．顕在記憶と潜在記憶

うつ病患者や抑うつ傾向が高い人は，どのような長期記憶の機能に問題を抱えているのだろうか。何かを意識的に思い出す記憶のプロセスに問題があるのだろうか。それとも，無意識的で自動的な記憶に問題があるのだろうか。

記憶を利用するときの，「過去の経験を思い出している」という意識を想起意識と呼ぶ。顕在記憶（explicit memory）とは，検索時に想起意識を伴う記憶である。それに対して，潜在記憶（implicit memory）とは，想起意識を伴わない記憶である。つまり，潜在記憶と顕在記憶は，想起意識の有無によって区分された記憶である。

顕在記憶と潜在記憶について，実験で用いられる課題で具体的に考えてみよう。顕在記憶課題の代表的な課題として，自由再生課題や再認課題があげられる。自由再生課題とは，単語などの刺激を実験参加者に覚えさせ，後のテストで，思い出す順序などに制限を加えずに，覚えた単語が何であったかを意識的に思い出させる課題である。再認課題は，学習の後のテストで提示された単語が先ほど覚えた単語であるかどうか，実験参加者に「はい」「いいえ」で判断させる課題である。このように，自由再生課題や再認課題などの顕在記憶課題は，テストのときに覚えたときのことを意識的に思い出させるのが特徴である。

一方，顕在記憶とは反対に，潜在記憶とは検索時に想起意識を伴わない記憶である。潜在記憶を測定するために，プライミング効果（priming effect）を利用する方法が用いられる。プライミング効果とは，先に提示された刺激が後

続刺激の処理を促進または抑制することである。感覚・知覚レベルから意味レベルまで様々な種類のプライミング効果が存在することが報告されている。

代表的なプライミング課題として，単語完成課題（word-fragment completion task）がある。典型的な単語完成課題は，学習とテストの2つのフェイズからなる。まず，学習フェイズで刺激リストが提示される。そして，テストフェイズでは，参加者は学習フェイズで提示された刺激を意識的に思い出さない状態で課題を遂行する。具体的には，学習フェイズで"じんましん"という刺激が提示される。テストフェイズでは，"じ□ま□ん"という虫食い語（fragment）の四角の中に文字を入れて，その単語を完成させることが要求される。学習フェイズで提示された単語が提示されていない単語に比べて虫食い語の完成率が高くなった場合，プライミング効果が得られたと解釈する。テストフェイズは，学習フェイズで"じんましん"を見たことを参加者に意識的に思い出させない実験デザインとなっているため，単語完成課題によって得られたプライミング効果は潜在記憶の現れと解釈される。このように，潜在記憶課題は，本人は自覚しないながらも先行経験によって課題の成績が促進または抑制されるという現象をとらえるようにデザインされているのが特徴である。

3 節 抑うつについての記憶研究の方法論

抑うつと記憶の研究というと，うつ病患者を対象にした記憶実験を思い浮かべるのではないだろうか。近年の研究では，患者を対象とした研究に加えて，抑うつ傾向が高い大学生などを対象とした研究もさかんに行われている。また，実験参加者を抑うつ気分に誘導する研究も行われている。このように，抑うつの記憶研究といっても，様々な方法がある。そこで，本節では研究の方法論を紹介する。

抑うつと記憶の関係を調べるときの方法として，大きく分けて以下の2つの方法がある。1つは，うつ病や特性（trait）としての抑うつといった比較的安定した個人に特有な傾向に着目する個人差アプローチと，もう1つは，状態（state）としての抑うつ気分といった短時間の感情に着目する気分誘導アプロ

ーチである。

1．個人差アプローチ

比較的安定した傾向に着目する個人差アプローチは，うつ病患者を実験群として，うつ病でない健常者を統制群として，記憶成績を比較する。または，抑うつを測定する質問紙の得点が高い抑うつ傾向者を実験群とし，抑うつ得点が低い者を統制群とし，記憶成績を比較する。抑うつ傾向が高い人と低い人を比較する場合の研究をアナログ研究（analogue study）と呼ぶ。このように，個人差アプローチによる研究では，患者を対象とするものと抑うつ傾向が高い人を対象とするアナログ研究がある。アナログ研究の詳細については杉浦（2009）を参照されたい。

2．気分誘導アプローチ

病態や特性といった安定した傾向に着目する個人差アプローチに対して，状態としての抑うつに着目する気分誘導アプローチによる研究もある。その研究では，抑うつ気分に誘導した実験群と抑うつ気分に誘導しない統制群で記憶成績を比較する手法を用いる。

気分誘導アプローチには，言語的誘導法と非言語的誘導法の2つがある。代表的な言語的誘導法であるヴェルテン法では，ポジティブ，ネガティブな感情を喚起させる文と，ニュートラルな文を提示する。具体的には，「私はとても疲れていて，憂うつで，何もしないで座っていることが多い」などの文章を読ませ，ネガティブな気分に誘導する。一方，非言語的誘導法では，悲しい音楽を聞かせたり，映画の一場面を見せたりして，気分誘導を行う。

節　抑うつにおける記憶の機能不全

1節で述べたように，抑うつにおける記憶の機能不全は記憶欠損と記憶バイアスの2つがある。本節では，記憶の機能の低下を示す現象である記憶欠損と，感情的な情報についての記憶の歪み・偏りである記憶バイアスに関する研究を

概観する。

1．抑うつの顕在記憶・潜在記憶欠損に関する研究

ここでは，長期記憶を顕在記憶と潜在記憶に区分し，それぞれの記憶に抑うつがどのような影響を及ぼすのかを考察し，最後に記憶欠損を研究する臨床的な意義について述べる。

（1）抑うつは顕在記憶を低下させる

抑うつの記憶欠損の初期の研究は，顕在記憶課題を用いて多く行われてきた。顕在記憶課題を用いた抑うつの記憶欠損の研究に関して，Burt et al.（1995）はメタ分析を行った。メタ分析とは，特定のトピックについての多くの研究結果を統合する分析方法である。Burt et al.（1995）は，うつ病患者と抑うつ傾向が高い人を対象とした99件の再生記憶と48件の再認記憶に関する研究についてメタ分析を行った。その結果，再生記憶と再認記憶の両方において抑うつと記憶欠損が関連することが示された。つまり，うつ病患者は統制群よりも顕在記憶成績が低いことが明らかになった。

さらに，抑うつと記憶欠損の関係は，年齢，入院患者か外来患者かの区分，保持時間（学習フェイズとテストフェイズの間のインターバル）によって異なることが明らかになった。まず，年齢に関しては，再生記憶と再認記憶の両者において，60歳以下の場合の方が60歳以上よりも，効果量が大きかった。60歳以下と60歳以上の両方で，うつ病患者の方が統制群よりも顕在記憶成績が低かったものの，その差は60歳以下の方が大きかった。つまり，抑うつによる顕在記憶欠損への影響は60歳以下の方が大きいことがわかった。次に，患者の区分に関しては，再生記憶と再認記憶の両者において，入院患者の方が外来患者よりも効果量が大きかった。つまり，抑うつによる顕在記憶欠損への影響は入院患者の方が大きいことが示された。3つ目の保持時間に関しては，再認課題と再生課題で結果が異なっていた。再認課題では，学習の直後にテストがあった場合よりも，遅延してテストがあった場合の方が，効果量が大きかった。つまり，遅延再認の方が，直後再認よりも，抑うつが記憶欠損に与える影響は大きいことが示された。しかしながら，再生課題では逆に，遅延再生よりも直後再生の方が効果量が大きく，抑うつが記憶欠損に与える影響が強かった。以上

のように，年齢，入院患者か外来患者かの区分，保持時間などにより，効果量は変化するものの，うつ病患者は統制群よりも顕在記憶成績が低いことは，どの条件においてもみられる頑健な現象であった。

また，Burt et al.（1995）のメタ分析では，他の精神障害でも記憶欠損がみられるかどうか検討した。その結果，記憶欠損は統合失調症でも共通してみられた。一方，分析に用いた研究数が少ないという問題があるものの，薬物乱用患者や不安障害患者では記憶欠損はみられなかった。

このように，Burt et al.（1995）によるメタ分析の結果，顕在記憶欠損は抑うつにおいて頑健であった。また同時に，顕在記憶欠損は抑うつに固有のものではなく，統合失調症などのその他の精神障害に共通する症状である可能性が示された。Burt et al.（1995）のメタ分析は，ある認知の機能不全がその精神障害に特有のものなのか，それとも広く精神障害に共通してみられるものなのかという統合的な視点を与えた点で重要である。

（2）抑うつは潜在記憶も低下させるのか？

Burt et al.（1995）によるメタ分析の結果，抑うつは顕在記憶を低下させることが明らかになった。これに対して，抑うつは潜在記憶には影響しないことが，初期の研究で共通して報告されている。

例えば，個人差アプローチによる研究として，Danion et al.（1991）は，うつ病患者と統制群を対象に，顕在記憶課題として自由再生課題を，潜在記憶課題として単語完成課題を行った。その結果，潜在記憶課題では両群の成績に違いがみられなかったのに対して，顕在記憶課題ではうつ病患者は統制群よりも成績が低かった。

また，気分誘導アプローチによる研究もなされている。ヴェルテン法によって抑うつ気分への誘導を行ったHertel & Hardin（1990）のアナログ研究でも，Danion et al.（1991）と同様の結果が報告されている。すなわち，潜在記憶課題では抑うつに誘導した群と誘導していない群で成績に違いがなかったのに対して，顕在記憶課題では抑うつに誘導した群は誘導していない群よりも成績が低かったのである。

この他に，Ellwart et al.（2003）やBazin et al.（1994）の研究からも，上記の研究と同様に，抑うつは顕在記憶のみを低下させ，潜在記憶には影響を及

ぼさないことが示されている。

(3) 処理説からのアプローチ

上記の研究は、顕在記憶課題と潜在記憶課題の成績を比較するシンプルな実験デザインである。それに対して、うつ病患者の顕在記憶と潜在記憶について、処理説と呼ばれる記憶のとらえ方に基づき、どのような処理を行っているときに抑うつが影響するのかという観点から検討した研究もある。潜在記憶課題における想起意識の操作は難しく、現在のところ、有効な知見が十分集まっているとはいえないが、数少ない研究例として、Jenkins & McDowall (2001) から始まった処理説に基づく研究を紹介する。

処理説とは、記憶課題の結果は実験参加者がどのような種類の処理を行ったかによって決まると仮定する、情報処理過程を重視する考え方である (Surprenant & Neath, 2009)。この処理説は、潜在記憶と顕在記憶の特徴の違いを説明する代表的な理論の1つである。処理説では、ある処理が高次か低次かによって、認知的な処理を概念駆動型処理 (conceptually-driven processing) とデータ駆動型処理 (data-driven processing) の2つの区分に分類する。概念駆動型処理とは、刺激の意味や概念的内容に着目した処理であり、高次な処理とされる。例えば、提示された2つの単語が同意語であるか判断させる課題で行う処理である。一方、データ駆動型処理とは、刺激の物理的・知覚的な特徴に着目した処理であり、低次な処理とされる。例えば、提示された単語がひらがなであるかカタカナであるかを判断させる課題で行う処理である。この処理説の考え方に基づき、記憶テストを分類したものが表6-1である。処理説の立場では、顕在記憶課題と潜在記憶課題はそれぞれ、概念駆動型処理とデータ駆動型処理にさらに分類される。

この処理説の考え方に基づき、概念駆動型/データ駆動型の処理に、抑うつ

表6-1 記憶課題の分類と課題の例 (堀内, 2011より作成)

	顕在記憶課題	潜在記憶課題
概念駆動型処理	自由再生課題 再認課題	カテゴリー連想課題
データ駆動型処理	文字手がかり再生課題	単語完成課題

が影響を及ぼすかどうかを最初に検討した研究がうつ病患者と健常者を対象に実験を行った Jenkins & McDowall（2001）である。実験では，概念駆動型顕在記憶課題として自由再生課題を，概念駆動型潜在記憶課題としてカテゴリー連想課題を，データ駆動型潜在記憶課題として単語完成課題を用いた。カテゴリー連想課題とは，テストフェイズで手がかりとしてあるカテゴリーを提示し，そこから連想されるものを回答する課題である。例えば，学習フェイズで，学習するリストの中に「いちじく」が含まれていたとする。後続のテストフェイズでは，「果物」というカテゴリーを手がかりとして与えられ，そのカテゴリーにあてはまる単語をできるだけ多く書くことが要求される。テストで提示されるカテゴリーには，学習フェイズで提示された単語に関連するもの（学習条件）と提示されていないもの（未学習条件）が含まれている。したがって，学習条件の方が未学習条件よりも，多く回答されていた場合，プライミング効果が得られたとし，概念駆動型潜在記憶が得られたと解釈する。

　Jenkins & McDowall（2001）の実験の結果，概念駆動型顕在記憶課題である自由再生課題と概念駆動型潜在記憶課題であるカテゴリー連想課題において，うつ病患者は統制群よりも課題の成績が低いことが明らかになった。それに対して，データ駆動型潜在記憶課題の成績では両群に差がみられなかった。つまり，うつ病患者は概念的駆動型の顕在記憶と潜在記憶の低下を示し，データ駆動型の潜在記憶においては記憶の低下を示さなかったのである。表6-1でいうと，うつ病患者では概念駆動型処理の行の部分に記憶機能の低下がみられるということになる。この結果は，抑うつが及ぼす記憶機能の低下は，潜在記憶・顕在記憶の区分で生じるというよりも，概念駆動型処理・データ駆動型処理の区分で生じる可能性を示すものであった。

　Jenkins & McDowall（2001）の実験は，どのような処理を行っているときに，抑うつが記憶に影響するのかという新しい観点を記憶欠損研究にもたらすものであった。しかしながら，この Jenkins & McDowall（2001）の実験に対して，Mulligan（2011）は課題の不備を指摘した。Jenkins & McDowall（2001）の実験では，潜在記憶課題のテスト時に，実験参加者が学習フェイズで提示された刺激を意識的に思い出したかどうかをチェックしていない。したがって，潜在記憶課題の成績に，意識的に学習時のことを思い出したことによ

る影響，つまり，顕在記憶による影響がある可能性が高いと Mulligan（2011）は指摘した。

そこで，Mulligan（2011）は，実験参加者を実験課題の意図に気づいていた群と気づいていなかった群に分けて，概念的潜在記憶課題の成績を抑うつ傾向が高い者と低い者で比較した。その結果，テストの意図に気づいていた場合は，抑うつ傾向が高い者は低い者よりも概念的潜在記憶課題の成績が低く，Jenkins & McDowall（2001）と同様の結果になった。それに対して，テストの意図に気づいていなかった場合，両群で成績に差がみられなかった。つまり，より精度の高い手続きを採用した Mulligan（2011）の結果から，Jenkins & McDowall（2001）による抑うつは概念的な処理を低下させるという主張は支持されなかった。

このように，Jenkins & McDowall（2001）と Mulligan（2011）の実験結果は，潜在記憶研究において，想起意識の操作が難しいことを示すものである。しかしながら，これらの研究は，どのような処理を行っているときに抑うつが影響するのかという新しい観点からなされたものであり，今後，精度の高い手続きによってさらに研究知見が蓄積されることが望まれる。

(4) 記憶欠損を研究する臨床的な意義

記憶欠損，つまり，記憶の機能低下は抑うつの認知的な特徴の1つであり，抑うつの症状を理解する上で重要な特徴である。記憶欠損の研究は，次の2つの臨床的な意義がある（Burt et al., 1995）。まず，精神障害の診断をする際に，記憶欠損に関する正確な知識が役立つ。記憶機能の低下そのものは，うつ病だけではなく，アルツハイマー型認知症などの他の精神障害にもみられる。そのため，抑うつの記憶欠損と他の精神障害の記憶欠損でどの点が異なるのかを明確にすることは，精神障害の正確な鑑別に役立つのである。次に，記憶欠損を示す患者に，記憶の機能を回復させるために，どのような治療を行うべきかを決定するときに役立つ。抑うつによってどのような記憶の機能が低下するのかを知ることによって，例えば，記憶のリハビリテーションを行う上で，予定などをスマートフォンに記録させるような外的補助手段が有効なのか，ストーリーにして覚えるといった方略を習得させることが有効なのかなどを考える手だてになる。

2．抑うつにおける記憶バイアス

　前項で扱った記憶欠損についての研究は，思い出す情報の感情的特性には注目していない。それに対して，記憶バイアスについての研究では，例えば，ネガティブな気分や悲しいときには，ネガティブな写真は記憶に残りやすく，悲しい出来事は思い出されやすいといった，思い出す情報の感情的特性に主な着目点がある。

　うつ病患者やうつ傾向の高い人の記憶バイアスと想起意識にはどのような関係があるだろうか。過去の出来事を意識的に思い出そうとするときに，ネガティブな出来事を多く思い出してしまうのだろうか。それとも，無自覚的にネガティブな出来事が多く想起されてしまったり，思考や認知活動に影響を与えたりするのだろうか。ここでは，このような問いに対して，顕在記憶と潜在記憶における抑うつの記憶バイアス研究を概観することにより，考察してみたい。そこで，本項では，まず記憶バイアス研究で利用される気分一致効果と呼ばれる現象について説明する。次に，顕在記憶と潜在記憶における記憶バイアス研究を概観する。

（1）気分一致効果とは

　抑うつの記憶バイアス研究は，気分一致効果の研究の文脈で行われてきた歴史がある。気分一致効果（mood congruent effect）とは，覚えるときや思い出すときの気分と一致した感情的特性をもつ情報は，一致していない感情的特性をもつ情報と比較して，思い出されやすいという現象である。抑うつにおける気分一致効果とは，うつ病患者はネガティブな情報をより思い出しやすいということを指す。また，抑うつ気分に誘導された実験参加者が，気分誘導されていない実験参加者よりもネガティブな情報を思い出しやすい現象も，気分一致効果と呼ばれる。実験では，ネガティブな刺激として「葬式」「絶望」，ポジティブな刺激として「幸運」「祝日」などの単語が持つ感情的性質である感情価が統制された単語が用いられる。

（2）抑うつと顕在記憶バイアス

　抑うつの記憶バイアスについての研究も，記憶欠損の研究と同様に，初期の研究では，顕在記憶課題が多く用いられた。顕在記憶課題を用いた抑うつの気

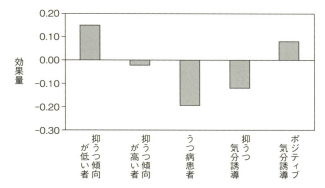

図6-1 再生記憶課題における抑うつの気分一致効果に関するメタ分析の結果 (Matt et al., 1992より作成)

分一致効果の研究に関して，Matt et al.（1992）はメタ分析を行った。Matt et al.（1992）のメタ分析では，特性的抑うつと状態的抑うつが再生記憶に及ぼす影響について検討された。特性的抑うつとは，ある個人の安定的な抑うつの傾向であり，状態的抑うつとは，気分誘導などで一時的に引き起こされた抑うつの程度である。メタ分析の結果が図6-1である。図中の正の効果量はポジティブな刺激の再生成績が高いことを示し，負の効果量はネガティブな刺激の再生成績が高いことを示す。

特性的抑うつの影響について，臨床群のうつ病患者，抑うつ傾向が高い者と抑うつ傾向が低い者を比較することで検討された。うつ病患者は，ネガティブな刺激をポジティブな刺激よりも多く再生することが示された。つまり，うつ病患者では気分一致効果がみられると解釈できる。それに対して，抑うつ傾向が高い者では，ネガティブ刺激とポジティブ刺激の再生数は同等であった。また，抑うつ傾向が低い者は，ネガティブ刺激よりもポジティブ刺激を多く再生することが示された。

状態的抑うつの影響に関しては，抑うつ気分に誘導した場合とポジティブ気分に誘導した場合が比較された。どちらも，実験参加者の大半は大学生であった。抑うつ気分に誘導された実験参加者は，ポジティブ刺激よりもネガティブ刺激を多く再生することがわかった。反対に，ポジティブ気分に誘導された実験参加者は，ネガティブ刺激よりもポジティブ刺激を多く再生することが示さ

れた。このように，気分誘導した場合は，その気分が抑うつであろうとポジティブであろうと気分一致効果がみられることが明らかになった。

このように，Matt et al.（1992）によるメタ分析の結果，抑うつの再生記憶には気分一致効果がみられることが示された。言い換えれば，うつ病患者は顕在記憶課題である再生記憶課題において，ネガティブな情報をポジティブな情報よりも再生しやすいという記憶バイアスを示すことが明らかになった。

（3）抑うつと潜在記憶バイアス
▶抑うつの潜在記憶バイアス現象はあるのか？

顕在記憶課題である再生課題を用いた記憶バイアスの現象は，うつ病患者において頑健であることがメタ分析によって明らかになった。それに対して，潜在記憶における抑うつ者の記憶バイアスに関する研究結果は一貫していない。つまり，うつ病患者の潜在記憶課題成績において，ネガティブ刺激の方がポジティブ刺激よりも記憶成績が高いという記憶バイアスを報告する研究と，記憶バイアスを報告しない研究の両方が存在している。

記憶バイアスの存在の有無に関して，研究結果が一貫しないことに対して，以下の2つの仮説が提出された。1つ目は，符号化時と検索時（学習時とテスト時）の両方で，概念駆動型の処理を行った場合のみ潜在記憶バイアスがみられるというWatkins（2002）による仮説である。つまり，自由再生課題のような概念駆動型の顕在記憶課題やカテゴリー連想課題のような概念駆動型の潜在記憶課題では記憶バイアスは得られる。一方，データ駆動型処理を行う単語完成課題では，抑うつにおける記憶バイアスは認められないとする。2つ目は，転移適切処理説（TAP：Transfer-Appropriate Processing）という記憶の原理に基づき，符号化時と検索時に同じ処理である場合に記憶バイアスがみられるというBarry et al.（2004）による仮説である。1つ目のWatkins（2002）による仮説とは異なり，たとえ，単語完成課題のようなデータ駆動型潜在記憶課題においても，符号化時と検索時で処理が一致している場合は，気分一致効果が認められることになる。

▶メタ分析による結果の集約

この2つの仮説についてPhillips et al.（2010）は，どちらの仮説が正しいかを効果量rを指標として，メタ分析によって検証した。効果量rとは，2つの

表6-2 抑うつの潜在記憶と気分一致効果の関係における処理水準に関する分析 (Phillips et al., 2010より作成)

符号化時・検索時の処理水準	条件	n	r	p
知覚的・知覚的	一致	30	.15	<.001
知覚的・概念的	不一致	4	−.01	.84 (n.s.)
概念的・概念的	一致	9	.15	.002
概念的・知覚的	不一致	23	.08	.03

変数の関連の大きさを表す指標である。メタ分析の結果,抑うつと潜在記憶の気分一致効果の関連を示す効果量は $r=0.13$ で有意であり,抑うつと潜在記憶の気分一致効果が関連することが示された。また,抑うつと潜在記憶の気分一致効果の関係は,符号化時と検索時の処理水準によって,異なる傾向がみられた。表6-2に示すように,符号化時と検索時の処理水準が一致している場合(知覚的符号化と知覚的検索,概念的符号化と概念的検索)は,一致していない場合(知覚的符号化と概念的検索,概念的符号化と知覚的検索)よりも効果量が大きいことがわかる。

さらに,データ駆動型潜在記憶課題である単語完成課題と語彙決定課題 (lexical decision task) の両方で記憶バイアスの効果量は $r=0.17$ を示し,有意な効果量が得られた。つまり,データ駆動型潜在記憶においても,抑うつの気分一致効果が認められることが示されたことから,概念駆動型の処理を行った場合のみ気分一致効果がみられるという Watkins (2002) の主張はメタ分析の結果から否定された。したがって,メタ分析の結果から,先行研究において結果が一貫しない理由は,記憶バイアス現象の出現が,課題の違い(概念駆動型処理か,データ駆動型処理かという区分)ではなく,符号化時と検索時の処理が一致するか否かによって変動するためであることがわかった。

このように,Phillips et al. (2010) のメタ分析の結果から,符号化時の処理と検索時の処理が一致していれば,抑うつと潜在記憶バイアスの現象が存在するといえることが明らかになった。

3. 抑うつの記憶の機能不全の知見のまとめ

本節では,抑うつと長期記憶の機能不全について,顕在記憶と潜在記憶の観

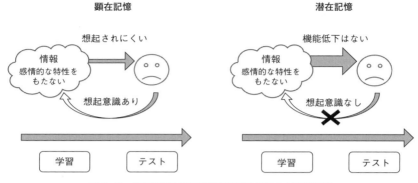

図6-2　顕在記憶と潜在記憶における抑うつと記憶欠損

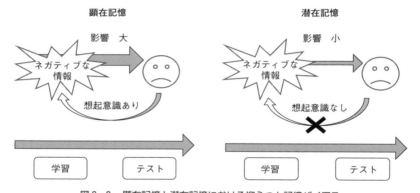

図6-3　顕在記憶と潜在記憶における抑うつと記憶バイアス

表6-3　抑うつが顕在記憶と潜在記憶に及ぼす影響

	顕在記憶課題	潜在記憶課題
記憶欠損	あり	なし
記憶バイアス	あり	あり

点から検討した研究を概観した。抑うつの記憶の機能不全には，記憶機能の低下である記憶欠損と，ネガティブな情報を想起しやすい現象である記憶バイアスの2つがある。記憶欠損については，顕在記憶において顕著であり，潜在記憶ではみられないことを示した（図6-2）。記憶バイアスは，顕在記憶と潜在

記憶の両方に認められた。記憶バイアスの現象は，顕在記憶課題ではうつ病患者において頑健であったのに対して，潜在記憶課題では，顕在記憶課題ほど頑健ではなかった（図6-3）。

以上の結果をまとめたものが表6-3である。このまとめから，抑うつと長期記憶の機能不全について，以下のような特徴があることがわかる。まずは，記憶欠損と呼ばれる記憶機能の低下がある一方で，記憶バイアスのようにネガティブな情報の記憶は部分的に高まるという記憶の機能におけるアンバランスがある。抑うつ者の記憶機能は，単に低下というよりも，非適応的な方向へ偏っていると捉えるべきだろう。このように，抑うつが記憶へ及ぼす影響は複雑であり，今後の研究の進展が期待される。

次に想起意識の有無については，記憶欠損には想起意識の有無が影響し，顕在記憶のみ記憶欠損がみられた。それに対して，記憶バイアスには想起意識の有無は影響せず，顕在記憶課題でも潜在記憶課題でも記憶バイアスが得られることがわかった。

5節　抑うつにみられる記憶の機能不全のメカニズム

4節で述べたように，抑うつ者には記憶欠損と記憶バイアスの2つの記憶の機能不全がみられることを示した。5節では，記憶の機能不全のメカニズムと抑うつの症状の持続にどのように関わってくるのかについて述べる。

1．抑うつにおける記憶の機能不全のメカニズム

（1）記憶欠損のメカニズム

抑うつと記憶欠損の関連については，現在まで，説明モデルとして決定的といえるものは提案されていない。しかしながら，比較的頻繁に引用されるものとして，うつ病患者にみられるエフォートフルな（effortful）処理能力の低下に基づく解釈をするものがある。うつ病患者は，エフォートフルな処理を行うために必要な集中力を持続することが難しく，また，そのような処理を行う動機づけも低下している。そのため，エフォートフルな処理を要する記憶能力が

低下すると仮定されている (Burt et al., 1995)。

この解釈は，記憶欠損の現象は顕在記憶において顕著であり，潜在記憶ではみられないことをよく説明できる。顕在記憶課題では過去の出来事を意識的に想起するなどエフォートフルな処理が要求されるのに対して，潜在記憶課題では顕在記憶課題と比較して，エフォートフルな処理はあまり要求されない。つまり，記憶欠損の現象は，うつ病患者にみられるエフォートフルな処理能力の低さを反映した結果であると考えることができるだろう。

(2) 記憶バイアスのメカニズム

ここでは，近年の記憶バイアス研究において，最も影響力をもつモデルであるWilliams et al. (1988) の統合モデルを紹介し，記憶バイアスのメカニズムについて考察したい。このモデルの特徴として，以下の2つがあげられる。第1に，抑うつ傾向が高い者と不安傾向が高い者で異なる情報処理過程モデルを仮定している点である。抑うつに関するモデルでは記憶レベルの処理が行われるとし，不安では注意レベルの処理が行われると仮定されている。第2に，抑うつ状態と抑うつ特性はそれぞれ異なる役割を果たし，両者の相互作用的な機能が仮定されている。ここでは抑うつに関するモデルについて紹介する。

Williams et al. (1988) のモデルでは，抑うつ傾向が高い者において，顕在記憶バイアスの現象が頑健であることを中心にモデル化がなされている。図6-4に示されるように，2つの直列的な処理段階が仮定されており，記憶バイ

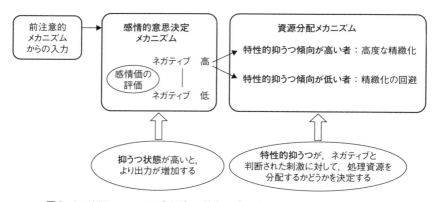

図6-4　Williams et al. (1988) の統合モデル（Williams et al., 1988より作成）

アスは感情的意思決定（affective decision）メカニズムと資源分配（resource allocation）メカニズムの2つによって起こるとされている。第1段階の感情的意思決定メカニズムでは，入力された刺激がネガティブかどうかの程度が評価される。刺激がネガティブであると判断された場合，次の処理段階に進む。ここでの評価は，刺激の特徴によってだけではなく，そのときの個人の感情状態に依存する。すなわち，抑うつ状態が高いと，刺激はよりネガティブに評価される。次の第2段階の資源分配メカニズムでは，個人の抑うつ特性の高さによって処理資源の分配が決定される。抑うつ傾向が高い者は精緻化（elaboration）を行い，低い者は精緻化処理を回避すると仮定される。精緻化処理により，その刺激とその他の表象の新しい関係を形成され，古い関係が活性化されるため，精緻化がなされるとその刺激は検索されやすくなる。

Williams et al. (1988) のモデルでは，感情的意思決定メカニズムに入力された刺激がよりネガティブに評価されるほど，資源分配メカニズムにおいて抑うつ傾向が高い者と低い者の間で資源分配メカニズムにおける精緻化処理の違いが大きくなると仮定している。このように，2つの直列的な処理段階を仮定することで抑うつ傾向が高い人と低い人の個人差を説明するモデルである。

2．記憶バイアスが抑うつを持続させる

4節でみてきたように，抑うつにおける記憶バイアスの現象は，顕在記憶課題と潜在記憶課題を用いた場合のどちらでもみられる。この記憶バイアスが抑うつを持続させるメカニズムの1つの要因である可能性が指摘されている。Watkins (2002) は，抑うつが持続するメカニズムを記憶バイアスの観点から以下のように説明している。記憶バイアスの現象は，うつ病患者や抑うつ傾向が高い者が，ネガティブな経験を思い出しやすいことを示している。このようなネガティブな記憶へのアクセスのしやすさは，抑うつ者が過去のネガティブな経験を思い出したとき，「どうせ，今回もネガティブな結果になるだろう」などのネガティブな予期を生み出し，コーピング活動の開始を妨げることに繋がる。結果として，抑うつ気分へのコーピング活動も開始されないため，いつまでも抑うつ気分が継続する可能性を高めてしまうというわけである。

さらに記憶バイアスの中でも，潜在記憶における記憶バイアスが抑うつを持

続させる認知メカニズムを解明する上で重要な手がかりになると主張している。Watkins (2002) によれば，抑うつ傾向の高い者の行動や経験は，顕在的なプロセスよりも潜在的で非意図的なプロセスによって影響を受けるとし，過度の一般化と心のフィルター (mental filter) と呼ばれる抑うつの症状を例として説明している。過度の一般化とは，例えば，アルバイトで1度失敗をしただけで，「自分は失敗ばかりしている」「こんな失敗をしてしまったら，解雇されてしまう」と考えるように，ごく少ない経験に基づいて過去の経験を解釈したり，未来の予期を行ったりすることである。このように，過度の一般化は，失敗経験を意識的に想起しない場合でも過去の経験の解釈や未来の予期に影響するため，潜在記憶バイアスの一種と考えることができる。また，心のフィルターとは，ある事物にポジティブな面が多くあるにもかかわらず，わずかなネガティブな面の方にだけとらわれてしまうことである。例えば，卒業論文の発表会で，大半の人から自分の発表についてポジティブな評価を受けたのに，ある1人のネガティブな評価に固執してしまい，自分の発表は大失敗だったと思ってしまう場合があげられる。この例のように，ネガティブな出来事についてくよくよと悩んでしまうのは，潜在的に過去のネガティブな出来事が検索され，より容易に心に思い浮かぶためであると解釈でき，心のフィルター現象も潜在記憶バイアスの一種と捉えることができる。

　このように，抑うつの潜在記憶バイアスは，過度の一般化や心のフィルターといった形で抑うつの症状として現れ，抑うつを持続させる認知的基盤の1つとなっていると考えられる。

6節　今後の課題

　本章では，抑うつと長期記憶の機能不全について，顕在記憶と潜在記憶の観点から研究を概観した。最後に，これらの研究の位置づけと今後の課題について述べたい。

　本章で見てきた抑うつの顕在記憶と潜在記憶の機能不全に関する研究は，すべて実験室内ではたらく記憶を調べる実験室的研究として位置づけられる。ネ

ガティブな刺激として「葬式」「絶望」といった単語を用いたり，学習する方法が指定されたりと多くの要因が統制されている。そのため，これらの研究が扱うものは抑うつの症状からかけ離れており，生態学的妥当性に欠ける研究であるという見方もできるであろう。確かに，統制された実験では，抑うつの症状にみられる患者個人の苦しみや意味をとらえることは難しいかもしれない。しかしながら，抑うつの記憶研究のような，臨床的なテーマに対して記憶心理学的アプローチを採用する実験室的研究には以下の2つの強みがあると考える。

1つは，研究の統合がしやすい点である。本章でみてきたように，抑うつの記憶研究は非常に多くの研究がなされているため，メタ分析による研究結果の統合が可能である。Burt et al. (1995) のメタ分析では抑うつと他の精神障害の比較を行ったように，ある精神障害に特有な記憶の機能不全と精神障害に共通する記憶の機能不全を明らかにすることができ，いくつかの研究領域の知見を統合することもできる。

もう1つは，記憶心理学の研究成果を軸として，研究を発展させることができる点である。本章で扱った潜在記憶は，記憶心理学の領域において多くのモデルや見解が提案されており，それらをベースとして，うつ病患者ではどのような記憶の機能低下があるのかをモデル化し考察することができるという強みがある。実際に，抑うつの記憶のモデルには，潜在記憶のモデルを発展させたWilliams et al. (1997) による統合モデル，二過程モデルを抑うつの認知的脆弱性に適用したBeevers (2005) のモデルや，感情に関する記憶モデルを抑うつ者の顕在記憶と潜在記憶を説明できるよう拡張されたBarry et al. (2006) のモデルなどがある。

本章で概観してきたように，多くの先行研究によって，記憶機能が非適応的な方向へ偏っていることが実証的に示されており，抑うつ者の記憶の特徴が把握されることで，抑うつの正確な鑑別に貢献できるだろう。しかしながら，なぜこのようなパターンの結果が得られるのかについては，十分な考察がなされておらず，抑うつのメカニズムについては不明な点が未だ多い。まずは，記憶欠損と記憶バイアスの両者を同時に説明する理論的検討が不足している点である。次に，理論の更新がなされていない点である。近年，メタ分析によって研究が集約されているものの，提案されたモデルの大半はそれ以前の知見をもと

に構築されたものである。近年の研究結果をもとにした，モデルの修正や新たなモデルの提案が期待される。理論は，抑うつのアセスメント，病因，治療を考える上で新たな洞察をもたらすため（Beevers, 2005），今後，理論的な検討を含めたさらなる研究が必要である。

7章 抑うつにおける記憶の病態

1節　はじめに

　「記憶の底から根深い悲しみを抜き取り，脳に刻み込まれた厄介ごとを消すことはできないのか。心を押しつぶす危険な石をとり除き，胸をはればれとさせる忘却という甘い解毒剤はないというのか」(LeDoux, 2002／森（監訳），2004)。

　これはシェイクスピアの戯曲「マクベス」の一幕である。この場面では，過去の記憶にとらわれることで，抑うつをはじめとした精神的不適応状態を呈した人物の苦悩が描かれている。シェイクスピアは「『忘却』という甘い解毒剤」といった比喩を用いながら，記憶に苦しむ人間の心象を表現した。「マクベス」が17世紀初頭に発表されて以来，今日に至るまで世界各地で数多く演じられてきたという事実は，「抑うつ（depression）」と「記憶（memory）」の密接な関係性が，古くから人々に広く認識されてきたことを物語っている。シェイクスピアが描写したこの嘆きは，現代のわれわれにとっても十分に理解できるものではないだろうか。

　抑うつを治療対象とし，病理理論を構築してきた精神医学や臨床心理学においても，記憶に関連したうつ病の病態が概念化されてきた。例えば，うつ病の精神科診断に主に用いられる診断基準であるDSM-IV-TR（American Psychiatric Association, 2000）では，うつ病の診断に用いる項目の1つとして，「罪業感（feelings of guilt）」を含めている。この項目は，これまで行ってきたことがらに対しての後悔を示すものである。また，一般的に広く用いられている抑うつ症状の自己評価尺度（例えば，ベック抑うつ調査票（小嶋・古

川, 2003) など) においても, 「過去の失敗 (past failure)」や「自己嫌悪 (self-dislike)」をはじめ, 過去体験や自己認知といった記憶に関わる症状が含まれている。これらのことがらは, 心理臨床実践の専門家において, 抑うつ症状を呈する者 (以下, 抑うつ者) の記憶の重要性が理解されてきたことを示している。

抑うつと記憶に関わる臨床所見ならびに研究知見は, 古くから広範な領域で積み重ねられてきた。そのため, 抑うつ者における記憶の病態を理解し, さらなる研究知見の蓄積を行うためには, 抑うつ者に顕著にみられる記憶の特徴を, 網羅的観点から概観・整理しておくことが求められる。

そこで本章では, まず次節において, これまで検討されてきた抑うつ者の記憶の問題を広く概観し, 抑うつ者に特異的な記憶の病態を整理する。続く3節では, 記憶研究の実際を紹介しながら, 有用となりうる研究方法の方向性について考察する。最後の4節では, これまでの節をふまえたうえで, 今後の記憶研究の進展にとって重要な検討課題について展望したい。

2節 抑うつ者の記憶バイアスと記憶機能障害

抑うつ者が示す記憶の病態として, 主に認知心理学および異常心理学の領域では「記憶バイアス (memory bias)」の存在が指摘されてきた (例えば, Mathews & MacLeod, 2005)。記憶バイアスは, 記憶システムの処理段階である「符号化」「貯蔵」「検索」における情報処理異常としてとらえられ, 各段階における処理の障害と精神疾患の関連については多くの研究で示されてきた (Harvey, A. et al., 2004)。こうした記憶バイアスは, 解釈バイアスや注意バイアスといった他の認知バイアスと同様に, 抑うつを維持・増悪するものとして知られている。

一方, 神経心理学や精神医学の領域では, 抑うつ者の記憶の病態として, 「記憶機能障害 (memory dysfunction)」 (または「記憶障害 (memory impairment)」) が報告されてきた (例えば, Austin et al., 2001)。この観点は, 記憶機能をはじめ, 心的事象の基盤的能力である注意機能や遂行機能といった「認

知機能」の低下状態から病態をとらえるものである。こうした認知機能の低下は，日常生活での困難さや社会的機能の阻害をもたらすことが示唆されていることから（Austin et al., 2001；Goel et al., 1997），抑うつの脆弱性としてとらえられる（山本他，2011）。

記憶バイアスと記憶機能障害が依拠する観点の違いとして，認知心理学では症状や障害を一連の情報処理過程に生じた変調としてみなすのに対して，神経心理学では症状や障害を脳損傷部位との関連からとらえる点があげられる（坂爪，2007）。したがって，記憶バイアスと記憶機能障害には，定義上重複する部分が認められる一方で，焦点を当てている心的プロセスやその理論的背景は大きく異なる。そのため，アセスメントの方法や介入方法についても，異なる観点から検討がなされてきた。このような双方の研究知見や方法論を包括的に理解することは，抑うつ者の記憶の病態を精緻に検討し，臨床的意義のある研究を蓄積するうえで重要であると考えられる。

近年では，これらの研究領域の学際化が進みつつある一方で，認知バイアスと認知機能を統合的な観点から検討した研究知見は極めて少ない（例えば，Ilardi et al., 2007；Yamamoto & Shimada, 2012）。そのため，本節では記憶バイアスと記憶機能障害の代表的なものをそれぞれ紹介し（表7-1），双方を考慮した観点から抑うつ者の記憶の病態を考察したい。

1．抑うつ者の記憶バイアス

（1）選択的記憶

抑うつ者の記憶バイアスとして，ネガティブな記憶が選択的に想起されるといった「顕在的な選択的記憶（explicit selective memory）」に関する研究知見が数多く蓄積されてきた。本章における「顕在記憶」は，意識的に想起可能な記憶内容を指す。顕在記憶を検討する際に主に用いられる課題として，再生（例えば，事前に呈示された単語について，思い出せる限り記入を求める）や再認（例えば，事前に呈示された単語について，リストの中に該当するものがあるかどうかの確認を求める）などがある。

Matt et al.（1992）は，抑うつ者における顕在的な選択的記憶バイアスの有無について，メタ分析を用いた検討を行い，抑うつ者はポジティブな単語に比

表7-1 精神疾患における認知バイアスと認知機能障害の主な特徴 (Harvey, A. et al., 2004; Millan et al., 2012より作成)

	認知バイアス				認知機能障害					
	顕在的な選択的記憶	潜在的な選択的記憶	概括的記憶	反復的記憶	ワーキングメモリ	エピソード記憶	意味記憶	視覚記憶	言語記憶	手続き記憶
大うつ病性障害	++	+/-	++	+(+)	++	++	+	+	+(+)	+
双極性障害	+(+)	0	+(+)	+(+)	++	++	+	+	++	0
全般性不安障害	+/-	+/-	-	0	+	0	+	+	+	0
強迫性障害	+/-	-	-	0	+(+)	+	0/+	+	0/+	++
パニック障害	+/-	+/-	0	+(+)	+	+	0/+	0/+	+	0
心的外傷後ストレス障害	+/-	+/-	++	++	+(+)	++	+	+	++	0

++：よくみられる顕著な特徴，+：顕著ではないが一貫してみられる特徴，0/+：研究知見が乏しく不明確，0：研究知見が乏しい，+/-：研究知見の不一致，-：みられない特徴
'+(+)' は '+' と '++' の中間であることを示す。

べてネガティブな単語を多く思い出すことなどを報告している（詳細は6章を参照）。

　この結果は，感情価を伴う表情写真を用いて生態学的妥当性を高めた実験研究においても支持されている（Ridout et al., 2009）。抑うつ者は，幸せな表情や中性的な表情に比べて，悲しい表情を多く記憶していた。また，健常者と比較した際においても，悲しみ表情の再認記憶が多い一方で，幸せな表情の再認記憶が乏しいという結果が認められた。このような表情に対する選択的記憶バイアスは，対人場面の記憶想起に影響し，抑うつを増悪する可能性があることが想定される。たとえば，友人の悲観的な表情のみを選択的に想起する者は，自らの対人関係があまりうまくいっていないと解釈するかもしれない。

　以上のように，顕在的な選択的記憶バイアスの根拠は明らかである一方で，「潜在的な選択的記憶（implicit selective memory）」については，知見の一致がみられていない（Harvey, A. et al., 2004；Mathews & MacLeod, 2005）。本章での「潜在記憶」は，意識的に想起される内容自体に影響を及ぼす意識下の

記憶を指す。主な検討課題として、単語完成法（例えば、未完成な単語を呈示し、最初に頭に浮かんだ単語で完成させるよう求める）や、瞬間的に呈示された刺激の同定（例えば、閾下呈示された一連の単語の再生を求める）を用いた課題などがある。潜在的な選択的記憶バイアスの存在については否定的な研究が多くみられる一方で（例えば、Baños et al., 2001），こうしたバイアスを支持する知見もみられ（Watkins et al., 2000；詳細は6章を参照），今後のさらなる研究知見の蓄積が望まれる。

(2) 概括化記憶

近年注目を集めている記憶バイアスとして，「概括化記憶（OGM：Overgeneral Memory または Overgeneral Autobiographical Memory）」がある。OGMとは，具体性が過度に乏しい状態で想起される自伝的記憶として定義されている。すなわち，「期間を言及しない，一日以上続いた出来事（「私はいつもよいパーティを楽しむ」）」といった記憶は，具体性の乏しい記憶（概括化記憶）として定義され，一方で「特定の場所，特定の時間で起きた，一日以上続かない出来事（「私は先週の土曜日に，親友の家で開かれたパーティでよい時間を過ごした」）」は具体的な出来事として定義される。OGMの測定課題としては，手がかり単語を用いて自伝的記憶の再生を求める「自伝的記憶テスト（AMT：Autobiographical Memory Test）」（Williams & Broadbent, 1986）が主に用いられている。OGMに関する詳細については，次節で取り上げる。

(3) 反復的記憶

うつ病患者は，本人が意図していないにも関わらず，反復的で侵入的な視覚イメージである「反復的記憶（recurrent memory）」を一般に経験することが指摘されている（例えば，Brewin et al., 1996）。

従来，侵入記憶やフラッシュバックは，心的外傷後ストレス障害（PTSD：Post Traumatic Stress Disorder）において特に顕著な症状であると考えられていた。Reynolds & Brewin（1999）は，半構造化面接を用いてうつ病患者から報告される侵入記憶を聴取し，PTSD患者によって報告された侵入記憶との比較検討を行った。その結果，うつ病患者とPTSD患者間では，侵入記憶の内容に違いが認められた一方で，量的側面と質的側面においては顕著な違いは認められなかった。そのため，抑うつとPTSDのそれぞれの病態において生

じる侵入記憶には，類似した点がある可能性が示され，反復的で侵入的に生じる記憶がうつ病の病態の1つにあることが示唆された。

2．抑うつ者の記憶機能障害

(1) ワーキングメモリ

抑うつにおける記憶機能の特徴として，「ワーキングメモリ（WM：Working Memory）」の問題があげられる。WMとは，様々な認知機能の遂行中に，情報の一時的保持や，操作・変換といった処理を同時に行うといった情報処理機能を指す。WMは，注意機能や遂行機能といった他の認知機能とも密接に関連している。主な測定課題としては，呈示される一連の刺激に対して，現在呈示されている刺激がn回前に呈示された刺激と同様か判断を求める「n-back課題」（例えば，Braver et al., 1997）や，連続的に呈示される文章を音読しながら，文末の単語の記憶を求める「リーディングスパンテスト（RST：Reading Span Test）」（Daneman & Carpenter, 1980）をはじめ，様々なものが用いられている。WMは広範な認知機能と関連することから，神経心理学領域以外にも，認知心理学や他の学問領域を背景とした多くの理論モデルが提案されている（Miyake & Shah, 1999）。そのため，研究者がどのような構成要素からなる認知システムを想定し，どのような処理プロセスの検討を目的としているかによって，研究方法は大きく異なる。

例えば，Harvey, P. O. et al.（2004）は，Miyake et al.（2000）のWMモデルに基づき，主にセットシフティング（set shifting），更新（updating），抑制（inhibition）の観点から，うつ病患者に特徴的なWMの障害を検討した。その結果，うつ病患者群は健常群に比べ，特にn-back課題の成績が低く，セットシフティング，更新，抑制の機能の低下が認められた。また，n-back課題の成績と入院回数やうつ病の罹患期間と相関関係が認められたことから，抑うつが重篤であるほど認知機能の低下がみられる可能性が示唆された。

また，Christopher & MacDonald（2005）は，Baddeley（1996）のWMモデルに基づいて，うつ病患者群に特異的な障害を検討した。その結果，うつ病患者群は不安障害患者群と健常群に比べ，音韻ループや視空間スケッチパッドの障害が特徴的であった。そして，うつ病患者群と不安障害患者群は健常群に

比べて，中央実行系の障害が認められた。

以上のように，うつ病におけるWMの障害を報告する研究は数多く（例えば，Elliott et al., 1996；Rose & Ebmeier, 2006），うつ病にはWMの機能低下が特徴的であると考えられる。一方で，WMを扱う研究領域の広範さと，後述するうつ病の異種性などといった点から，研究結果の不一致も散見される。そのため，研究知見の整合的な理解については，未だ議論の余地があるといえる。

(2) エピソード記憶

エピソード記憶（episodic memory）は長期記憶の一種であり，「いつ，どこで何をした」といった時空間的に定位された自己の経験に関する記憶である。エピソード記憶の測定には，言語性素材（単語）の学習能力を評価するReyの聴覚性言語学習検査（RAVLT：Rey Auditory Verbal Learning Test；Lezak, 1995）や物語の学習能力を評価するウェクスラー記憶検査（WMS-R：Wechsler Memory Scale-Revised；Wechsler, 1987）が主に用いられる。

Lee et al. (2012) は，初発の大うつ病性障害患者における認知機能障害の有無について，メタ分析を用いて検討を行った。その結果，うつ病患者において，エピソード記憶（言語学習記憶）や注意，および遂行機能といった認知機能に有意な障害が認められた。そして，症状の回復の程度やうつ病患者の治療状況に加え，薬物の使用や年齢，および教育歴といった要因が，認知機能障害の程度に影響することが示された。

また，McDermott & Ebmeier (2009) は，抑うつ症状の重篤性の違いがうつ病における認知機能障害の有無に影響すると仮説化し，抑うつ症状と認知機能の関連性についてメタ分析を行った。その結果，エピソード記憶，遂行機能，処理速度といった認知機能において，重篤な抑うつ症状を経験するほどこれらの認知機能のパフォーマンスが低下することが示唆された。

3．抑うつに特徴的な記憶の病態の統合的理解

抑うつ者における記憶の顕著な特徴として，記憶バイアスの観点からは，(a) ネガティブな記憶が過度に反復的に想起される一方で，(b) 問題解決に有用な具体的な記憶の検索が乏しい，といった病態が考察された。さらに，記

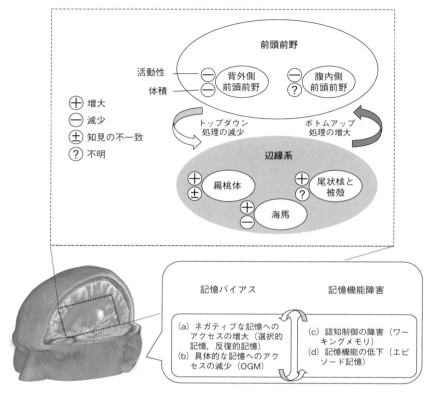

図7-1 記憶バイアスと記憶機能障害の想定されうる神経基盤と相互作用的メカニズム

憶機能障害の観点からは，(c) 心的事象を保持しながら，心的操作を行うといったマルチタスクが困難であり，(d) 物事がなかなか覚えられない，あるいは思い出せない，といった病態が背景にあることが推察された。そのため，抑うつにおける記憶の病態特性として，「具体性の乏しいネガティブな記憶想起の過剰（記憶バイアスの観点）」が表出され，さらに「心的事象の基盤的処理能力の低下（記憶機能障害の観点）」と関連している可能性が考察される（図7-1）。

認知バイアスと認知機能の双方の処理異常を考慮することは，クライエントの病態のさらなる理解に繋がり，病態に応じた最適な介入方法の選択にも繋が

るといえる。例えば，抑うつを呈するクライエントの中には，悲しい記憶を繰り返し思い出し，それが止められないことで抑うつ的になる者が少なくない。そうした者において，① 過度に概括的な記憶の想起傾向が認められ，② WMの低下状態がその傾向を増悪していることが認められたとする。その際には，従来の臨床心理学的介入方法に加えて，OGM に焦点を当てた介入方法や，WM自体を向上させる神経心理学的介入方法を実施することで，心理療法の有効性を高めることができるかもしれない。このように，統合的な観点から病態を考慮することで，さらに効果的な病態のアセスメントと介入方法に繋がる可能性があると考えられる。

4．抑うつにおける記憶バイアスと記憶機能障害の生物学的基盤

　認知神経科学に基づくアプローチが心的現象の理解に応用され，近年は抑うつの背景となる生物学的基盤にも焦点が当てられるようになっている（例えば，Drevets et al., 2008；Sacher et al., 2012）。特に，抑うつの脳病態を明らかにするために，機能的磁気共鳴画像法（fMRI：functional Magnetic Resonance Imaging）をはじめとしたニューロイメージングの手法がさかんに用いられてきた。本項では，これらの知見に基づいて，記憶バイアスと記憶機能障害の脳病態について考察を行う。なお，抑うつの生物学的基盤については，イメージング技術の進歩や研究成果の蓄積が著しい研究領域の1つであり，数多くの関連領域の報告や仮説の提案が新たになされ続けている現状にある。本項では，紙幅の都合を考慮し，今回紹介する生物学的基盤は主要な知見の一部にとどまることに留意してほしい。

（1）記憶バイアスの生物学的基盤

　記憶バイアスに大きく関わると想定される脳部位として，① 扁桃体（amygdala），② 海馬（hippocampus），③ 尾状核と被殻（caudate and putamen），④ 腹内側前頭前野（VMPFC：Ventromedial Prefrontal Cortex）があげられる（Disner et al., 2011を参照）。

　扁桃体の活動は，主に情動生起や情動記憶の形成において重要な役割を果たすことが広く知られている（Bear et al., 2007）。扁桃体は，エピソード記憶の形成に重要な海馬（Steinvorth et al., 2005）と，フィードバック処理やスキ

学習と関連する尾状核と被殻（Packard et al., 1994）の活動を調節することで，情動刺激の符号化と検索を促進する（Adolphs et al., 1997；Cahill et al., 1995）。例えば，Hamilton & Gotlib（2008）は，抑うつ者における右扁桃体の活動の亢進は，ネガティブな刺激の符号化の増大と関連する一方で，ポジティブな刺激や中性刺激とは関連しなかったことを示した。さらに，符号化時の扁桃体の活動は，海馬や，尾状核と被殻の活動と正の相関が認められた。そして，扁桃体の活動の亢進はネガティブな情報の想起の増大と関連していたが，ポジティブ情報の想起との間には関連は認められなかった。これらの結果は，扁桃体が記憶バイアスに大きく関与することを示している。

また，Drevets et al.（2002）はポジトロン断層法（PET：Positron Emission Tomography）を用いて，うつ病患者の安静時における扁桃体の活動を検討した。その結果，活動の亢進が認められ，この活動性は抑うつ症状の重篤性と正の相関がみられた。

他にもメタ分析の結果から，抑うつ者の尾状核において，ポジティブな刺激やフィードバック処理に対する活動低下が報告されている（Diener et al., 2012）。

さらに，健常者と比べて抑うつ者は，自らに関連する幸せな出来事の想起中において，VMPFCの活動の増大がみられる一方で，悲しい出来事の想起中には活動の減少がみられた（Keedwell et al., 2005）。VMPFCは，情動反応の抑制や報酬価の抽象的表象と関連すると考えられている（Decety & Michalska, 2010；Knutson, et al., 2001）。そのため，この結果は，抑うつ者がポジティブな出来事を想起するにはトップダウン処理による認知的制御を必要とするのに対して，ネガティブな出来事の想起には，あまり認知的制御の必要がないことを示していると解釈されている。

以上のように，記憶バイアスの生物学的基盤の1つとして，扁桃体におけるネガティブ情報への曝露時の反応性や，安静時の過活動が考えられた。さらに，扁桃体によって調節される海馬，および尾状核と被殻の活動異常，そしてVMPFCを中心とした認知制御の問題が考えられた。これらの機能異常は，ネガティブ情報の符号化や記憶検索の容易性を促すことが示唆されるため，顕在的な選択的記憶バイアスをはじめとした記憶バイアスの背景にあることが想定

される。

(2) 記憶機能障害の生物学的基盤

　記憶機能障害に特に関わると想定される脳部位として，① 海馬 (hippocampus)，② 背外側前頭前野 (DLPFC：Dorsolateral Prefrontal Cortex) があげられる。

　前述したように，海馬はエピソード記憶や空間記憶をはじめとした長期記憶に関与していると考えられている。うつ病患者においては，こうしたエピソード記憶の障害が報告されていることから (例えば，Burt et al., 1995；Lee et al., 2012)，海馬の問題がその障害の背景にあることが想定される。うつ病患者における海馬の体積については，多くの研究が体積の減少を報告している (Campbell et al., 2004；Drevets et al., 2008；Videbech & Ravnkilde, 2004)。Campbell et al. (2004) と Videbech & Ravnkilde (2004) は，メタ分析の結果から，うつ病患者の両側の海馬体積が減少していることを示している。さらに，これらの結果から，右海馬の体積減少がうつ病エピソードの数と相関することが認められた。このような海馬の障害は，DLPFC などの他の部位との機能的な連絡の変化を通して，認知機能に影響を及ぼす可能性が示唆されている (Bremner, 2002)。

　次に，主にトップダウン処理による認知制御に関与している DLPFC の活動低下が報告されている (例えば，Harvey et al., 2005；Okada et al., 2003)。例えば，言語流暢性課題を用いた Okada et al.(2003) は，うつ病患者では左 LPFC や前部帯状回での十分な賦活がみられず，課題成績が低下していることを報告している。また，Harvey et al. (2005) は，n-back 課題を遂行する際のうつ病患者の脳活動を検討した。その結果，うつ病患者が健常者と同程度の課題のパフォーマンスを得るためには，DLPFC と前部帯状回が大きく賦活する必要があることを報告している。これらの結果は，課題の難易度の違いによって，うつ病患者の脳賦活が強く必要な場合と，そうでない場合があるとしてとらえられ，DLPFC の機能低下を反映していると考えられている。

　以上のように，記憶機能障害の主な生物学的基盤として，海馬の体積減少とDLPFC の活動低下が考えられた。これらの構造異常および機能異常は，WM やエピソード記憶の低下といった記憶機能の問題の背景にあることが想定され

る。さらに，これらの領域が担う心的機能の広範さから，こうした異常は注意機能や遂行機能といった他の認知機能にも影響を及ぼしていると考えられる。

（3）生物学的観点からの理解がもたらす記憶バイアス研究と記憶機能障害研究への示唆

抑うつ者の記憶バイアスと記憶機能障害に関連する脳部位として，①記憶と情動に関わるボトムアップ処理に関与した部位（海馬や扁桃体）や，②情動制御や認知制御に関わるトップダウン処理に関与した部位（VMPFCやDLPFC）があげられた（図7-1）。さらに，これらの部位における機能異常と構造異常は，認知処理過程の広範な領域に影響を及ぼすことが想定された。

これらの処理はそれぞれ単独で心的機能を担っているのではなく，相互作用的な神経ネットワークの働きによって影響を及ぼす。そのため，こうした生物学的観点からの理解を試みた際にも，認知バイアスと認知機能障害が相互に関連していることが示唆される。例えば，DLPFCの活動低下は，トップダウン処理による抑制の困難といった常態的な認知機能の低下に影響を及ぼすと考えられる。こうした病態は，認知バイアスの背景要因である扁桃体やVMPFCなどの情報処理異常を増悪する可能性がある（Gotlib & Hamilton, 2008を参照）。そして，認知バイアスが増悪されることで，生活場面において心理的不適応やストレス反応の増大がもたらされる可能性が高まり，結果的に認知機能障害のさらなる増悪を招くことも予想される。

上記の点をふまえると，記憶バイアスや記憶機能障害の生物学的基盤に焦点を当てた基礎研究は，これらの心的現象の整合的理解を促し，抑うつの病態解明の一助となる可能性がある。今後は，こうした病態との関連が想定される他の認知バイアスや認知機能障害を，理論的・統合的に位置づけたうえで，病態の理解につなげていくことが望まれる。

5．抑うつにおける認知バイアスと認知機能を検討する際の留意点

うつ病患者における記憶の病態について，先行研究間で合意が得られた知見がある一方で，未だ統一的な見解が得られていないものも散見される。この背景には，①多様な症状から構成されるうつ病の異種性（山本他，印刷中を参照），②抑うつ症状の重篤性（McDermott & Ebmeier, 2009），③入院治療と

薬物療法（Elliott et al., 1996；長田・中込, 2009），④年齢（Elliott, 1998）といった要因が影響していると考えられる。そのため，研究知見の整理および研究実施の際には，上記の点を留意することが重要であると考えられる。

抑うつにおける記憶研究の実際
――過度に概括化された記憶

　前節では，抑うつに特徴的な記憶の病態について広く概観した。本節では，記憶バイアスの1つであるOGMを扱った研究に焦点を当てて，記憶研究の実際を紹介する。

1．抑うつ者が示す自伝的記憶の特徴

　自伝的記憶とは，個人が有する人生経験に関する記憶である（Robinson, 1986）。自伝的記憶を想起することは，自己という感覚を保ち，世界に順応し続けるために役立つ。そして，過去の問題解決に焦点を当てて，効果的に目標に到達することに寄与する，心的機能の中心的なものであるとされる（Williams et al., 2007）。自伝的記憶において，具体性が減少する記憶バイアスを初めて報告したのはWilliams & Broadbent（1986）である。Williams & Broadbent（1986）は，自殺企図後の患者が具体的な自伝的記憶を想起することが困難であることを見いだした。こうした特異的な自伝的記憶は，「自伝的記憶の概括化（OGM）」や「自伝的記憶の具体性の減少（rAMS：reduced Autobiographical Memory Specificity）」といった状態像として概念化されている（松本・望月, 2012を参照）。このようなOGMを抑うつ者が示すことについては，数多くの知見とメタ分析の結果からも支持されている（例えば，van Vreeswijk & De Wilde, 2004；Williams et al., 2007）。

2．OGMが抑うつに及ぼす影響

　OGMは抑うつの脆弱性である可能性が指摘されている。OGMがもたらす悪影響として，①問題解決能力の障害（例えば，Raes et al., 2005），②将来の出来事を予測する際の具体性の乏しさ（Williams et al., 1996），③気分障害

からの遅い回復（例えば，Brittlebank et al., 1993）があげられている。

Raes et al.（2005）は，抑うつ者のOGMの程度が，反すう（rumination）と問題解決能力に及ぼす影響について検討を行った。その結果，効果的な問題解決を妨害する反すうの影響性を，概括的な記憶の検索量の多さ（すなわち，OGMを示す程度）が媒介していることを示した。この結果から，OGMが問題解決能力を低下させることが示唆され，このような関連性については同様の知見が得られている（Goddard et al., 1996）。

さらに，将来の出来事に関するイメージの具体性の乏しさ（Williams et al., 1996）や，侵入的な記憶の多さ（例えば，Brewin et al., 1999）が，OGMと関連していることが報告されている。これらは適切なコーピングを妨げる可能性があることから，OGMがもたらす脆弱性の1つであると考えられる。

他にも，Brittlebank et al.（1993）は，抑うつ患者を対象として，OGMと抑うつ症状との関連を縦断的に検討した。その結果，OGMが3か月後と7か月後の抑うつ症状の回復の遅さを予測することが示された。OGMが後の抑うつ症状を予測することについては，メタ分析の結果からも支持されている（Sumner et al., 2010）。

以上のような影響を有するOGMは，抑うつの寛解後にも持続することが示されていることから（例えば，Brittlebank et al., 1993；Mackinger et al., 2000），気分状態には依存しない抑うつの脆弱性であると考えられている。

3．OGMの代表的な理論モデル

OGMを理解するための主な背景理論として，Conway & Pleydell-Pearce（2000），およびConway et al.（2004）の「自己記憶システム（SMS：Self-memory System）」がある（図7-2上）。SMSは自伝的記憶の階層性と，その検索過程について考察した理論モデルである。このモデルでは，①エピソード記憶システム（episodic memory system：具体的な出来事の知覚的・感覚的表象を符号化し，視覚イメージ，匂い，音の形態で表象する），②長期自己（long-term self：抽象的な形態において自己に関連した自伝的知識を表象する），③ワーキングセルフ（working self：自伝的記憶の貯蔵と検索をコントロールする）の相互作用によって，自伝的記憶が構成されると考えられている。

7章 抑うつにおける記憶の病態

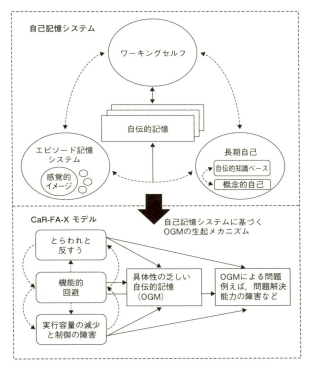

図7-2 自己記憶システムと CaR-FA-X モデルの要約モデル
(Conway et al., 2004; Crane et al., 2007; Williams et al., 2007より作成)

このモデルにおいて，具体的な自伝的記憶は，①エピソード記憶システムからの知覚・感覚情報と，②長期自己からの自己の信念などに関する情報との間における，協同的な検索過程によって生じる。それに対して，OGM はエピソード記憶システムにおける知覚・感覚情報の活性化がなされず，長期自己からの情報のみに占められた出力の結果によって生じると考えられている。

Williams et al.（2007）は，この SMS を理論的な軸とし，OGM の生起，維持メカニズムの理解を目的とした「CaR-FA-X モデル」を提起した（図7-2下）。CaR-FA-X モデルでは OGM の構成要素として，①とらわれと反すう（capture and rumination），②機能的回避（functional avoidance），③実行容量の減少と制御の障害（impaired executive capacity and control）の3種類のプ

131

ロセスを仮説化している。このモデルでは，上記のConway et al.（2004）のモデルをふまえながら，OGMへの治療的介入として反すうや実行制御の障害に対する介入方略の提案を行っている。そのため，モデルの妥当性について検討すべき課題は残されている一方で，臨床的示唆に富む点において意義深いと考えられる。例えば，Yamamoto et al.（2010）は，このCaR-FA-Xモデルを理論的背景とし，自伝的記憶の検索過程に焦点を当てた介入方法の効果検討を行っている。その結果，大学生における具体的な自伝的記憶の増大に加えて，侵入記憶の減少と，抑うつの予防効果を報告している。他にも，①マインドフルネス認知療法（MBCT：Mindfulness-based Cognitive Therapy；Williams et al., 2000）や，②具体性訓練（CNT：Concreteness Training；Watkins et al., 2009），③記憶具体性訓練（MEST：Memory Specificity Training；Raes et al., 2009）などの数々の手続きにおいて，OGMへの効果検討がなされている。

4．OGM研究から読み解く心理学的研究方法への示唆

OGMに関する研究は，臨床現場でしばしば観察されていた状態像に対して，その病態の記述を試みた基礎研究（Williams & Broadbend, 1986）から始まっている。そして，基礎研究が蓄積されることで，SMSといった他の心理学的概念モデルの援用や，CaR-FA-Xモデルをはじめとした病理モデルの提案，さらにOGMに焦点を当てた治療方法の開発といった臨床研究に繋がっている。このような背景をふまえると，OGMに関する研究の歴史は，心理学における基礎研究と臨床研究の両輪がうまく結びついた好例の1つであると考えられる。以上の点は，基礎研究や臨床研究といったカテゴリーにとらわれない，領域横断的なアプローチの重要性を強く示している。このことは，心理学的研究を進めるうえでの統合的観点の必要性について，大きな示唆を与えるものであると考えられる。

4節 抑うつにおける記憶研究の今後の方向性

これまでの節では,抑うつにおける記憶の病態と,記憶研究の実際について概観した。本節では,今後,心理学的記憶研究を進めるうえで重要となりうる検討課題について考えていきたい。

1. 統合的観点に基づいた記憶の病態理解

本章の2節で述べたように,記憶バイアスと記憶機能障害といった隣接領域の知見を統合し,その背景にある生物学的基盤を検討することが,記憶の病態のさらなる理解に有用であると考えられた。このことは,記憶をはじめとした心的事象を扱う際において,多様な研究領域の知見や方法論をふまえた理論的観点,および研究方法の重要性を示している。例えば,抑うつ者が示す記憶にかかわる心的過程は,注意バイアスや処理バイアス等の認知バイアスに加え,注意機能や遂行機能といった様々な認知機能との複雑な相互作用的な働きによって構成されている。こうした心的ダイナミズムを十分に理解するためには,特定の研究領域にとどまらない領域横断的な観点が必要不可欠であるといえる。近年では,精神疾患の病態や介入方法をマルチモダルな観点から考察する試みが注目を集めていることからも(例えば,Millan et al., 2012;Southwick & Charney, 2012),こうしたアプローチが今後ますます重要になると考えられる。

2. 学際的な研究実施体制の確立

うつ病の病態に対する研究手法として,心理指標や生理指標をはじめとした多次元データを統合的に用いた学際的なアプローチが勧められている。例えば,わが国においては,文部科学省が主導する脳科学研究戦略推進プログラムでの取り組みが例としてあげられる。本プログラムでは,精神医学,分子生物学,計算論的神経科学をはじめとした,専門分野の異なる研究機関が協力することによって,学際的な研究が活発に行われている。このような研究体制での研究を遂行することで,病理メカニズムの解明や新たな治療手続きの確立などが期待される(Fornito & Bullmore, 2012;Southwick & Charney, 2012を参照)。

一方，本邦の心理学研究領域においても，学際的な研究アプローチの重要性は理解されてきたと考えられる。しかしながら，他分野と連携した研究実践がそれほど多くは見受けられないのが現状ではないだろうか。杉山他（2007）や坂本他（2010）が，心理学における研究実践と臨床実践を統合することの有用性を提起しているように，異なる領域間の協同的な関わりを意図した取り組みは，今後も本邦において必要であろう。

シェイクスピアが人間の嘆きを描写した時代に比べて，心を理解し，メンタルヘルスの増進に寄与する心理学研究の重要性はますます高まっている（Beddington et al., 2008を参照）。わが国の心理学研究をさらに発展させ，有用なものとしていくためには，心理学における学際的研究体制の確立が極めて重要であると考えられる。

8章 抑うつの思考抑制，抑制意図，信念

1節 はじめに

　我々は，日常生活の中で，ネガティブな気分を誘引する出来事にたびたび直面する。だが，その出来事についての思考にとらわれ続けてしまっては，社会生活を営むことが困難になってしまう。そこで，我々は，しばしば自らのネガティブな思考を抑制することを求められる。このように，特定の対象についての思考を意図的に意識から追い出そうとする試みやその情報処理過程は，思考抑制と呼ばれている（Wegner, 1994）。思考抑制は，抑制対象に関する記憶を歪めることや（例えば，Wenzlaff et al., 2002），ワーキングメモリと関連することが指摘されており（例えば，Bomyea & Amir, 2011），記憶研究と密接に関連する情報処理過程であるといえる。

　思考抑制は，特に，抑うつ気分に伴う様々な認知的・身体的症状を経験している個人（抑うつ者）において慢性的に行われるといわれている。しかしながら，抑うつ者の思考抑制は，その懸命の努力にもかかわらず，失敗に終わることが多い。それはなぜだろうか。本章では，思考抑制に伴って生じる複数の現象と思考抑制の背景にある認知過程について概観したのちに，抑うつ者の思考抑制の失敗を引き起こすと考えられる原因について議論する。

2節 思考抑制とは

　本節では，思考抑制と逆説的効果に関する知見を概観したのちに，思考抑制

の背景に想定されている認知過程について説明する。

1. 思考抑制と逆説的効果

すでに述べたように，思考抑制とは，特定の対象についての思考を意図的に意識から追い出そうとする試みやその情報処理過程を指す。つまり，何かについて考えないようにすることを思考抑制という。思考抑制は，抑制対象となった思考の頻度をかえって上昇させる場合があることが知られており，この現象は逆説的効果と呼ばれている（例えば，森・木村，2004）。逆説的効果は複数の種類に分類されているが，ここでは代表的な逆説的効果である即時的増強効果とリバウンド効果について説明する。

即時的増強効果とは，思考抑制中に抑制対象についての思考頻度が上昇する現象を指す。例えば，Salkovskis & Campbell（1994）は，数か月以内に経験したネガティブな思考を抑制するよう教示された参加者が，自由に好きなことを考えてよいと教示された参加者よりも，抑制対象についての侵入思考を多く経験することを示した。また，Lavy & van den Hout（1994）も，調整ストループ課題を用いて，思考抑制が抑制対象への選択的注意を促すことを示した。

ただし，即時的増強効果は常に生じるわけではなく，他に遂行すべき課題が存在するなどの認知的負荷下で観察されやすいといわれている（例えば，Wegner & Erber, 1992）。また，逆説的効果に関するメタ分析では，思考抑制によって，即時的増強効果ではなく，むしろ抑制対象へのアクセスの低下が生じることも報告されており（例えば，Magee et al., 2012），即時的増強効果が生じる状況は限定的であると考えるべきだろう。

一方，リバウンド効果とは，思考抑制を行った後に，抑制対象についての思考頻度や抑制対象に関連する行動の頻度が上昇する現象を指す。Wegner et al. (1987) は，シロクマについての思考を抑制すると，抑制を終えた後にシロクマについての思考が生じやすくなることを示した。同様の現象は，不快なフィルム（Davies & Clark, 1998），失恋（Wegner & Gold, 1995），渇きや怒り（Denzler et al., 2009），煙草（Erskine et al., 2010）など，様々な対象に関する思考を抑制した場合にも生じることが確認されている。さらに，メタ分析によって，効果量はそれほど大きくないものの，リバウンド効果が比較的頑健にみられる

現象であることも確認されている（Magee et al., 2012）。

2．思考抑制の背景に想定される認知過程

思考抑制の背景にある認知過程は，侵入思考の解釈と原因の誤帰属による動機づけの変化を仮定する動機づけ推論モデルや（Liberman & Förster, 2000），自己制御を実現するために必要となる資源が意図的な抑制によって枯渇することを仮定する自我枯渇理論（Baumeister et al., 1998）など，複数の理論から説明されている（及川, 2011）。その中でも，ここでは，最も多くの思考抑制研究で採用されている理論である皮肉過程理論（Wegner, 1994）に依拠して，思考抑制の背景にある認知過程について述べる。

皮肉過程理論では，メンタルコントロールの背景に実行過程と監視過程という2つの認知過程の存在が仮定されている。実行過程は，現在の心的状態を，目標とする心的状態に近づける働きを担う。それに対し，監視過程は，現在の心的状態と目標とする心的状態を照らし合わせ，両者に相違点がないかをチェックする働きを担う。さらに，監視過程は，現在の心的状態と目標とする心的状態の間に相違点が検出された場合に，実行過程を再駆動する役割を担うと考えられている。

皮肉過程理論では，実行過程と監視過程が協働することで思考抑制が実現されるとしている。各過程の担う機能とそれらの協働を，シロクマについての思考を抑制する場合を例にあげて説明する（図8-1）。まず，実行過程は，シロクマについての思考を抑制する際に，シロクマ以外の対象（ディストラクタ）を探索し，それに注意を移行することでシロクマを意識しないようにする働きを担う。例えば，シロクマに代わり何らかの対象（例：赤い車）について考え続けるという方略である代替思考（木村, 2004）や，目の前にある課題に集中して取り組むなどの処理（例えば，Hattori & Kawaguchi, 2010）は，実行過程によって実現されていると考えられる。その背景で，監視過程はシロクマについての思考が意識されていないかを常にチェックしており，もし，シロクマについての思考が検出された場合には，実行過程に警告を発し，新たなディストラクタの探索や，ディストラクタへの注意の移行を促すと考えられている。このように，2つの過程が協働することによって，思考抑制は実現され，また，

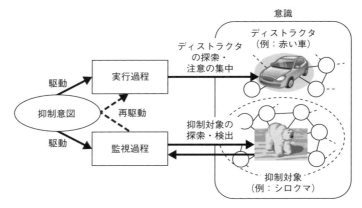

図 8-1　思考抑制の背景過程（Wegner, 1994より作成）

両過程のバランスが崩れることで，逆説的効果が生起するといわれている。

3節　抑うつと思考抑制

本節では，思考抑制傾向と抑うつの関連について概観したのちに，抑うつ者の行う思考抑制がどのような結果を生じるかについて，先行研究の知見をまとめる。

1．思考抑制傾向と抑うつの関係

頻繁に思考抑制を行う傾向と抑うつの間には密接な関連がみられることが知られている。Wegner & Zanakos（1994）は，日常の様々な状況や対象について思考抑制を行う傾向を測定するために，White Bear Suppression Inventory（WBSI）を開発し，思考抑制傾向と抑うつの関連について検討を行った。その結果，抑うつの程度が高い個人ほど，思考抑制傾向が高いことが示された。同様の結果は，WBSIを含む複数の自己記入式の質問紙や質問項目を用いて思考抑制傾向を測定した研究で再現されている（例えば，Luciano et al., 2006）。また，Aldao et al.（2010）のメタ分析でも，同様の関連が報告されている。

ただし，これらの知見は，あくまで思考抑制傾向と抑うつの相関関係を示す

ものである。ここでは、さらに両者の因果関係に踏み込み、思考抑制傾向が抑うつを導く可能性と、抑うつが思考抑制を導く可能性のそれぞれについて論じる。

(1) 思考抑制が抑うつを導く可能性

思考抑制は抑うつ症状を悪化させる原因となる可能性があることが指摘されている。Wegner & Zanakos (1994) は、WBSIを用いて思考抑制傾向を測定し、ネガティブな思考に対する不快感や拒否感が高い個人が思考抑制傾向を持つ場合に、より抑うつが悪化することを示している。また、Rude et al. (2002) は、男性参加者において、ネガティブな情報処理バイアスがのちの抑うつの悪化を予測し、その効果を思考抑制傾向が増幅することを示した。さらに、Wenzlaff & Luxton (2003) は、思考抑制傾向を持つ個人がストレスフルなイベントを経験した場合に、抑うつが悪化することを示している。このように、思考抑制傾向は抑うつの脆弱性要因として機能し、ネガティブな情報処理やストレスの影響を増幅することで、抑うつの悪化を導いていると考えられる。

(2) 抑うつが思考抑制を導く可能性

その一方で、抑うつが思考抑制を導く可能性もある。抑うつ者や抑うつ寛解者は、ネガティブな思考に直面することで抑うつエピソードを想起するため、それを予防するために、慢性的にネガティブな思考の抑制努力を行っている可能性があるといわれている（例えば、Wenzlaff & Bates, 1998）。思考抑制は感情や情動の制御を目的として用いられる方略であり（及川, 2002）、脅威やトラウマティックな出来事への感情的反応、記憶、思考に対しては、意図的な抑制が行われやすいことも指摘されている（Dalgleish et al., 1999）。これらの知見から、抑うつ者は、予防的対処として、ネガティブな思考の意図的な抑制を続ける傾向があるのかもしれない。この可能性については直接的な検討が行われていないため、今後の研究の進展が待たれる。

2．抑うつ者の思考抑制による影響

すでに述べたように、思考抑制傾向と抑うつには密接な関連があることが確認されている。それでは、抑うつ者が行う思考抑制は、どのような結果をもたらすのだろうか。残念ながら、抑うつ者は、その抑制努力にもかかわらず、思

考抑制に失敗していることが多くの研究から示されている。

　まず，WBSIを用いた研究を紹介する。すでに述べたように，WBSIは思考抑制傾向を測定するための尺度として開発されたが，その下位尺度として侵入思考の経験頻度に関する項目を含んでいることが知られている。Wenzlaff（2005／丹野（監訳），2006）は，WBSIを用いた4つの研究の結果を統合し，WBSIの侵入思考に関する項目の得点が，非抑うつ者よりも抑うつ者で有意に高いことを示した。同様に，WBSIの侵入思考に関する項目の得点が抑うつと関連するという結果は，複数の研究で確認されている（例えば，Williams & Moulds, 2008）。これらの知見は，抑うつ者が侵入思考を頻繁に経験することを示しているといえる。

　次に，実験によって抑うつと思考抑制時の侵入思考頻度の関連を示した知見を紹介する。Wenzlaff et al.（1988）は，抑うつ者と非抑うつ者に対し，ポジティブあるいはネガティブな感情価を持つストーリーについての思考を抑制するよう教示を与え，その際の思考内容を記録した。その結果，ネガティブな思考を抑制する場合にのみ，抑うつ者と非抑うつ者で侵入思考数の変化のパターンに差がみられた。すなわち，非抑うつ者では，時間経過とともに侵入思考数が減少したのに対し，抑うつ者では，思考抑制を続けるうちに侵入思考数が増大していた。これは，抑うつ者のネガティブな思考の抑制が短時間で失敗することを意味している。同様に，Conway et al.（1991）は，抑うつ者が自己の失敗についての思考を抑制する場合に，非抑うつ者よりも多くの侵入思考を経験することを示した。また，Dalgleish & Yiend（2006）は，不快な出来事に関する思考の抑制を行った場合に，抑うつの程度が高いほど侵入思考数が多くなるのに対し，抑制を行わなかった場合には，抑うつと侵入思考数の関連がみられなかったと報告している。これらの知見は，抑うつ者が，思考抑制中に，多くの侵入思考を経験することを示唆する結果であるといえるだろう。

　最後に，これらの知見をまとめたメタ分析の結果を概観する。1999年までに実施された思考抑制研究44件についてメタ分析を行ったAbramowitz et al.（2001）では，抑うつを含む精神疾患と侵入思考頻度の間に明確な関連が確認されなかった。だが，2010年までの思考抑制研究59件を分析対象としたMagee et al.（2012）では，抑うつ者の経験する侵入思考頻度が非抑うつ者よりも有

意に高いことが報告されている。これは，実証的研究を積み重ねることで，抑うつと侵入思考の関連が示されたことを意味している。

これらの知見から，抑うつ者は，特にネガティブな対象についての思考抑制に失敗しがちであることが推察される。すでに述べたように，通常，思考抑制中は抑制対象へのアクセスが低下するが（Magee et al., 2012），抑うつ者においては抑制の努力が実らず，侵入思考に繋がってしまうことが多いようである。

節 抑うつ者はなぜ思考抑制に失敗するのか

それでは，なぜ抑うつ者は思考抑制に失敗し，頻繁に侵入思考を経験してしまうのだろうか。これまで，抑うつ者の思考抑制が失敗に至る原因について様々な可能性が指摘されてきた（例えば，Magee et al., 2012）。本節では，思考抑制の背景過程を参照しながら，抑うつ者の思考抑制の失敗に関わる要因について議論する（表8-1）。

1．認知資源の枯渇

まず，抑うつ者における認知資源の枯渇が，思考抑制を阻害する可能性がある。2節で述べたように，思考抑制は実行過程と監視過程の協働によって実現される。だが，認知資源が枯渇した状況下ではそのバランスが崩れ，思考抑制が適切に行われなくなるといわれている。なぜなら，実行過程の駆動には一定の認知資源が必要であるため（例えば，森・木村，2004），認知資源が枯渇す

表8-1 抑うつ者の思考抑制を阻害する要因とその概要

要因	概要
認知資源の枯渇	認知資源が枯渇することで実行過程の担うディストラクタの探索と注意の移行が十分に行われなくなる
認知的な自発性の低下	有用な思考抑制方略を積極的に利用しようとしない
抑制意図の保持	抑制意図を高い水準で保持することで抑制対象へのアクセスが促進される
ネガティブなメタ認知的信念	「気分や思考を適切に制御できない」というネガティブな信念にそって，侵入思考が生じやすくなる

ることで，実行過程の担うディストラクタの探索と注意の移行が阻害されると考えられるためである。これは，思考抑制中の認知的負荷を操作した実験によって実証されており，思考抑制中に 8 桁の数字のリハーサルを課すか否かによって認知的負荷を操作した Reich & Mather（2008）は，認知的負荷が，思考抑制中に利用される有用なディストラクタの数を減少させることを示している。

　このような認知資源の枯渇は，思考抑制を阻害する。Wegner & Erber（1992）は，参加者に対し，音声呈示された単語から連想される単語を口頭報告するよう求め，単語の報告における制限時間の異なる 2 条件を設定することで，認知的負荷の程度を操作した。その結果，制限時間の短い高負荷条件で，抑制対象と意味的に関連する単語がより多く報告されることが示された。また，Wegner et al.（1993）は，ストループ課題中に保持すべき数字の桁数を操作することで，認知的負荷が気分に関連した思考の抑制を阻害することを示した。さらに，近年では，ワーキングメモリ容量が小さいほど思考抑制中に経験される侵入思考頻度が高いことが明らかにされている（Bomyea & Amir, 2011）。思考抑制研究の文脈で想定されている認知資源とワーキングメモリの対応関係については議論の余地があるものの，考慮すべき重要な知見であるといえるだろう。

　このように，思考抑制を実現するためには十分な認知資源が必要であるが，抑うつ者においては，認知資源が慢性的に枯渇している可能性があるといわれている。Hartlage et al.（1993）は，うつ病患者や抑うつ者は抑うつに関連する情報の処理に多くの認知資源を投入するために，注意を必要とする他の課題に資源を振り分けることができないことを指摘している。また，Hertel（1998）は，抑うつ者は自己に関して繰り返し思考すること（反すう）に多くの認知資源を投入するために，遂行すべき課題に十分な資源を割くことができない可能性を指摘している。さらに，Harvey et al.（2005）は，うつ病患者は健常者よりも多くの認知的努力によって健常者と同程度の認知能力を維持しており，その持続的な認知的努力がのちに認知資源の枯渇を導くと述べた。このように，抑うつに伴って認知資源の枯渇が生じるために，実行過程が十分に機能せず，思考抑制の実現が阻害されていると考えられる。

2. 認知的な自発性の低下

抑うつ者における認知的な自発性（cognitive initiative）の低下が，思考抑制を阻害する可能性があると考えられる。認知的な自発性とは，ある状況で利用すべき最適な方略を能動的に利用する能力を指す（Hertel & Hardin, 1990）。特にここでは，思考抑制方略の利用における自発性に注目する。

思考抑制方略は，分散的気晴らし（unfocused distraction）と集中的気晴らし（focused distraction）に分けられる（例えば，Wegner, 1989, 1994）（表8-2）。分散的気晴らしとは，多くのディストラクタを順番に切り替えることで思考抑制を行うことを指す。例えば，シロクマについて考えないようにするため，赤い車について考え，侵入思考を検出した場合にはペンギンについて考える，というように，次々に注意を向けるディストラクタを切り替える方略が分散的気晴らしに当たる。皮肉過程理論において，分散的気晴らしは思考抑制時に用いられる標準的な抑制方略と考えられている（Wegner, 1994）。しかしながら，分散的気晴らしは，様々なディストラクタを抑制対象と連合させることでのちのリバウンド効果を導く原因となる可能性が指摘されており（例えば，Wegner, 1992），思考抑制を実現するうえで，有用な抑制方略であるとは言い難い。

そこで，近年は，単一のディストラクタに注意を集中する方略である集中的気晴らしが，有用な抑制方略として注目されている（Wegner, 2011）。例えば，シロクマについて考えないようにするために，侵入思考の発生に関わりなく赤い車について考え続けるという方略は，集中的気晴らしに当たる。集中的気晴らしには，持続的に注意を向けるディストラクタが必要となるため，利用できる状況は限られる方略であると考えられる。しかしながら，様々なディストラ

表8-2　思考抑制方略の定義と特徴

方略の種類	定義	特徴
分散的気晴らし	ディストラクタを順番に切り替えることで思考抑制を行う方略	思考抑制時に用いられる標準的な方略であるといわれているが，リバウンド効果の原因となる可能性がある
集中的気晴らし	単一のディストラクタに注意を集中することで思考抑制を行う方略	利用可能な状況は限られるが，即時的増強効果とリバウンド効果を防ぐ

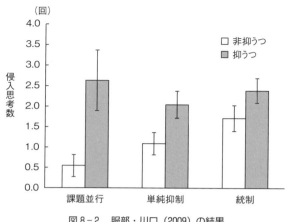

図8-2　服部・川口（2009）の結果
エラーバーは標準誤差を表す

クタ（認知的課題について Salkovskis & Campbell, 1994；イメージについて Lin & Wicker, 2007；特定の思考について木村, 2004）を用いた研究で，集中的気晴らしが，リバウンド効果を生じることなく侵入思考頻度の低下を導くことが示されており，その有用性は確認されているといえるだろう。

このように，有用な抑制方略である集中的気晴らしは，それを利用可能な状況において自発的に利用される可能性が高いと考えられている。実際に，集中的気晴らしを利用しやすい状況を実験的に設定した服部と川口（2012a）では，間接的ながら，集中的気晴らしが自発的に利用される可能性が示されている。

しかしながら，抑うつ者は，たとえ集中的気晴らしを利用可能な状況でも，それを自発的に利用しない可能性がある。なぜなら，抑うつは認知的な自発性の低下を導くことが示されており（Hertel & Hardin, 1990；Hertel & Rude, 1991），その傾向が，思考抑制を行う際の集中的気晴らしの自発的な利用を妨げると考えられるためである。

服部と川口（2009）は，集中的気晴らし（論文内では注意の焦点化方略と表現）を利用しやすい状況を実験的に設定することで，この可能性について検討を行った（図8-2）。服部と川口（2009）は，参加者に対して思考抑制と並行して記憶課題に取り組むよう教示する課題並行条件を設けた。この条件では，集中的気晴らしを行うよう直接的な教示は行われず，思考抑制と記憶課題に対

する主観的な注意の程度に関する質問から，集中的気晴らしの自発的利用の程度を推測した。もし，2つの課題に同時に取り組むよう教示を受けたにもかかわらず，自発的に集中的気晴らしを行った場合には，思考抑制よりも記憶課題に対してより主観的に注意を集中したという回答が得られると予測された。その結果，非抑うつ者では思考抑制よりも記憶課題に注意を向けようとしたという回答が得られたのに対し，抑うつ者では2つの課題間で主観的な注意の程度に差がみられなかった。この結果から，抑うつ者が非抑うつ者に比べ，集中的気晴らしを自発的に利用しない可能性が示された。

さらに，課題並行条件では，抑うつ者が非抑うつ者よりも頻繁に侵入思考を経験することが明らかになった。一方，参加者に対し，単に思考を抑制するよう教示した単純抑制条件や，自由に好きなことを考えるよう教示した統制条件では，このような侵入思考数の差はみられなかった。これらの結果は，抑うつ者が，有効な思考抑制方略である集中的気晴らしを自発的に利用しなかったために，非抑うつ者よりも頻繁に侵入思考を経験したことを示唆している。

ただし，服部と川口（2009）では，あくまで主観的な注意の程度に関する質問への回答をもとに，集中的気晴らしの自発的利用の程度を推測しているにすぎない。また，課題並行条件における集中的気晴らしの自発的利用と侵入思考との因果関係を示す直接的な証拠も得られていない。したがって，今後は，集中的気晴らしの自発的利用の程度を直接的に測定する指標を用いて，さらなる検討を行う必要があると考えられる。

3．抑制意図の保持

情動調節方略の1つに位置づけられる思考抑制は，何らかのストレッサーに直面した場合に意図的に実行されると考えられる。皮肉過程理論においても，通常，思考抑制は，「考えないようにする」という意図（抑制意図）に基づいて始発すると考えられている（図8-1）。また，抑制意図は状況に応じて緩和と強化が行われており，ディストラクタに注意が集中し侵入思考が生じていない状態では抑制意図が緩和され，侵入思考の発生に応じて，適宜，抑制意図の再強化が行われているとされている（Wegner, 1994）。

必要に応じて抑制意図の緩和と強化を行うことは，思考抑制を実現するうえ

で重要な意味を持つ。なぜなら，抑制意図によって駆動される監視過程が，抑制対象へのアクセスを促す原因となるためである。すでに述べたように，監視過程は抑制対象が意識されていないかをチェックする働きを担う。しかしながら，抑制対象が意識されているか否かをチェックするためには，何が抑制対象となっているかを絶えず参照する必要がある。その結果，監視過程が抑制対象の検出をチェックし続ける限り，抑制対象へのアクセスが促進された状態が持続することになる（Wegner, 1989, 1994）。したがって，監視過程を駆動する働きを持つ抑制意図を適宜緩和するという調整の可否が，思考抑制の実現に深く関与していると考えられる。これは，意図的な抑制が逆説的効果を生じるという知見や（例えば，Wegner & Erber, 1992），プライミング（及川, 2005）やディストラクタへの集中の導入（Lin & Wicker, 2007）といった顕在レベルの抑制意図を伴わない抑制が，適切な思考抑制の実現に寄与するという知見にも沿うものであるといえる。

　だが，抑うつ者においては，抑制意図の高い状態が慢性的に保持されている可能性がある。抑うつ者は，思考抑制の努力を不必要に続ける傾向があることが指摘されており（Wenzlaff, 2005／丹野（監訳），2006），すでに述べたように，抑うつの程度が高い個人ほど思考抑制傾向が高いことも明らかにされている（例えば，Luciano et al., 2006）。さらに，Wenzlaff & Bates（1998）は，抑うつ者やうつ状態から回復した個人がネガティブな思考を抑制するために，ネガティブな単語を利用しないよう意図的な努力を行うことを示しており，うつ病患者を対象としたWatkins & Moulds（2007）でも同様の結果が確認されている。これらの知見は，抑うつ者が抑制意図を慢性的に高く保持している可能性を示しているといえる。抑制意図の適切な緩和が思考抑制の実現に寄与する可能性を考慮すると，抑うつ者において緩和されなかった抑制意図が，侵入思考を導く原因となっているかもしれない。

　服部と川口（2012b）では，この可能性の一部を支持する結果が得られている。服部と川口（2012b）は，抑制意図を測定するための尺度を作成し，抑うつ者と非抑うつ者の思考抑制中の抑制意図と侵入思考数を比較した。その結果，集中的な気晴らしを行うよう教示を受けた場合に，抑うつ者は非抑うつ者よりも抑制意図を高く保持しており，また，経験する侵入思考数も多いことが明らか

になった。これは、抑うつ者において高く保持された抑制意図が、思考抑制を阻害することを示唆する結果であるといえる。ただし、単に思考抑制を行う群では、このような抑制意図や侵入思考数における差が確認されておらず、予測された抑制意図の効果は、思考抑制を行う条件によって調整される可能性がある。これまで、抑制意図と抑うつの関係に注目した研究はほとんど行われていないため、実証研究を蓄積することが今後の課題といえるだろう。

4．ネガティブなメタ認知的信念

3節で述べたように、抑うつ者は思考抑制に失敗しやすい。その失敗経験を通して、抑うつ者は、思考抑制や思考抑制方略に関するネガティブな信念を構築していると考えられる。このような、自らが遂行する認知的処理やその結果に関する信念はメタ認知的信念と呼ばれている。

服部と川口（2013）は、集中的気晴らしに関するメタ認知的信念と抑うつの関連について検討を行った。その結果、集中的気晴らしに関するメタ認知的信念の中でも、特に、「集中的気晴らしをすることで、かえってネガティブな気分や思考を生じる」という内容の信念である"逆説的効果"に関するメタ認知的信念が抑うつと関連していることが示され、抑うつの程度が高いほど"逆説的効果"に関するメタ認知的信念の確信度が高いことが明らかになった。

この"逆説的効果"に関するメタ認知的信念が、抑うつ者の思考抑制の失敗の原因の1つとなっているかもしれない。自己制御の効力感や期待感に関する知見は、その可能性を示唆している。Bandura（1989）は、自己制御の効力感に関する信念が自己制御の結果に影響を及ぼすと述べている。その主張に一致し、Ozer & Bandura（1990）は、ネガティブな思考の制御に関する効力感の低さが侵入思考の頻度を上昇させており、それが回避行動の制御や不安に影響を与えることを示した。また、ネガティブな気分を制御できるという期待感が低いほど、実際にネガティブな気分の制御が困難であることも確認されている（例えば、Simons et al., 2005）。これらの知見は、自己制御の効力感や期待感が低いほど自己制御に失敗する可能性を示している。"逆説的効果"に関するメタ認知的信念もまた、自己の気分や思考の制御の失敗に関する信念であることから、自己制御の効力感や期待感と同様に、その信念の内容が自己制御の結果

に影響を与える可能性があるだろう。すなわち，"逆説的効果"に関するメタ認知的信念の確信度が高いほど，気分や思考の制御が失敗すると予測される。この可能性についても，未だ十分な研究は行われていないため，両者の因果関係を特定可能な方法を用いての検討が望まれる。

5節　今後の展望とまとめ

　本章では，抑うつに伴って思考抑制の失敗が生じることを示した知見を紹介し，思考抑制の背景に想定される認知過程を参照しながら，抑うつ者の思考抑制の失敗を引き起こすと考えられる複数の要因について議論した。

　ただし，本章で提示した抑うつ者における思考抑制の失敗の原因は，その多くが理論ベースで導出されたものであり，現時点では，それを実証する十分なエビデンスが得られていない。また，本章で行ったレビューからも示唆されるように，抑うつ者における思考抑制の失敗は，複数の原因が複雑に絡み合って引き起こされていると予測される。したがって，今後は，臨床心理学・基礎心理学という研究の枠組みに囚われず，有用な理論や手法を選択しながら，様々な切り口で検討を重ねていく必要があると考えられる。そこで蓄積された多くのエビデンスは，抑うつと思考抑制の複雑な関係を紐解くための足掛かりとなるだろう。

9章 心理的時間と記憶

1節 はじめに

　われわれは，日々過ごす中でたびたび「あっという間に感じたけれど，時計を見てみると実際にはかなり時間が経っていた」という経験，またその逆の経験をすることがある。学問における時間の本質に接近しようとする試みについて振り返ってみると，古くはギリシア時代の哲学に始まり，物理学，生物学，社会学，生理学などの学問における様々なアプローチによって今日まで研究が続けられている（松田，2004）。その中でも「どのようなときに時間は長く，あるいは短く感じられるのか」ということに関心を持つ研究者が多く，実験や理論的な考察をもとにした説明がなされている。

　臨床心理学や精神医学の分野でも，個人の特性，神経学的損傷や特定の精神疾患が心理的時間に及ぼす影響について，これまで様々な研究が行われてきた。初期の研究として，統合失調症患者などの精神疾患群では，時間概念が精神疾患のない群とは大きく異なっていることが指摘されている（Orme, 1962）。さらに，時間の見積もりを行った際にパーソナリティによって違いがあらわれることも明らかとなっている（Orme, 1964）。このように精神病理やパーソナリティといった個別の要因によっても時間認知が異なっているということが報告されている。

2節 心理的時間

Meck (2005) は，ある出来事が起きてから，どのくらいの速さで時間が過ぎているのか，あるいは，どれくらいの時間が経ったのかという内的な経験を心理的時間 (psychological time)，または主観的時間 (subjective time) と定義している。つまり心理的時間は，経過速度と経過量という2つの側面を持った時間の内的経験ととらえることができる。そもそも時間は，それを知覚するための特定の感覚器が人間に備わっていないという点が特徴的であり，視覚や聴覚といった他の知覚とは異なっている。心理的時間は，大脳の認知過程により形成される時間意識であり，過去の経験や学習からの影響を受け，人間の記憶を媒介するものであると考えられている（平，1996）。松田（1996）は，心理学で研究対象としている心理的時間は，高次な情報処理過程の所産であり，事象の変化や継起の側面の抽出と統合という認知的な情報処理を経て，心的に構成されたものであると述べている。心理的時間の研究領域は，時間知覚，時間評価，時間的順序の知覚・記憶，時間概念や知識の発達，テンポやタイミング，時間的展望，時間不安など幅広い。

3節 時間評価と脳における時間の制御過程

近年，個々の人間の時間評価がどのように行われているかということを説明するための多様な理論が提案されている。

人間の時間情報の処理については，記憶を含んだ多種多様な認知システム間の相互作用によって行われていると考えられている。また，人間の内部で時間を記録したり測ったりする内的な時間機構の存在が仮定されているのである。

記憶は前頭葉や内側側頭葉と関連があることが指摘されている。また，これまでの研究により，記憶と関係のある前頭葉や内側側頭葉は，時間情報処理にも重要な役割を担っていることが報告されており，時間評価とワーキングメモリは同じ神経ネットワークをよりどころとしていることが示唆されている

(Lusting et al., 2005 ; Morita et al., 2015)。

記憶障害を示す患者が時間評価の障害も同時に示すようになった報告として，H. M. 氏とB. W. 氏の症例報告が有名である。内側側頭葉の切除の後，重篤な記憶障害を生じるようになったH. M. 氏，そして第三脳室内付近にできた皮様嚢腫という腫瘍を切除する手術を行った後，記憶障害の症状があらわれ始めたB. W. 氏は，時間の過小評価（提示された時間や指示された時間に比べて，短く時間を評価する）傾向がみられるようになっている。

時間情報処理に関わりのある脳構造の研究は，Scalar Expectancy Theory（SET）に基づいたモジュール式の情報処理モデルの公式化を導くことになった。SET は，時間評価を説明するモデルとして最も有名なものである（図9-1）。

SET モデルでは，様々なバリエーションがあるが，内的時計段階，記憶段階，比較・決定段階という3つの段階により，主観的時間評価が行われると仮定している（Gibbon, 1977 ; Gibbon et al., 1984）点で共通している。まず，ペースメーカーが，一定のリズム間隔を刻むパルスを放出し，蓄積器によって溜められる。このパルスは神経伝達物質のドーパミンと関連が深いと考えられて

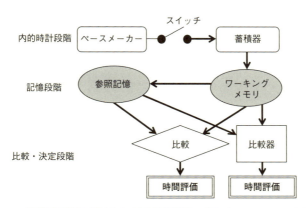

図9-1 時間評価課題に適応したSET情報処理モデル（Gibbon, 1977より作成）
SET では，他の処理段階から機能的に分けられた記憶の構成要素の存在を想定しており，時間処理に関わる記憶という認知機構の重要性を示している。このモデルによれば，内的時計段階は，時の拍動（パルス）を発するペースメーカーとある一定の時間間隔の間，スイッチによって通り抜けたパルスを受け取る蓄積器から構成されていると考えられている。また，記憶段階は，現在の時間間隔を表す蓄積器の拍動数を保持するワーキングメモリ，そして，過去の経験や学習によって形づくられた時間の基準を保持している参照記憶から成り立っている。最後の比較・決定段階において，参照記憶の型とワーキングメモリに集められた時間が比較され，時間評価となって出力される。

いる。選択的注意を今現在の時間に向けることにより，ペースメーカーと蓄積器の間のスイッチがオンとオフに切り替わり，オンとなっている間にくぐりぬけたパルスが現在の時間間隔に対応するパルス数としてワーキングメモリに整理して保持されると考えられている。そして，ワーキングメモリに現在の溜まっている時間間隔と，それに相応する時間間隔として，過去の経験によって学習された参照記憶システムに保存されている過去の時間記憶（どのくらいの長さか。長い，短いなど）が比較される。この記憶段階は，コリン作動性システムに基づいている。比較段階では，ワーキングメモリと参照記憶を比較した結果，主観的時間が表現されると考えられている。

SETモデルを拡張させたモデルとして，Attentional-gate model（Zakay & Block, 1995；Zakay, Block & Tsal, 1999）がある。このモデルでは特に，体温や生理学的な覚醒度のような生物学的な要因と注意や記憶のような心理学的な要因の両方が時間評価に影響を与えるとしている点が特徴的である。

1．2つのパラダイム

個人の時間の感じ方や評価を実験法によって研究する場合，予期的時間評価（prospective time estimation）パラダイムと追想的時間評価（retrospective time estimation）パラダイムの2つの時間評価の手続きが用いられている（Block & Zakay, 1997）。予期的時間評価パラダイムは，実験を開始する前に，被験者にこれから一定の時間が経過した長さについて評価を求める課題であることを知らせる。一方，追想的時間評価パラダイムでは，実験参加者は事前にこれから時間の評価を行うことを知らされない。これまで，この2つの方法論のうちどちらがより好ましいものであるかということが議論されてきた。追想的時間評価パラダイムを用いた研究は，実験参加者は時間の手がかりを気にするようになったり，無自覚に認知的な資源を時間情報の処理に用いるようになることが明らかになっている（Block, 1990；Block & Zakay, 1997）。またそれは，退屈に感じているときに特にその傾向が強いことも示されている（Doob, 1971）。さらに，予期的時間評価は，追想的時間評価と比較して，より正確であるといわれている（Block & Zakay, 1997）。

予期的時間評価パラダイムは，時間情報の処理に注意を配分することができ

るため,時間情報を時間評価に使用できるが,追想的時間評価パラダイムでは,意図的に注意を時間情報の処理に配分できないため,非時間情報として想起された変化の数や情報量,記憶として残っている変化の数や情報量が時間評価の手がかりになると考えられている。

2．時間評価の研究手法

予期的時間評価パラダイムによる時間評価の研究を行う場合には,様々な手法が用いられている。その中でも,言語的見積もり法,時間再生法(時間再現法),時間作成法の3つの"古典的なトリオ(classic trio)"と呼ばれる手法が用いられることが多い(Wearden, 2003)。

言語的見積もり法：実際に呈示された持続時間や経過した持続時間を「10秒」というように時間,分,秒などの常用時間単位によって見積もる。
時間作成法：実験者によって示された客観的な時計時間(例えば10秒)を実験参加者が反応キーやボタン押しなどによる間隔として作成する。
時間再生法：実際に呈示された時間や経験した持続時間を指示された様々な行動によって,実験参加者が主観的に同じ時間になるように再現する。

時間作成法と時間再生法は言語的見積もり法よりも敏感で,その他の要因から影響を受けやすいという特徴がある。一方,言語的見積もり法は,個々の主観的時間評価がいかに実際の時間間隔に関連しているかという程度を反映しているものさし(尺度構成)と考えることができる(Wearden, 2003)。例えば,実際の時間よりも見積もられた時間が短かった場合,実験参加者は時間の経過をよりゆっくりと経験していると考えられる。

3．時間評価課題の採点方法

実験参加者が答えた値そのものは生得点(raw scores)であり,最も基本的なものである。この値は,基準となった時間間隔の大きさに影響を受けるため,異なった基準間で比較することができないという欠点を持っている。

他にも,様々な指標が考案されている。その中で用いられることの多いもの

が，比率得点（ratio scores）と変動係数（coefficient of variation：CV）である。比率得点は，エラーの方向や大きさを反映し，基準の大きさに関わらず正確さ（accuracy）の指標となる。比率得点は実験参加者が見積もった時間を実際の時間で割って算出される（Licht et al., 1985）。比率得点はとても便利な指標であり，1.00はその主観的な評価が実際の時間と完全に一致していることを示し，1.00より高ければ過大評価，1.00より低ければ過小評価であると解釈することができる。変動係数は，標準偏差を算術平均の値で除すことにより算出され，相対的なばらつきを意味している（Perbal-Hatif, 2012）。時間評価では，実験参加者がどの程度一貫した時間評価を行っているのかということを表すものである。単位のない数値になることが特徴であるため，例えば1秒と10秒の時間評価という平均値が異なっていた場合でも，2つの条件について共通の基準でばらつきを比較することができる。

4節 時間と感情との関連

親しい友人と過ごす時などの楽しい時間はあっという間の出来事であったと感じ，苦手な学科の講義を受講している時間の場合には，なかなか経過しないと感じるように，主観的な経過時間は快や不快といった感情と関連があるように語られる。近年，感情（affect）が認知や行動に与える影響について数多くの研究が行われており（Eich et al., 2000；Martin, & Clore, 2001；高橋, 2002），心理的時間の主観的な長短についても感情が影響を及ぼすという実証報告が行われている。

一般に，感情は気分（mood）と情動（emotion）の両方を含んだ総括的なものを指す（Forgas, 1992）。気分とは，強度が比較的弱いながらも持続的な感情状態であり，情動は，気分よりも強烈な覚醒を伴い，短時間しか持続しないと定義されている（高橋, 2002）。また谷口（1991）は，人間の情報処理における知覚，記憶，思考，判断等の知的側面を認知（cognition），快－不快等の情的側面を感情（affect）としている。快感情と不快感情は，感情価という概念でまとめられており，主観的な快－不快を両極とした一次元の連続体の相

対的な位置を指し，単語，画像や音楽などによって生じるとされている（Hevner, 1936）。そして，ヒトを含めた生物体は，快－不快に代表される感情過程によって，感情を喚起する対象に対して接近・回避行動を始発し，調節し，多くの行動のパターンを体制化することができる（Lang et al., 1990；尾崎，2006）。この一次元の区分に基づく感情価という概念は，認知心理学の研究において多く用いられているものである（伊藤，2005；谷口，1997）。

また，感情は主にその感情の持続時間の違いで特性（trait）と状態（state）に区別される（Izard, 1991；Rusting, 1998；高橋，2002）。特性としての感情とは，特定の同じ感情を経験しやすいかどうかの個人的傾向で，不安や抑うつなど比較的長期にわたる安定した性質を指し，質問紙により測定される。近年，非臨床群を対象に，検討したい感情の障害傾向の強い者とそうでない者の比較を行うアナログ研究が多く行われている（Pyszczynski et al., 1989）。一方，状態としての感情は，比較的短時間で一過性の経験であり，実験では画像や音楽などを用いることによって特定の感情状態に誘導するものが多い（高橋，1996；谷口，1991）。

状態としての感情が，心理的時間に与える影響について検討した研究として，Angrilli et al.（1997）や森田（2011）がある。森田（2011）は，快と不快の感情価の喚起が主観的な時間経過の評価に及ぼす影響について検討した。不快条件下での時間評価は，快条件下での時間評価と比べて有意に長いという結果が得られ，時間評価は感情価に関連した記憶の情報量，興味・感心，さらに動機づけの強さに影響を受けることを示唆している。

一方，特性としての感情研究のうち時間評価に関連したものとして，Watts & Sharrock（1984）の研究がある。彼らは35名のクモ恐怖症者と18名の非クモ恐怖症者に対してガラス瓶に入ったクモを近い距離で凝視している間の時間評価を測定し，2群で比較した。その結果，クモ恐怖症群の評価時間は対照群よりも有意に延長し，分散が大きかった。これはクモ恐怖症群の認知的混乱を示した結果であると結論づけられている。

5節　抑うつと時間の評価との関連

　特性としての感情を扱った研究では，抑うつに関するものが多く，時間評価に与える影響について報告されている（Sévigny et al., 2003；Bschor et al., 2004）。その理由としては，抑うつは心理的な問題の中でも日常生活で経験することが多い（Roberts, 1999）からであろう。実際，1990年代後半以降，疾患群とは異なった一般の大学生などの中における抑うつ傾向を持った非臨床群が明らかとなり，大学生を調査対象にしてさかんに研究されるようになった（奥村・坂本，2004）。

　これまで行われてきたうつ病患者の時間感覚についての研究は，結果が一貫せず，躁病患者の研究の数は極めて少ないという問題があった。そこで，Bschor et al.（2004）は，うつ病患者32名，躁病患者30名，そして健常者31名に対して，ビジュアルアナログスケール（線の位置によって視覚的に程度を示したもの）を用いて主観的な時間経験を調査した。また，客観的に時間判断能力を測定するため，コンピュータのプログラムによって作られた時間評価課題と時間作成課題が用いられた。ビジュアルアナログスケールの結果から，健常者群が感じる時間は早くも遅くもないバランスのよい中程度の流れであったが，躁病者群の感じる時間の流れは亢進しており，うつ病者群はゆっくりした時間の流れを経験していた。しかしながら，時間判断課題においては，うつ病者群と躁病者群は長い時間間隔についての時間判断課題では，過大評価する傾向が示された。

　北村（1981）は，抑うつ症状を有する神経症や内因性うつ病を含んだ抑うつ感情を主訴とする23名の患者と23名の非抑うつ者を対象に，主観的時間の流れに関する質問票，時間志向検査，時間作成課題，言語的見積もり課題，時間再生課題を課し，結果を比較した。様々な場面における主観的時間の流れについて，非抑うつ者は中程度（早くもなく遅くもない）と感じていたが，抑うつ者は抑うつ状態が深くなるに従って時間の経過をより遅く感じていた。また，言語的見積もり課題での時間評価では，10秒，20秒，80秒条件において抑うつ群と非抑うつ群で有意な差が認められ，抑うつ群では評価時間が長くなる傾向が

あった。特に精神運動抑制のある場合に，20秒間隔の時間評価が延長することから，体内時計が早く進んでいることを示唆すると結論づけている。この研究での主観的な時間遅滞感は，うつ病者の臨床においてみられるあたかも時の流れが遅延しているように感じられる時間停止現象（the experience of time standing still；Jaspers, 1963）を説明するものと解釈することができるが，抑うつ感情の強さに相関した現象で，うつ病という診断名に特異的なものではなかった。つまり，時間評価の特徴は，うつ病かどうかではなく，うつという症状を扱うことに意味があるということができる。

6節　感情価と抑うつ

　感情価と抑うつとの関連については，気分一致効果（mood congruency effect）の側面からの認知研究や脳機能研究などが報告されている。気分一致効果とは，特定の感情状態にあるときには，その時の感情状態と一致した感情価をもつ内容の認知処理が促進されるというものである。参加者を快，中性，不快の感情状態に誘導した後，自伝的記憶の想起を求めたところ，感情状態に一致した自伝的記憶が想起されたと報告されている（Salovey & Singer, 1989）。同様に Lang et al.（1990）は，現在の感情状態と一致した刺激への処理や行動は促進され，一致しない処理や行動は抑制されるという感情マッチング説を提唱し，この説を裏づける証拠として，感情効果に大脳機能の偏側性（laterality）が存在することをあげている。これは感情関連の情報処理が生物学的な背景をもつことを明らかにした研究として意義深い。

　こうした気分一致効果は，状態としての気分だけでなく特性としての感情である抑うつについても適用され，慢性的な不快感情によって抑うつ者の記憶・思考・判断などの認知過程が否定的な方向に偏っていると説明されている（大平，2005；本書の6章，7章も参照）。例えば，抑うつ者は非抑うつ者よりも否定的な内容の過去の記憶を多く再生することが報告されている（Llord & Lishman, 1975）。一方，機能イメージング研究によれば，快情動刺激の予測時には左背外側前頭前野，不快情動刺激の予測時には，右内側前頭前野，扁桃体，

157

前部帯状回の活動が賦活するという結果を得ている（Ueda et al., 2003）。このことは，快・不快の感情価の背景に脳機能局在に左右差が存在していることを示している。さらに，山脇（2005）はうつ病者と非うつ病者を対象に感情価を喚起する画像を用いて快・不快の予測課題中の脳活動を測定した。その結果，非うつ病者では快感情の予測の際に左前頭前野，不快感情の予測の際に右前頭前野および前部帯状回が有意に活動していた。一方，うつ病患者では快予測に関与する左前頭前野の活動が低下していたのに対し，不快予測に関与する右前頭前野，前部帯状回の活動は亢進しており，不快予測が優位な状態となっているため悲観的思考になることが推測された。これは，うつ病者における不快感情が及ぼす認知機能の特異性の背景に，脳機能の障害が考えられることを示す結果であり，抑うつ者も同様であると考えられる。

7節　抑うつと感情価と時間

　抑うつ者の特徴的な認知機構，特に不快情報処理過程の歪みが，時間評価の差異として現れることが予想される。時間評価のズレは人間の情報処理過程の違いを表していると考えられている（田山，1996）。抑うつ傾向と感情価が時間評価に及ぼす影響についての研究（森田，2012）では，抑うつ群と非抑うつ群に対して，各感情価を想起させる画像が何秒間表示されていたのかを評価した。結果は，抑うつ傾向の高い者は，不快な感情を喚起された状況下で，抑うつ傾向の低い者よりも時間を長く見積もる（評価する）というものであった（図9-2）。このことは，抑うつ者は，不快な感情価によって抑うつ的な出来事の記憶やネガティブな解釈が活性化され，時間評価が延長することが示唆された。以上のことから，抑うつ者の時間認知の特徴が明らかとなり，抑うつ傾向の認知機能を理解するにあたって心理的時間という概念が有用であることが示された。

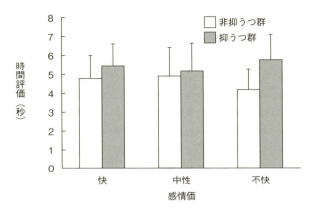

図9-2　抑うつ傾向と各感情価による時間評価（森田，2012を改編）

8節　時間と記憶との関連

　先行研究によれば，時間評価の延長や短縮は人間の情報処理過程の違いを示している。その中でも，追想的時間評価について研究し，蓄積容量モデル（strage size model）を提唱した Ornstein（1969）は，経過時間中の刺激や出来事に関する入力情報量ではなく，それらに関する短期ないし長期記憶に蓄積されて残っている情報量と心理的時間の長さが正の相関関係にあると説明している。つまり，記憶の情報量が大きいほど物理的時間において同じ時間でも心理的に長くなるわけである。このモデルから森田（2012）の結果を考察すると，抑うつ者は，不快感情価喚起されたことに関連した記憶情報量が他の条件に関連した記憶情報と比べて大きかったことを示唆している。
　これまで何度も述べてきたように，うつ病者や抑うつ者は情報処理が否定的な方向に偏っていると考えられる。しかも，記憶における否定的な偏りと抑うつ傾向の強さは正の相関がある（Matt et al., 1992）。Clark & Teasdale（1982）によれば，うつ状態の強い状況では不快エピソードを想起する割合が高く，Williams & Broadbent（1986）の研究においても抑うつ者は，快感情の手がかり語に対して自伝的エピソードを想起することが非抑うつ者よりも困難

であった。また，抑うつ者は非抑うつ者に比べて過去の記憶を再生する課題で否定的な内容を報告する傾向がある（Llord & Lishman, 1975）。

　こうした抑うつ者の情報処理における否定的な偏りについて，ネットワーク的な認知機能を想定するモデル（Collins & Loftus, 1975）によって説明することが可能である（大平，2005）。長期記憶には，様々な概念が保存されているが，それらは意味的に類似のもの同士がネットワークの中に近く配置された状態で相互に連結され，ちょうど網の結び目（ノード）のようになっていると想定される。1つの概念が処理され，ノードが活性化すると，ネットワークに沿って活性化が伝播し，近傍のノードをも自動的に活性化していく。Bower（1981）は，感情が認知や記憶に及ぼす効果を説明するため，ネットワークモデルの中に感情の要素を組み込むことを提唱し，一般的に，抑うつ感情が生じると，その感情と結びついている不幸な記憶を思い出しやすくなったり，解釈や注意の仕方が気分と一致した否定的に向きやすくなることを実証し理論化した。これに影響を受けて，Teasdale（1985）は抑うつ処理活性仮説を提唱し，気分の落ち込みが生じると抑うつ的な情報処理が活性化し，その結果としてネガティブな記憶を思い出したり，体験をネガティブに認知しやすくなるために，抑うつ気分が生じると説明している（林，2009）。これらの生物学的な証拠として，山脇（2005）はうつ病者では不快予測が優位な状態となっているため悲観的思考になると結論づけている。また，うつ病者では，感情的情報の検出や感情的な反応を行う際に重要な役割を担う扁桃体が過剰に働き，制御することが難しくなっており，持続的に高い活動性を示していることが報告されている（Le Doux, 1996；Aggleton, 2000）。また，抑うつ者は否定語に対する事象関連電位（ERPs：Event Related brain Potentials）の後期陽性成分の振幅が大きく，否定的な刺激に注意や意識を向けて精緻な処理をしていることが明らかとなっている（Ohira, 1996）。以上のように，抑うつ者の認知機能の特異性の背景には脳機能の障害が存在していると思われる。

9節　おわりに

　大平（2005）によれば，抑うつの情報処理論的研究は，基礎研究と臨床実践をつなぐ理論的枠組みを提供すると考えられている。古くから抑うつ者は特徴的な時間体験を示すことが指摘されてきた割には，抑うつと時間情報処理についての研究は十分になされているとは言えず，新たな今後の発展が期待されている。また，抑うつ者に特有の神経生理学的な脆弱性が時間情報処理に反映されるという可能性が示され，ある程度の傾向を示すまとまった知見が得られるようになれば，時間評価課題は抑うつ者の認知機能や脳機能のアセスメントとして活用できるかもしれない。さらに，将来，抑うつに関連した脳部位の機能不全を改善する訓練課題を開発する際には，時間評価課題は情報処理の適正化の指標や訓練課題の効果査定のツールとして役立つ可能性がある。抑うつの認知特性や情報処理の歪みから，その後のうつ病発症を予測することが可能であるという報告があり（Alloy et al., 1997），抑うつのアナログ研究を蓄積することにより，将来的にはうつ病発症の可能性を持つ個人をスクリーニングする際に用いられる精度の高い検査法の開発も期待できる。

第4部

臨床心理学とのコラボレーション

10章 統合的心理療法の立場から
――人間を全体としてとらえつつ，有効な視点で鮮やかに切り取るには

1節 筆者の立場

1．心理療法の統合を目指して

　筆者は心理療法の様々な学派の統合を目指そうとする者の1人である（福島，2011a，2011d）。統合の目的は「より効果的な心理療法を実践するため」であるから基礎研究も積極的に取り入れなくては本当に統合を目指していることにならない（福島，2011b）。

　残念ながら「心理療法の統合」も，「基礎研究の積極的な取り入れ」も現在の日本の心理臨床の世界では一般的なものとなっていない。そこには，医学における基礎研究と臨床のような生命科学を軸とする直線的な繋がりとは違って，心理療法の基礎学には哲学や文学，さらには社会科学なども取り入れる必要があることも一因となっている。また他方で「心理臨床の基礎研究は（事例研究に代表される）臨床研究で十分だ」というやや狭い見解が日本の心理臨床家の中で一般的だという実情もある。

　筆者も確かに心理臨床のトレーニングとしての事例研究の大切さは，どんなに強調しても，しすぎることはないと考える立場ではある。しかし，近年の基礎心理学のもっている臨床的関心や，平均からの「偏り」や「不適応的」な要素を持った心理機能を研究対象とする研究の増加を見ても，心理療法がそういった基礎研究の成果を取り入れない正当な理由はない。そしてそこに相互交流のための架け橋がますます必要になってくるのは，疑い得ないところである。

　このような相互交流のための大切な視点が，この章のサブタイトルに付した

「人間を全体としてとらえつつも，有効な視点で鮮やかに切り取る」ということだと筆者は考えている。それは言葉を変えて言えば「全体と細部の行き来」でもあり「普遍と個別の往来」でもある。

　人間は「今ここ」の存在や時間に思いをめぐらせながらも，過去に対して罪悪感を抱いたり，さらには遠い未来や宇宙にロマンや希望や絶望を感じたりという，広い時空へのパースペクティブをもった，おそらく地球上唯一の知的生命体でもある。

　「細部」と「全体」の両方を想定しつつ，しかもある特定の問題に有効な視点を取り出して，人間を鮮やかに解き明かすという姿勢があれば，心理学の基礎研究と臨床研究，そして臨床の実践とが，クリエイティブな交流を積み重ねていけると思っている。

　ちなみに筆者の知る範囲で，現在の記憶研究におけるこのような統合的な可能性を最も持っているのは，本書１章11節・７章３節・巻末の「おわりに」でも取り上げられている自伝的記憶の研究だと思われる。自伝的記憶の研究に関しては，実験的なミクロな研究も，個別事例研究的な研究もされており，発達心理学的な観点をはじめ健康心理学，異常心理学，臨床心理学までをも橋渡しできる可能性を秘めていると感じられるからである。それは筆者がここ数年参加している心理療法研究のための国際学会 'The Society for Psychotherapy Research' の年次大会においても例年一定数の発表が，この自伝的記憶を扱ったものであることからも伺われるところである。

　また，さらにいっそうミクロな視点では８章において説明されている「集中的気晴らし（意図的にディストラクタに注意を集中する気晴らし）」研究が心理療法の実践と多くの共通点を秘めていると考えている。８章で紹介されている研究においては抑うつ者の集中的気晴らし課題において，抑うつ者がそれを使おうとするかどうかの自発性が重要になってくる。これをもし可能ならばもう一歩進めて，「主体的気晴らし」として，その内容を実験参加者本人が選ぶという形にできたなら，まさに「気晴らし」という日本語の語感に近く，有用性も高くなる可能性を秘めた研究であると感じている。

　つまりここで筆者が「主体的気晴らし」と呼びたいのは，実験者やセラピストから与えられた課題ではなく，「自分から選んだ課題で集中的気晴らしをす

る」というような気晴らしのことである。これはその性質から言って生態学的な実験や調査でしか確かめることができない現象となってしまうかもしれないが，「侵入思考」の研究において繰り広げられているような，様々なデザインでの研究が進むことを期待したい。

2．統合の第一歩としての用語の架け橋

　上に述べたような，心理学の基礎研究と臨床研究，そして臨床の実践とをクリエイティブに交流させていくための第一歩として，用語の架け橋が求められる。それは，つまり心理療法の各学派間でさえバラバラな概念と用語をできるだけ共通のものにして，さらには基礎心理学とも共通の用語をできるだけ使うという試みである。例えば，「無意識」や「（セラピストとクライエント間に起こる）転移」などがその代表であろう。

　「無意識」や「無意識的○○」という用語は，すべて「潜在記憶」に代表されるように「潜在○○」とすることによって，記憶心理学との橋渡しも可能である。また「（セラピストとクライエント間に起こる）転移」は，「親密化過程で明らかになる，対人関係バイアス」とすることが可能である。「抑圧（あるいは抑制）」や「アイデンティティ」はそのままで基礎研究の領域に研究の蓄積があるが，臨床心理学や心理療法の専門家たちが，それらの基礎心理学の成果をもっと学ぶことでより豊かになる可能性を秘めている。さらに，後述するように「アイデンティティ」には自伝的記憶と重なる内容が大きいので，概念のすり合せがさらに進むことを期待している。

　本稿ではこの問題についてはこれ以上言及しないが，今後の大きな課題の1つである。

2節　心理療法のいくつかの学派における「記憶」「感情」「主体感覚」

1．記憶と思考，感情

　ほとんどの心理療法においては，セラピストは主にクライエントの「主観」

の世界を扱うことになる。あるいは「主観を通じて」クライエントの「認知」や「行動」や「感情」を扱っていくといった方が正確だろうか。セラピーのセッションそのものはほとんどの学派が「静かな室内で，過ぎた時間のことを振り返りながら行われる」ので，そこでは「記憶」と「感情」を扱うことになる。もちろんこの「過ぎた時間」は，自伝的記憶や幼少期のトラウマティックなエピソードのようなものから「ここ数年とても気になっていること」や「先週のセラピーやその時出された課題について」，さらには「セラピーに来る直前にあった嫌な出来事」という近い過去の記憶に至るまで様々である。

　自分に関連するプライベートな記憶を扱うので，感情が伴う。記憶と感情の関係については，近年の認知神経科学の研究によって，短期記憶の長期記憶化をつかさどる海馬と，主に感情の場である扁桃体の2つの部位の脳内における空間的な近接性によっても説明される（van der Kolk et al., 1996）。扁桃体は記憶に感情価を付与する役割を持ち，記憶の形成にも関与しているということが明らかになりつつあることからもうなずけるところである（河村，2007）。しかし，この記憶と感情との密接な繋がりに関しては，これまでの知見に疑義を呈する論考もあり，未だに疑問もある所である（越智，2004）。

　また，Schachtel（1947, 2001）は記憶の人格形成に関わる機能に注目している。それによると，過去の記憶は現在の欲求や恐れ，関心の影響を受けながら再構成されるという。記憶をこのようにとらえるなら，すでに，記憶そのものが現在の欲求や恐れ等と深い関係をもっているといえる。つまり，記憶は現在と不可分で，「今ここで」再構成を重ねているものとなる。

　特に心理療法場面では，極めてプライベートな記憶を扱うという点で，そこにそれまでは面識のなかったセラピストが目の前にいる，という緊張感や恐怖感，圧迫感などから「気分一致効果」が生じて，過去の似たような体験を想起し，それについて取り組む事ができるようなる。取り組むということは「その記憶をマイルドな形で再体験」し「その記憶を穏やかに主体的に扱うこと」で，克服しやすくなるという事でもある。

　同様に別の場合には「気分不一致効果（榊，2007；2章参照）」によってこれまで辛くて思い出すことも語ることもできなかったけれど，セラピストとの安心感を通じて初めて思い出し，言語化でき，そして同時にそこに秘められて

いた強い感情も体験できたことで、やっとこれまでの反すう思考や自責的侵入思考と行動の悪循環から逃れられるということもある。

　また、精神分析をはじめとする力動的心理療法では、最早期記憶（primal memory）と呼ばれる、思い出せる限りの早い記憶を聞く事で、そのクライエントの人生の通奏低音的なテーマを想定する事も多い。これについては、実証性に乏しく、3章で詳述されている偽りの記憶との弁別も難しいものであるが、少なくとも個人の主観的世界を表現するナラティヴとしての意味はあると考えている。

　さらに力動的心理療法の中でも、特にユング心理学とも呼ばれる分析心理学派の心理療法では夢分析が重要な技法となっている。これも観点を変えると、記憶への取り組みであるとも考えられる。ただし、この点に関しては、一時期、夢やその夢を引き起こす睡眠の状態であるレム睡眠そのものが、「記憶の整理」にとって重要な働きをしているということを示す研究が相次いだものの、その後様々な疑義が呈されて確証されるに至っていない（岡田，2011）。いずれにしても夢の中でのその人の個人的な心理的テーマ（例えば自立への不安など）の再体験や取り組みとともに、過去のトラウマ的なエピソードや、前日体験したり学習したことについての記憶にふれ、それを覚醒中に主体的に再体験・再確認するという意味で、夢分析療法は記憶に直接取り組んでいる心理療法だということもできる。

2．記憶と思考・感情の解放

　心理療法での取り組みの中で、最も古典的でかつ一般的になじみのあるものの1つが、カタルシス（catharsis：浄化）と呼ばれるものであろう。これは、それまであまり表出できなかった感情や思考・記憶を、セラピストの前で表現することで解き放って「浄化」するというものである。このカタルシスについては、19世紀末のカタルシス療法は催眠状態においてなされる場合が多かったが、現在のカタルシスは催眠を用いることはほとんどなく、十分なインフォームドコンセントを伴った自発的・主体的な取り組みであるという大きな違いがある。これは、この章の後半でも扱う「偽りの記憶」問題を考える上でも見落とすことのできない視点である。

このカタルシスは心理療法の力動的アプローチでは「感情の解放と浄化」と理解されているが，ここには思考の解放とそれに伴う記憶の再編が生じていると思われる。このカタルシスは心理療法の力動的アプローチでは「(記憶に付与された)感情の開放と浄化」と理解されているが，統合的な心理療法では言語化とイメージによって脅威対象に度々接近する繰り返しのエキスポージャー(4章，11章参照)とも解釈されている(Wachtel, 1997)。すなわち，記憶の再生と再編が行われていると考えられる。

例えば，誰かに悪意を持つことについて，「こんなことを考えるのは，ひどい人間だ，悪い人間だ」，という罪責感が伴うとしょう。セラピストから，その誰かが悪意に相当することをしていると悪意を承認・共感されると，その誰かへの悪意と罪責感が切り離される。そして，自己批判や罪責感から開放される。そこから，罪責感抜きに，比較的最近の「誰か」についての記憶をもとにして，何が問題なのか，どう対処すればいいのか，を話し合うこともできる。また，その誰かのことを抜きに，「人に悪意を持つことへの罪責感」をいつごろから，何をきっかけに持ち始めたのか古い記憶をたどりながら考えることもできる。いわゆるカタルシスではないかもしれないが，セラピーセッションの中で様々な記憶をたどることで，記憶そのものや付与されていた感情化が変わるならば，これこそが心理療法のプロセスを支える基本的な現象ということができるだろう。

また別の例としては，箱庭療法によってそこに表現された自分の箱庭の様子を見て「とても寂しい自分」にあらためて気づき，それを機にセラピストに対して，一気に昔のトラウマ体験を語り，そして乗り越えていった女性のクライエントがいた。この場合，トラウマ体験の記憶は当然いつも付きまとい，時にはフラッシュバックとして襲ってきていただろう。しかし，それを安全に表現するためには何らかの「信頼感からくる安心感と解放」の経験が必要であり，その解放がさらなるカタルシスに繋がり，記憶再編へと繋がっていったと考えられるのである。

これは，本書の8章において服部が詳しく論じているように，「思考抑制」とその失敗にも関係している。服部は主に抑うつ者の思考抑制と抑制失敗に関して扱っているが，臨床的な印象としては，抑うつ者に限らず様々なクライエ

ントに適用できる理論だと思われる。現実に，様々なタイプの悩みを持ったクライエントが，日常生活の中でつらい考えや自責的思考，不安や後悔に関して，考えることを止めようとして結果的に思考抑制に失敗し，かえって余計につらくなっている。そのような時に心理療法を受けることで，その心理療法場面では，抑制することなしにつらい思いを解放し，吐き出す。そうすることで日常場面では「抑制意図」なしに，結果的に「思考抑制」に成功するようになるのである。これを「抑制と解放のメリハリ」あるいは「抑制と解放の分化とバランス」と呼ぶとよいかもしれない。

このようなメカニズムとプロセスは，加藤による11章でも述べられている通り，従来からの心理療法の技法である系統的脱感作法によっても同様に生じていると考えられる。また，ブリーフ・セラピーと呼ばれる短期療法の中でも，特にその有効性が評価されている「解決指向アプローチ」のO'Hanlon (2011) による「トラウマ解消のクイック・ステップ」においても様々な技法が紹介されている。そして，それらの各技法を一貫して貫くものは「トラウマ記憶に対するクライエントの主体性の回復」であると筆者には思われる。それはYoungによって開発された認知行動療法の統合版であるスキーマ療法も同様であると思われる（Young et al., 2003）。

それはちょうどHarvey (1996, 1999) によるトラウマからの回復の8項目の基準の第1である「記憶への支配力を増す」と密接に関係しているといえる。ちなみにこの8つの基準は以下の通りである。① 記憶に対する支配力，② 記憶と感情の統合，③ 感情耐久力，④ 症状の統御，⑤ 自尊心，⑥ 自己統合，⑦ 安全な愛着，⑧ 意味づけ。

これらはすべて実践的な概念であるので，その内容や定義はややあいまいであるが，記憶研究への示唆に求んでいると思われる。①〜⑧のすべてから浮かび上がってくるものは「これまでトラウマ記憶から逃れようとしながら反対に支配されていた」姿から「記憶や感情に対して主体性を発揮できるようになった」姿である。

しかし「信頼感からくる安心感と解放」や意識的な取り組みや意図，さらには記憶や感情への支配や統制等々を発動させる元となる「主体性」と呼ぶべきようなものを，実験手続によって再現し，検証するのはとても難しい。けれど

も筆者が現在知り得ている実験的な記憶研究の中では，「思考抑制」に関する研究が，上記のような心理療法全般のモデルになり得る可能性を秘めているとも考えられる（具体的な研究例に関しては，本書8章参照）。

3．思考抑制研究と心理療法の実際の共通性

　現在の筆者は思考抑制研究の中でも，特に「気晴らし」に関する研究が，心理療法の各派の技法との共通性を多く持っているのではないかと考えている。本書8章で紹介されているように，気晴らしと抑うつの関連についての研究が近年さかんに行われているが，それらは筆者からすると「気晴らし」というよりも「気そらし」という日本語に近いものである。もともとの英語では distraction であるから「気そらし」と「気晴らし」の両方の意味を含んでいると思われるが，実験内容を見てみると実験者によって何らかの固有の distraction 課題を与える実験デザインが多いからである。しかし，1節の1．で述べたようにこの集中的気晴らしをもし可能ならば一歩進めて，「主体的気晴らし」として，その内容を実験参加者本人が選ぶという形にできたなら，まさに「気晴らし」という日本語の語感に近く，有用性も高くなる可能性を秘めた研究であると感じている。

　セラピー場面で生じる解放は，主体的気晴らしとまったく同じとは言えないが，セラピストがクライエントの主体性をできるだけ尊重しながら，クライエントが解放されるようなテーマやツールを選んでいくという意味では，「主体的気晴らし」に近いといえる。

　このように，記憶という観点から心理療法をとらえると，心理療法の各学派の壁を越えた共通因子的な議論が可能となり，心理療法のさらなる発展が期待できる。そして，それらの議論の縦糸となるべきは「自発性と主体性」だと考える。自伝的記憶も思考抑制も気晴らしも，そしてカタルシスもトラウマからの回復も，自発性と主体性を伴ってできれば，それは「解放」や「改善」「記憶の再編」に繋がる。反対にこれらのものも自発性と主体性を目指さずに行われたなら偽りの記憶や問題のさらなる繰り返しに繋がるのではないかというのが，筆者の現時点での結論である。

　そして，その意味からも，ぜひ「自発性と主体性」に関する記憶研究や基礎

研究を進めてもらいたいというのが，臨床家としての願いである。

4．記憶の再編が行われた後の世界観の改変

多くの事例で記憶の解放と再編が成功した後には，筆者の印象では必ずといえるほど「世界観」や「人生観」の改変が訪れる。私たちの世界観や人生観は，やはり記憶の集積と大きな関係があり，その時点まで生きてきた中で，記憶に刻み込まれた大きな出来事やトピックス，さらには記憶に残った思想や言説，学習の成果だといえるであろう。つまり心理療法によって大きな記憶の再編が行われた後には，世界観や人生観の改変も起こるのは自然なことといえる。それは具体的には楽観論と悲観論の両極の間を少し移動することかもしれない。あるいは，「人は信頼できない」という人間観から「世の中には信頼できる人もいる」という人間観に変わることになるかもしれない。さらには，「自分はちっぽけな何の役にも立たない存在だ」という自己感から「ほんの少しは人の役に立てるかもしれないし，そのほんの少しの貢献の仕方を探していくのが人生だ」という自己感と人生観の変化に繋がるかもしれない。つまり，「対人信頼感」や「自尊感」「自己効力感」「楽観主義」などの心理学用語を越えた，「世界観」「人生観」と呼ぶことがふさわしいようなものの変化についても，想定しておく必要があるというのが筆者の考えである。

次節から，ここまで述べてきたことについて一般的な事例とやや特殊な事例との両方を紹介しつつ，考察していってみたい（以下の事例は筆者の自験例であるが，プライバシー保護のため本質に影響のない程度に細部を変更してある）。

3節　心理療法全般にみられる記憶の再編

1．事例1：セラピーの進展とともに想起内容が変遷していったA

大学1年生のA（男性）は「電車に乗れない」「閉じられた空間が怖い」という主訴で精神科医からの紹介により来談した。「なかなか洞察的にならない。

病理の重さも感じるが，心理的な要因も大きいので本格的な心理療法を」という紹介状であった。診断的には「空間恐怖を伴うパニック障害」であったが，社会性の低さや疎通性の悪さもみられた。

　セラピーは開始後数回で，自発的な語りも滞り絵画療法も夢分析も拒否されて行き詰った。セラピスト（以下，Th）が積極的に関わろうとすればするほどAが頑なになる様子がみられたため，Thはそれをやめて沈黙してみたところ50分間完全な沈黙となり，中断の申し出がされた。翌週中断の可能性を含めてこれまでを振り返る中で，Aは初めて，これまでの苦しさと特に前回のセッションの苦しかったこと，セラピーへの恐怖感などを語ることができ，以降，次第に自己開示的になっていった。

　象徴的なエピソードの記憶として語ってくれたのは以下のような内容だった。「小学校高学年になった時，父親にねだって当時流行のスポーツタイプの自転車を買ってもらった。喜んで乗っていたが，ある日ハンドルがまったく別の安全第一のものに取り換えられていた。母親に抗議すると『危ないから換えた』と一言言ったきり，問答無用だった」というものである。一事が万事このようなことの繰り返しだったという。

　そのようなエピソードが語られるようになったある日，Aは道でThとすれ違い「何か，よくわからないけど懐かしい感じがした」と，Thとの信頼関係や愛着のようなものを語った。そして，その頃から父親とのポジティブな記憶が語られ始めた。さらにAはカヌースクールに通い始めて，そのカヌーを通じて，余分な力を抜いてバランスを取ること，「転覆してもいい」と思うと転覆しにくいことなどを体得していった。そして同時に対人関係も学んでいった。

　しかしその後のあるセッションでThの急に将来を想像させるような一言をきっかけにパニック発作を起こして，Thが動作療法という技法によって，直接身体にふれてリラクゼーション法を施すことでやっと落ち着くということも起こった。さらには，主観的にこれまで閉じていた感覚が「開いて」鋭敏になり，反対に「今，ここの瞬間だけを感じる」という感覚が数週間続くということも起こった。それはAにとってまさに「この宇宙の中のこの地球にいて，今，呼吸をして生きている」という感覚であり，「太陽の光を浴び，地球の空気に包まれ，自然の万物と，人々の刺激を直接感じて生きている」という実感

に満ちたものだった。

またAはカヌースクールを通じて年上の女性と出会い，その交流はあたかも母親とのネガティブな体験を修正するかのようなものだった。

4年間のセラピーを通じて，乗り物恐怖や閉所恐怖をすっかり克服したAは，大学を卒業して郷里に帰ることになった。「一度，面接室でない戸外でThと会って終わりにしたい」というAの強い希望で，相談室近くの駐車場で50分話して終結した。

2．事例1に関する考察

ここでは，「記憶」「思考抑制」「気晴らし」「記憶と感覚」「疎外と閉じ込められから解放へ」などの観点から簡単に考察してみたい。

A男の症状とその苦しさは，A男が日常生活の中で，過去に主に母親から受けたトラウマや現在の自分の心理的なつらさに関して「思考抑制」し，その抑制がかえって乗り物や閉鎖空間への恐怖感という形で，投影的に体験されるというものだったと理解される。セラピー全体の経過としては，初期はセラピーや自己開示への抵抗から，次第にThへの愛着を見せるような陽性転移，その陽性転移感情と関連した父親との肯定的な記憶の再生などがみられた。そしてその後，次第に思考抑制しなくなるというプロセスだったといえる。

セラピー中盤からはカヌーを通じての「集中とリラックス」の課題に取り組み，症状を克服し成長していった。このカヌーへの取り組みは，視点を変えればある種の「長期継続的な主体的気晴らし」課題だったということもできる。カヌー関連の活動をしている時には，家族についての記憶や，自分の乗り物恐怖についての反すう思考などからは解放されていただろう。さらに年上の女性という新しい対象との関係を通じて，それまでの母親とのネガティブな関係を修正する「修正感情体験」（Alexander & French, 1946）を積むことができたといえる。

この修正感情体験は，クライエントが過去に対処できなかった感情状況を，より好ましい治療関係の中で追体験することによって，過去の体験の外傷的な影響を修復することである。これもやはり，記憶の再編であるということができる。

10章　統合的心理療法の立場から

　このAの事例は，そのドラマ性という意味でやや個性的であるが，全体のプロセスやセラピーの進展に伴う感情や記憶想起とその再編のプロセスは，かなり一般的なものといえる。つまりセラピストとの関係から生まれる様々な感情に応じて，その感情と似た経験に関する記憶が呼び起こされる「気分一致効果」として，父親との肯定的な経験が思い出されたり，「気分不一致効果」として，セラピーの中で安心できるようになってから初めて，セラピーへの恐怖感や，母親に一方的に支配されてきた体験を語ることもできるようになっていった。そして，そこからネガティブなことがらと自己とが切り離されて行ったといえる。

　以下，記憶という観点を越えてやや解釈的になってしまうが，症状の発生機序とその消失，そしてそれらをめぐるセラピーの経過の後半部分に関して，次のような理解が可能である。つまり，小さい時から母親の強烈で一方的な支配に「閉じ込められていた」Aは，主観的には「隔離」され「疎外」されていた。Aの「閉所恐怖」「乗り物恐怖」は，このような「閉じ込められ」「隔離され」「自分の意図と関係なくどこかに連れていかれる」恐怖だと理解することができる。

　このような恐怖感を持ったAにとって，「狭い部屋でよく訳のわからない会話をする」セラピーが怖かったのは当然のことであろう。しかし，そのような部屋が実は怖くなく，「自分を解放させる」ための部屋だとわかってきたときに，Aはだんだん自分の感情や過去の記憶を解放させ，さらにはセラピー外でも身体を含めた解放の取り組みを始めることで，症状は次第に消失していく。そんな時に，すっかり安心しきっていたセラピー場面で「急に将来の話をされる」という昔味わっていたような，いわば「急に意外なところに連れていかれる」体験をしたAは，パニック症状を呈してしまう。このような経緯に関しても，先述した「抑制と解放のメリハリ」あるいは「抑制と解放の分化とバランス」の文脈で考えることも可能である。つまり，これまで思考抑制しすぎて，症状化していたAが，セラピーを通じて次第に思考や記憶を解放できるようになり，しかし，今度はそれが過剰になったり急激に起こるようになり，一時的に混乱していたという状況であったといえる。

　このようにClの症状をClの記憶や思考の側面と合わせて，実存的な側面か

175

ら推測し理解することによってセラピー全体の流れもより整合的に説明可能となる。そしてこのような「閉じ込められ」「隔離」「疎外」などの実存的な見方によって初めて，セラピー後半においてThからの急に将来を想像させる一言で，パニック発作に襲われたのも，さらにそのしばらく後で「今，ここの瞬間だけを感じる」という感覚に強く襲われたこと，そして最終回には「面接室の外で」と強く主張したことも理解できる。

　この事例は，筆者がまだ意識的に統合的心理療法を実践するようになる前のものであるが，結果的に技法的にも夢分析を試みたり，動作療法という身体に直接ふれてその主体感を取り戻す試みを行ったり，精神力動療法的に生育歴にふれる解釈をしていったりした。また，セラピー外での活動をセラピーの一貫であるかのように位置づけてそれらを促進していくという自然発生的な行動課題を採用したという点も，統合的であるといえる。

　現在であればここに述べたような考察をしながら，より計画的なケースフォーミュレーションとともに，記憶心理学の知見を取り入れながら，より効率的な実践を目指すところである。

特殊な事例にみられる記憶とその再編
―― トラウマ記憶を思い出さなかった例

1．事例2：性的虐待被害を思い出せないB

　20代半ばのB（女性）は，精神科クリニックの医師から「抑うつを主訴として治療していたが，投薬治療の必要がなくなったのでより本格的なカウンセリングを」と紹介されて来談した。主訴は家族の問題と，将来の方向性についてじっくり考えたいとのことだった。

　Bは，5歳上の兄がいる4人家族で育った。父親が深刻なアルコール依存症で，借金や暴力もある典型的な機能不全家族であった。さらに兄は，彼が高校に入学した後から親への家庭内暴力が激しくなり，家庭内が落ち着いた雰囲気になることはなかったという。Bは大卒後，福祉施設で働いていたが，同時にホームレスの人々へのボランティア活動にも携わっていた。

Bは児童期から思春期の記憶に関してもあいまいな部分が多く，自分がどのような気持ちで過ごしていたかよくわからないと繰り返し訴えた。そして何よりもBとして気になるのは，幼いころ父か兄から性的虐待をされていたのではないかということだった。

今から20年以上前の事例であるので，当時のThはまだ1990年代前半に起こった「偽りの記憶」の論争や，その後の研究に接したことはなく，あくまでも「臨床感覚」として，押し過ぎず引きすぎない態度で関わって行った。確かにBはセラピー中に自分の感情や感覚があいまいなものになっていくことが多く，自分が何を感じて何を求めているのか，過去の家族関係についてどう感じていたのか，これからどうしたいのかなどについて，いつも葛藤的かつあいまいなままに話が終わっていった。仮にもしやや乱暴なセラピストであったなら，このBのあいまいさは「解離症状」であると捉え，もっと積極的に介入したかもしれない。しかし，当時も現在も筆者としてはあくまでも自発性を重んじ，PTSD的な症状がない限りはトラウマ記憶に積極的には介入しないというのが基本姿勢であったために，共感的にBについていく感じにとどめていた。

結局Bは父親や兄から性的虐待を受けていたのではないかという疑いは晴れないまま，その記憶も蘇らなかった。かといって深刻な解離症状や自傷行為，回避行動などがみられるわけではないため，Thもそれ以上の侵襲的な介入をしなかった。話題の中心は今後どう生きていたいかということに移って行った。やがて趣味の域を超えて専門に写真を学び，それを仕事にしていきたいと考え始めたBは，仕事を辞めて写真専門学校に入学することを決め，セラピーも終わった。

その後何通か受け取った手紙によると，写真専門学校を卒業後，新しい方向性が生まれた様子であった。Bの手紙からは，連綿と続く命の繋がりに思いをはせて初めて不思議な安らぎを感じる様子や，すべての根源にある宇宙・自然の摂理を身体を通じて感じ，もう一度深く見つめ直して，はじめて自分に先があることを実感している様子等が伝えられた。

2．事例2の考察

　Bはいわゆる機能不全家族の中で育ち，少なくとも家庭内暴力をしばしば目撃してきたという意味で，被虐待経験者だった。Bは「自分がもっと家族を何とかできたのではないか。あるいはすべきだったのではないか」という気持ちを抱えながら，それを代償するようなボランティア活動にいそしんでいた。

　Bの記憶は，解離性同一性障害によくみられるある時期の記憶がまとまって抜けていたり，断片化するというものでもなく，継続的な家族トラブルのエピソードは再生できていた。これは3章において紹介されている検索誘導性忘却（retrieval-induced forgetting：丹藤・仲，2007）の可能性も考えられなくはないが，結果的に被虐待経験の記憶を再生することもなく，反対に偽りの記憶をつくり上げることにもならなかった。そしてBは，新たな方向性として「写真」と「自然」や「生命」に目覚め，それらにふれあう中で新しい活動性を身につけていくこととなった。

　ここで自伝的記憶の観点からこのBの事例を考察してみたい。このBの状態は，佐藤他（2008）が「自己定義記憶（self-defining memory）」としているもののあいまいさと特徴づけられるかもしれない。この自己定義記憶とは，その人のアイデンティティと密接に結びついていて「私」を象徴するような記憶である。また，1年以上前の出来事で鮮明に記憶されている，個人的に重要で今の自分がどのようにでき上がったかを効果的に伝えてくれる記憶であるという。

　Bは彼女のアイデンティティやここまでの人生の辛さと合致し，納得できるような自己定義記憶が持てず，さりとて偽りの記憶によって「自分は父や兄に性的虐待を受けていた」という自己定義記憶をつくり上げることもできなかったと考えられる。自伝的記憶はBluck et al.（2005）によれば自己の連続性や一貫性を支えたり，望ましい自己像の維持を支えたりするために役立つ機能を持ったものである。また，佐藤他（2008）によれば，過去と現在を対比させて成長し続けている自分を実感するのに役立つものである。そして，自伝的記憶が他者との記憶の共有などを通じて，対人関係の形成・維持に役立つ面や対人関係やコミュニケーションにプラスの影響を及ぼす働きを持つという「社会」

機能も果たし，さらに「方向づけ」の機能も持ちうるという。この「方向づけ」の機能とは，自伝的記憶が様々な判断や行動の方向づけに役立つ働きのことである。

Bは単にアイデンティティが拡散していただけではなく，上記のような自伝的記憶の主要な機能がはたらかないために苦しんでいたということができる。あるいは上記のような自伝的記憶の主要な機能の恩恵を受けることができずに，さらに性的虐待の記憶という自伝的記憶によって，自分の自尊感を下げてしまう危険にさらされていたということもできる。しかし，Bはそのあいまいな自伝的記憶や自己定義記憶を，偽りの記憶で補完することなく，「これからの自分を模索する」という形で，新たな生き方に挑戦して行った。

3．過去の記憶から解放された後に必要となるもの

本章において紹介した2事例ともに，PTSDの直接的な症状はないものの本人たちはそれまでトラウマ記憶にとらわれ振り回され，さらにはそこからくる苦しい症状に苦しめられて来た。そして，そこから主体的にトラウマ記憶に向き合うことで新たな自分をつくっていく道を歩み始めたといえる。

それまでに十分職業的アイデンティティをはじめ「自分らしさ」と「自分らしい生き方」を見いだせていた場合は，よりシンプルな曝露療法で十分であろう。しかし，本稿に取り上げた2つの事例のように幼少期からのトラウマティックな体験の積み重ねと，その記憶がある場合，それは「複雑性PTSD」と呼ばれ曝露療法の効果も議論のあるところである。さらに本章2節の4．においても述べたように，記憶の再編の後には世界観が改変されることも多いので，その世界観と密接な繋がりを持った「生き方の模索」が必要となる。

つまり「より自分らしく」生きるための「生の指針」のようなものが必要になるのである。筆者はかねてよりそのような「生の指針」に繋がるものを広い意味でのスピリチュアリティととらえて，その人なりのスピリチュアリティに取り組むことをも含めた心理療法の統合を提唱している（福島，2011a，2011b，2011c）。ここでは詳しくはふれないが，本稿の2つの事例ともに，その「生の指針」の模索の途上でセラピーそのものは終結しているが，その過程の中に「自然とのふれ合い」や「生命感」「生き生きとした感覚」などが登場し

てきていることは偶然とは思えない。これらの体験や感覚を通じて，Harveyの言う「記憶への支配力を増す」ことができたり「自発性」や「主体性」を確実なものにすることができたと考えられるからである。

5節 今後の方向性
―― さらなるコラボレーションを求めて

1．アナログ研究と臨床研究

記憶研究に関しては，すでにNeisser（1978；Cohen, 1989）が，記憶研究は生態学的妥当性が必要であり，現実世界の自然な文脈の中で生じる行動に役立たねばならないとしている。その指摘を受けてか，現在の日本における記憶研究も，実験室を出てより自然な文脈で行われるものも増えてきてはいる。しかし，「抑うつ」や「侵入思考」「偽りの記憶」「自伝的記憶」などのテーマに関する研究も，本書でも紹介されているように，まだまだ健常群を対象としたものが多い。

臨床心理学を専門とする筆者から見るとこのようなテーマの研究には，トラウマ記憶に関してはもちろんのこと，それ以外でも臨床群を対象にした研究がどうしても不可欠である。アナログ研究で十分だという立場もあるし，臨床群と非臨床群は連続線上にあることは疑いようがない。しかし「ケア」という観点に立つ限りは，対象が現時点で連続線上のどのあたりにあるかということは決定的な違いとなる。たとえ連続線上にある現象であっても，重症度によって反応と求められる対応に違いがあるということを，多くの臨床家は感じている。

また，現在基礎研究が求められている喫緊の課題として，発達障害を抱える人の記憶の問題に関する研究をあげておきたい。実際の研究の難しさはあるだろうが，発達障害者の短期記憶，ワーキングメモリ，長期記憶（特に被害的エピソードの記憶）の問題に関して臨床家や現場関係者は日々，頭を悩ましている。

これらの問題を含めて，今後はぜひ基礎研究者も臨床現場で基礎データを取るような研究をし，臨床家はそれを歓迎し，その成果を臨床に取り入れるよう

になるべきだと感じている。基礎心理学と臨床心理学の間に乗り越え難い壁があったことそのものが，遠からず「過去の事実」になるだろうという希望的予測を述べて，この章の結びとしたい。

11章 PTSDに対する心理療法
——幼児期,児童期,思春期,老年期の例から

1節 はじめに

1. 医療における臨床心理学と基礎心理学との接点

　筆者は小児科・心療内科・精神科に勤務する臨床心理士であり,主に外来での心理治療・心理支援・心理検査を中心に業務を行い30年が経過した。この30年を振り返ると,臨床心理士は河合(1992)が提唱する「成熟モデル」を治療の拠り所にすることが多い印象がある。個々の臨床心理士自身はこのことを自覚している場合も,無自覚な場合もあるが,内的な成長が達成されると疾患も自然によくなるという患者の自己治癒能力を信じる姿勢に偏る傾向があるといえるだろう。一方,医療領域では疾患に対する医学的理解が共通概念として医療従事者に共有されている。そうした中で河合のいう「成熟モデル」に固執しては,医療の中で十分な連携が取りにくい。

　例えば,本書の4章,5章で述べられているように,人間の備えている生理学的,認知科学的なメカニズムがトラウマ体験というきっかけを得ることでPTSDの発生と維持に関わっていることが明らかになっている。心理療法でもPTSD,強迫性障害,パニック障害などはその病理(異常心理)メカニズムを「医学モデル」的に説明する心理教育と,それに基づいた介入技法で構成される認知行動療法による対応が現実的であると1980年代には明らかになり,2000年代の半ば以降は日本にも広く紹介されるようになった。また,近年の脳科学的研究の進歩により,心因性疾患(ストレスやライフイベントの影響に由来する疾患)には脳機能の不全が伴うことが明確になった。「成熟モデル」の限界

がはっきりとしてきた以上，「医学モデル」的な視点も臨床心理士に必要になってきたといえる。

しかし，臨床現場の実感として患者の内的な成長，治療者自身の成熟がセラピーの転機に影響する可能性は否定できない。患者の福祉や最適な治療の提供を考えると，この2つのモデルを大切にし，個人の臨床の中で統合する必要があるといえるだろう。

2．医療モデルと成熟モデルとの統合的モデル

筆者は図11-1の統合モデルを想定して，心理療法・支援の位置づけを考えている。まず様々な環境ストレスと個人の持つ性格，気質，体質から来る個人内要因との相互関係により，脳を疲労させる状態が続く。その結果，症状としては軽い状態では不眠やイライラ，不安などの自律神経失調様状態や不登校のような行動障害が現れる。この状態が悪化し感情障害などに代表される心因性疾患という形をとり，これを脳機能の不全と考える。次にその症状に自己が振

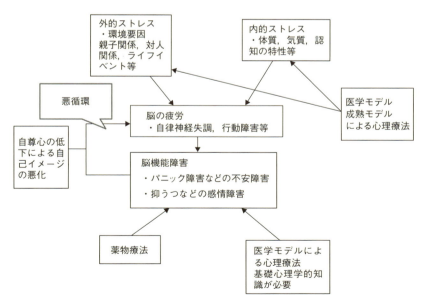

図11-1　医学モデルと成熟モデルの複合を図る概念図

り回されることで自尊心が低下し，自己イメージが悪化するため，さらに二次的に脳が疲労する悪循環を起こす。このように脳を一次的に疲労させる要因の理解には様々な心理療法のアプローチや心理学的知見を統合・折衷的に活用するが（加藤，2007），患者の内的成長を待つ姿勢（成熟モデル）と，ある程度の問題解決を図る姿勢（医学モデル）が必要である。

2節　虐待やトラウマ体験の影響と治療的な対応

　記憶が関連する心理臨床では，災害や虐待，いじめなどの恐怖記憶が引き出す様々な心因性症状が問題となる。症状に現れた時点で PTSD（心的外傷後ストレス障害）と診断されることが多い。（主な症状は5章参照）
　杉山（2007）によると幼児期の虐待から生き残った人々には，虐待されうる環境に少しでも適応するための可塑性のない脳の器質的な変容がみられると報告されている（レビューとして Teicher, 2002）。また西澤（1997）はトラウマ体験を食物に例えて，恐怖や不快といった「異物」は，その体験を想起したり，語ったりする処理過程を経て認知の枠組みに「消化吸収」されるとしている。ただし，体験が処理能力を上回ったり，処理能力が落ちていると，未処理の記憶（トラウマ体験の記憶）として蓄積される。その記憶は当時の思考・記憶・感情が「瞬間冷凍」されたようなものなので，フラッシュバックでその状況を再体験してしまう，としている。一般的な生活環境に適応できるまでの治療的な対応としては，生活全体から安心と庇護をうける生活療法，衝動性を鎮静化させていく薬物療法，そして精神療法の組み合わせが重要である。臨床心理士は，阪神大震災以降，多くのトラウマ体験に由来する問題に対応するようになったが，こうした心理学的状態や脳科学的な状態をよく理解し，個々の事例にあたらなければならないといえるだろう。

3節 事例について

本章では，ここからPTSDの心理療法の実際を紹介しよう。

前述のように，PTSDは心理教育と介入技法をセットにした認知行動療法，特に繰り返しのエクスポージャー（4章参照）が効果的である。しかし，日本では歴史的な経緯もあって認知行動療法が十分に普及していない。また「医学モデル（精神疾患の異常心理学モデル）」を患者に紹介する心理教育は成長モデルを拠り所とする臨床心理士には抵抗感がある事が多い。患者（心理療法の対象者）もメンタルヘルスリテラシー教育になじみが薄く，心理教育にも積極的でないことがある。そのため，特に認知行動療法を謳った心理療法外来でない場合は，心理教育は積極的に行わないことが多かった。そのため，心理教育も繰り返しのエクスポージャーも対象者とセラピストの治療関係で展開される相互作用の中で「自然な」やりとりの一部として行われる事が多い（杉山他，2012；杉山，印刷中）。

しかし，特に心理教育や認知行動療法を謳わずに，治療関係の一部として展開することの治療的な意義もあると筆者および編者らは考えている（杉山，印刷中）。図11-2は4章に基づいたPTSDの病態モデルと治療機序を模式化したものだが，図11-2のc領域が治療機序に該当する。固定化した恐怖記憶から恐怖を脱感作して再固定化するためには恐怖記憶を想起しなければならない。記憶の想起は出来事の再体験になる可能性があるので，恐怖反応などのストレス反応を誘発させやすい。つまり，下手に想起してもらうと2次的トラウマでさらに傷つくだけで，むしろ有害である。例えば，性的暴行の被害者が被害を訴え出ることで，緊張感のある取調べの場で暴行の詳細を語ることを求められて傷つくことを「セカンドレイプ」と呼ぶ場合もあるが，このような恐怖記憶の想起はリスクが高い。想起にストレス反応が生起しないことが望ましいが，実際にはこのような想起はとても困難である。そこで，セラピストはおびやかされない想起に向けた配慮が必要になるだろう。

図11-2のa領域は来談時には過去のもので基本的に介入ができない。図11-2のb領域は恐怖記憶が固定化してから持続しているものなので，心理療法

第4部 臨床心理学とのコラボレーション

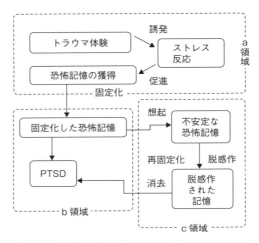

図11-2　PTSDの生起と軽減の心理－生態学的モデル

の実際ではこの領域にアプローチすることを目指す。方法としては，図11-2のc領域に表されているように，固定化した恐怖記憶を想起してもらうことで不安定（変容可能）な状態に導き，恐怖が脱感作された状態で再固定化してもらう。結果的に恐怖条件づけが消去されてPTSDが改善されることを目指す。

臨床的な留意点としては，まず4章にあるようにトラウマ体験に関連するストレス反応が生じている最中には，扁桃体などの情動系の亢進の影響で恐怖条件づけの消去は困難であることが指摘されている（p.67）。

また，ストレスは，事態に「身の破滅」を予感させる脅威性と，「手も足も出ない，どうにもできない」という無力感（コントロール可能性の欠如）が強く伴うほど，その強度を増す（Lazarus & Folkman, 1984）。図11-2のa領域におけるトラウマ体験に本人が感じる脅威性の大きさと無力感の深さが偲ばれるが，再体験の中で事態へのコントロール可能性を回復することで無力感およびその汎化を軽減し，同時に脅威性の評価も軽減できることが望ましい。

各事例の特徴は表11-1の通りである。

表11-1のように，どのように思い出してもらって，どのように再体験して恐怖を脱感作した状態で再固定化してもらえるのか，事例を通して検討してみよう。

表11-1　事例の特徴

事例	年・性別	トラウマ体験	ストレス反応	想記過程	脱感作過程
A	3歳・男児	父の暴力性	夜泣き・夜驚・情緒不安定	地震・怪獣のプレイ	地震からの救済・怪獣への勝利（プレイセラピー）
B	6歳・男児	衣服の炎上・大やけど	悪夢・フラッシュバック	トカゲ・都市の玩具による恐怖の再現	苦痛の代弁・火事からの救済（プレイセラピー）
C	11歳・男児	緞帳の上から墜落	食欲低下・フラッシュバック	暗闇での墜落の再現	落ちても無事でいることの確認（プレイセラピー）
D	14歳・男児	父親の暴力的養育・いじめ	不眠・抑うつ	暴力エピソードの言語化・セラピストとの卓球	リラクゼーション（腹式呼吸法）・イメージ療法・ストレス免疫訓練
E	70代・男性	事故の目撃	悪夢・フラッシュバック・動悸・息苦しさ	悪夢のパート分け想起	リラクゼーション（腹式呼吸法）

節　幼児期での事例

【事例A】初診時3歳　男児
主訴　夜泣き，夜驚，昼間のぼんやりした状態，イライラ，興奮
▶**現病歴**

　Aが生まれてからしばらくして，父親が仕事のストレスがきっかけとなり精神疾患（双極性障害）をわずらった。家で療養中，父親による母親に対する暴言，暴力が徐々に悪化した。Aが2歳時，父親の暴力が母親のみならず患児にまで及びそうになったため，公的機関と相談の結果離婚を決意した。離婚後，母子ともに実家に引っ越し，母親は昼間働くことになったため，Aは保育所に預けられることになった。最初保育所には元気で通っていたが，家では就眠時にぐずるようになり，夜泣き，夜驚を起こし始めた。睡眠が不十分なため昼間の保育所でもぼんやりとして保育士の声掛けにも応じないことが多く，少しのことで泣きわめく，イライラして他児に暴力がでるなど不安定さが顕著になったため，保育士，保健師と相談のうえ医療機関の受診を決め，当診療所

に来院した。

▶治療概要

　これらの現病歴をふまえて，担当医師は，Aの情動不安定状態は父親の母親に対する暴力行為を目の当たりにした結果による二次受傷によるものと診断した。そこでAの情緒安定のための遊戯療法と母親の育児指導が臨床心理士に依頼された。乳幼児期の心理治療は親の育児・心理指導が主体になることが多いが，この事例では子どもの不安の程度や内容を推測するためにも遊戯療法を行った。

　最初治療者が「一緒に遊ぼうね」と誘うと，母親から離れないといけないため不安が強くなり，動けなくなった。そこで母親と一緒にプレイルームにAを招き入れると，周りにある玩具を見て嬉しそうな表情になり，すぐに母親から離れたため，分離不安はそれほど強くないと判断した。棚に行ってはいろいろな玩具を取り出し「これ車，家にあるよ」と治療者に語りかけた。こうした様子からは大きな愛着の障害もなさそうであった。シルバニア人形を見て，家の玩具をとりだし人形で遊びだすも，それほど続かず，違う遊びにいくという転動性の高さがあったが，年齢範囲内と判断された。遊びが終わるとAを祖母に見てもらい，母親にAの行動観察の結果を話し，母親からの情報をきき，若干の助言を行った。これが初回であったが，やや分離不安はあるものの，知的な問題はなく，遊戯療法を続ける中で不安内容が表現されてくるものと推測された。

　2回目の遊戯療法では，Aはプラレールを見て，治療者に「つくって」と要求した。治療者が円状にレールを繋げて玩具の電車を走らせると，Aはしばらく見て楽しんでいたが，急に置いてある別の玩具を電車に投げつけた。Aは「地震だ！逃げろ！」と呟いていたため，治療者は，父親が母親に暴力を振るっている怖さを表したものだろうかと推測した。治療者が何度も電車を復活させ走らせても，「地震だ！」と物を投げつけてきたため，いわゆるポストトラウマティックプレイに近いものではないかと考えた。そこで電車に「こわいなぁ。もう地震はやってこないかなぁ」等とセリフをつけ，面白おかしく演技をしていくと，Aは喜びキャッキャと笑いだした。そこからこの遊びを「地震ごっこ」と呼んだが，その後のセッションでもAは「地震ごっこしよう！」

と治療者に要求するようになった。

あるセッションで，治療者が地震に襲われる電車や車，人形を避難場所と称するシルバニアの玩具の家に避難させた時，Aは玩具の救急車を出してきて，「みなさん救急車に乗ってください。お医者さんに診てもらいます」といった。このことは，心の傷つきを治すプレイではないかと推測し，治療者はお医者さん役をとった。

セッションの回を重ねると，この地震は悪い怪物が起こしたものといい，その悪者の役を治療者にとらせ，Aはウルトラマンになって悪者をやっつける遊びとなった。最後にはウルトラマンは勝利し，悪い怪物も反省するというストーリーを展開させた。この頃には保育所では元気になり，イライラも消失した。したがってAの遊戯療法は終了となり，後は母親の育児指導のフォローを行いケースは終了した。

▶考察

幼児期は身体的，心理学的諸機能が発達していく重要な時期である。大人からみると未熟となるわけだが，この時期の心理的ストレスは我々が予想する以上の強さを持っており，子どもの内的な要因（発達障害的なもの以外）からくることは少なく，親や保護者の養育態度や，危険な環境等による外的ストレスからくることがほとんどといってよい。

この事例では父親の精神病発症という悲劇的出来事によるものだが，直接的な暴力を受けていない分，救われているだろう。こうした子どもの心理治療の場合，その言語表現能力の限界から，遊びを通じた表現を使う遊戯療法（プレイセラピー）が行われる。ただ漫然と遊ぶのではなく，ポストトラウマティックセラピーという観点から治療を構成していくことが大事である。次の事例の紹介後，詳しく考察したい。

5節 児童期での事例

【事例B】 初診時6歳　男児　小学1年生
主訴　授業中でのパニック，不登校傾向，食欲低下，睡眠障害

▶現病歴

　Bが幼稚園年長の頃，あるキャンプに参加し，バーベキューの最中誤って着火剤がBの服に引火し，Bは腕と胸に大やけどをおった。手術は2回にわたる大手術だったが，予後は良好で小学校に上がる頃には日常生活は普通におくれるようになった。しかし夏休みに近いある日の夜に，悪夢を見たのか大声をだして飛び起き，母親に「怖い，怖い」としがみつくことがあった。その日以降，学校では授業中に急に泣き出す，何らかの恐怖にかられたように教室を飛び出すなど，教師も困惑するほどのパニックが出現した。医療機関への受診を教師から勧められ，私たちの診療所を受診することになった。

▶治療概要

　上記のエピソードとパニックの様相などから，明らかに事故後のPTSDと診断された。さっそく薬物療法を開始し，Bの行動観察から遊戯療法の必要性があると判断し，並行して遊戯療法を始めることにした。

　遊戯療法の初回，Bはプレイルームにある箱庭療法のミニチュアをみて，トカゲと恐竜を選び，トカゲが恐竜に襲われるシーンを執拗に表現した。ミニチュアは箱の中におかず，プレイルームの床に大量に広げた。この表現からもBの恐怖心は相当のものだったと推測された。表情からも楽しんでいる様子は少ないので，一種の恐怖の再現でポストトラウマティックプレイと判断した。Bはこのトカゲを自分の分身のように思っているのではないかと推測して，治療者はトカゲを救出する役を演じた。しかし，トカゲは救出されても，再び恐竜たちに襲われ無残に食い散らかされる。特に玩具の剣によってトカゲが刺殺される表現にはBが実際に被った火傷の痛みが表現されているようで，治療者には辛く感じられた。こうした治療においてクライエントに対して「それは火傷の時の痛みに似ているのかな」と解釈する場合もあるかもしれないが，ここでは，そうした解釈は行わず，トカゲの声を治療者が代弁して「イタタタタ！」と叫ぶことにした。するとBは笑いだしたので，このような遊びの形で対応する方がソフトなものと判断した。

　遊びはトカゲを虐待するものや，都市が破壊されるものと，非常に攻撃的な内容が続いたが，治療3か月目を迎える頃には，教室でのパニックは治まり，悪夢による睡眠の障害は消失した。この頃から，トカゲが攻撃から隠れる家に

火が放たれ，大火事になる表現が現れた。これはBの災害体験の核になるもので，治療者はすぐさま玩具の消防車を出動させ火事を鎮火する役割をとった。するとBも救急車を出してきたり，「これお医者さん」と称して治療者の人形を出してきた。火事からの救出劇が何度も治療で表現された後は，徐々に他の遊びにも関心がいき，ボードゲームで治療者と対戦する遊びになった。初めの頃はズルをしてでも治療者に勝とうとしたが，回を追うごとに治療者と対等に戦い勝利を収めることが増えた。この時点では被害による恐怖を克服し，強くなることがテーマになると治療者には思えた。

　治療1年が経過した頃には，Bも落ち着き，治療者と遊ぶことよりも，クラスメイトと遊ぶことに関心がいきキャンセルが増えたため，遊戯治療は終結となった。薬物療法はしばらく継続したが，これも残り1年ほどで終結した。

▶考察

　この事例は事故後のPTSDとして考えられるが，こうした症状を出さない子どもたちも存在する。それは杉山（2007）が指摘するように，海馬や扁桃体の生来から持つ脆弱性とも関連するかもしれない。しかし身体が火に包まれる痛みと恐怖は，我々が想像するだけでも不安になるものである。こうした体験に襲われた子どもたちの気持ちを共感しつつ対応しなければならないのは当然であろう。

〈ポストトラウマティックプレイセラピー〉

　西澤によると，Terr（1981）は被害にあった子どもたちが，その被害を再現する遊びを行うことに注目し，これをポストトラウマティックプレイと命名した。その後Gil（1991）がこの再現を心理治療に展開させたという。Gilは「この種のプレイでは，恐ろしくて不安感を掻き立てるような記憶を子どもが再び体験することになるが，子どもはトラウマを受けた時の受動的な位置ではなく，その再現をコントロールするという能動的な立場にあり，その点がこの種のプレイに治療的な潜在的効果をもたらしていると考えられる。しかも，以前は自分を圧倒してしまった出来事を，今度はコントロールされた安全な環境において体験しているわけである」と述べており，こうした治療をポストトラウマティックプレイセラピーと命名した。事例ABCはそうした観点から理解することができる。

6節 障害児の事例
——重症の広汎性発達障害

【事例 C】 初診時11歳　男児　特別支援学級所属
主訴　パニック，不登校傾向，自傷行為
▶現病歴

　Cは言語はあるがコミュニケーションとしては使えない，広汎性発達障害児で，幼児期から保健所によるフォローと，母子通園施設，医療とのサポートをうけてきた子どもである。両親の温かい養育を受け，二次的に被る可能性の高い愛着障害はほとんど見受けられない患児であった。保育所では集団の影響もあり，発達が促進され，行事にもパニックにならずに参加できるほどになった。小学校は特別支援学級に所属し，順調に成長していったが，小学校4年時，文化祭行事で体育館の舞台にある緞帳になぜかよじ登り，上から墜落するという事故を起こした。すぐに救急で病院に運ばれ，頭部を何針か縫うほどの手術を経た後から，食欲は低下し，フラッシュバックによるパニックや不眠が出現した。精神科医による投薬も行われ，徐々に落ち着いてきたが，心理治療を受ける必要があると勧められ，私たちの診療所に紹介された。

▶治療概要

　広汎性発達障害を持つ子どもには訓練が主体となり，心理治療は大きな役割を占めないと最近では認識されているかもしれないが，こうした子どもたちの心は傷つきやすく適応障害を起こしやすいため，心理治療的なサポートは必要と考えられる。心理治療では遊戯治療が中心となるが，我々はCが音楽も好きというので，音楽療法を適用した。音楽療法（山松, 1975）では，音楽を奏でる演奏者と子どもに直接的に対応する治療者の2人組で対応することになる。

　Cの場合，演奏者が童謡をキーボードで奏で，一緒に歌ったり，感覚的な遊びを演奏を聴きながら治療者とともに行ったりした。1週間に1回，治療の時間を持つことによって，徐々に落ち着きが取り戻され，学校でのパニックは減少してきた。ある治療セッションで，Cはプレイルームの照明を消した。暗闇の中で，「こわいー！」と笑いながら言うので，これは彼の被害時の状況を表現しているのではないかと我々は考えた。また，暗闇の中で治療者にしがみつ

き，おんぶされる格好で，治療者が照らすライトを頼りに室内を探索する遊びに執着した。そして，わざと治療者の背中から落ちる行動を繰り返したことから，あの緞帳から落ちる場面を再現し，無事を確かめる遊びをしているのだと理解した。この遊びを3か月ほど繰り返した後，Cは適応を回復したため，しばらくのフォローの後，治療は終結した。

▶考察

　Cの場合，パニックになるときは，おそらく事故の場面が生々しく思い出されるフラッシュバックが起きていたのだろう。杉山（1994）はタイムスリップ現象と名づけているが，広汎性障害児がパニックを起こしている時，周りはその理由に気づきにくく，困った子と認識しがちである。

　音楽療法場面でのCの表現は，まさに事故の再現であり，またその遊びを何回も治療者に要求することは，無意識的だが恐怖を克服するつもりでもあったのだろう。彼らの表現はわかりにくいことも多いが，治療者は想像を働かせ彼らなりの心情を理解する姿勢を持つことが重要と考える。

7節　思春期の事例

【事例D】　初診時14歳　男児　中学2年生
主訴　不登校，不眠，抑うつ状態

▶現病歴

　Dはスパルタ的な父親に育てられ，小学校3年までは大人しく育った。しかし，小学校でのいじめから不登校になり，そのことでも父親から厳しく叱られ，ある時，父親の暴力により左腕を折る大怪我を負った。母親はこの父親の行き過ぎた養育姿勢に反発し，子どもを連れ，実家に帰り別居となった。現在父親とは離婚している。いじめの問題は学校担任の介入で収まったものの，小学5年時，学童保育に通うDは再びいじめにあい，そこから不登校が再燃した。母親はしばらく仕事を辞め，Dの世話に専念したため，徐々に不登校は回復してきた。小学6年はほぼ全登校し，無事に中学に進級できたが，今度は卓球部内でいじめを受け，1年は我慢しながらも登校できていたものの2年になって，

風邪をひいた頃から抑うつ的になり不登校状態となった。小さいころから診ている近医が心配し，当診療所を紹介し，来院に至った。

▶治療概要

　Dは登校復帰に焦っており，1学期の期末試験には何とか行けるようになりたいという希望を持っていたため，まず治療では不安に対する薬物療法と登校訓練，登校イメージトレーニングを行った。登校訓練では家から学校まで行って帰ること，イメージトレーニングでは教室の中に入る時の緊張を和らげる練習を始めた。しかし練習をすればするほど，不安は強まり，不眠が出現した。治療者は不安をさらに和らげるリラックスイメージに切り替えDに行うよう勧めたが，リラックスするどころか不安が増強するイメージになってしまった。例えば「綺麗な草原でゆっくりと寝そべっている」場面を勧めると，草原は荒れ果てた状態に変わり，狂犬が襲いかかってくるイメージになってしまうというものである。そこでDの不登校や不安状態は，いじめや父親からの虐待体験が蓄積して起きたPTSD様反応として見直す必要があり，薬物療法や心理治療はPTSDを治療する方向で組みなおされた。

　Dは面接で父親から受けた暴力のエピソードを語る中，自分が父親を怒らせている情けない人間という思い込みがあった。その認知を修正していくことが面接の主体となったが，フラッシュバックへの対処（腹式呼吸法によるリラクゼーションと安全なイメージを想起するイメージ療法の併用）も織り交ぜ，時間をかけて不安を減じていくことになった。

　面接では他に運動不足を解消するために卓球を行ったが，ここではクラブでのいじめがフラッシュバックしたため，その場でフラッシュバックに対処するトレーニングを取り入れた。これは一種のストレス免疫訓練になったと思われる。Dには集団療法も紹介し，やや不安はあるものの徐々に小集団に慣れるようになった。中学3年の歳になっても登校復帰に至らなかったが，小集団での経験，フラッシュバックへのトレーニング，面接，薬物療法を重ねることにより塾へ通えるようになった。2学期後半から定期試験には出席できるようになり，高校を受験する頃には不安やフラッシュバックが消失し，無事希望の高校に合格した。

▶**考察**

　この事例は父親による虐待的養育と学校でのいじめ体験が複雑に絡んだものといえる。したがって，治療も長期にわたるものとなった。また患児が思春期の自我に目覚める時期に発症したため，通常の不登校対応では悪化し，その対応に慎重さが必要であることがわかっていただけたと思う。ここでは父親による虐待的対応を十分に聞き取り，その辛く恐怖の感情を受容する傾聴が重要であった。一般にデブリーフィングといわれる，災害後すぐに行うPTSD予防のための技法として，出来事やその時の感情の言語化などが推奨されたこともあったが，これは言語化することにより再体験化を起こし二次的トラウマを引き起こすという問題（For et al., 2000）がある。この事例の場合は被害後すぐではなく，時間がたっているが，治療者との面接の中ではゆっくりと行う必要があった。そうした基本的な作業や信頼関係の中で，ストレス免疫訓練という半ば強行的な治療（卓球場面への暴露）も患児に受け入れられ奏功したものと考えられる。

　なおストレス免疫訓練とは，Meichenbaum（1985）により提唱された認知行動療法の1つで，3段階に分かれている。第1段階はストレス問題を理解する。第2段階はストレス対処スキルをリハーサルする。第3段階は実際のストレス場面で対処スキルを用い，自分なりの効果的な方法を身につける。以上により構成されており，トラウマ治療に限らず様々な不安症状への治療に適応可能といえる。

8節　老年期の事例

【事例 E】70代　男性
主訴　若いころの恐怖体験のフラッシュバックによる苦痛
▶**現病歴**

　Eは70歳を期に，経営する布団会社を息子に譲り引退した。その後隠居生活を楽しんでいたが，ある日，布団裁断機に腕を切断される夢を見て以来，不安や不眠に襲われ，抑うつ的になってきた。妻が心配し，心療内科を受診させた

が，Eには抗不安薬や抗うつ剤が効かないため，カウンセリングを受けるよう医師に言われた。

▶治療概要

　Eは憔悴した顔つきで，戦後，父親とともに苦労して布団会社を経営してきた話を語り，会社も安定したので，後は息子に会社を譲り，老後は旅行などして楽しみたかったと述べた。会社経営をしてきた身なので，多くのストレスを抱えてきているのは予想できたが，悪夢を引き起こした頃のストレスの有無を確認しても特になかった。その悪夢について詳しく聞くと，若いころに一緒に働いていた従業員が目の前で事故に巻き込まれたらしく，当時は恐怖で寝られなかったという。その恐怖を紛らわすようにしてがむしゃらに働いてきたとも語った。

　夢の記憶は生々しく，昼間でも急に思いだし，動悸や息苦しさに襲われるため，好きなことができず，横になっていることが多いと述べた。そこで，夢の記憶をパートに分け，想起した時に一番不安が低いところから，系統的脱感作を始めることにした。不安拮抗刺激としては腹式呼吸法がやりやすいとFがいうので，場面を想起し不安が高まったところで，ゆっくりと腹式呼吸を繰り返す練習を面接ごとに繰り返した。Eは自宅練習も真面目にやり，約3か月で不安が消失し，夢にも見なくなったため治療は終了した。

▶考察

　老年期は人生のまとめという時期であり，Eの引退はこれまで構築したものを息子に託したことで，1つのけじめをつけたといえる。しかし，ほっとした矢先に過去の外傷的記憶が病的に甦るのがこの病気の恐ろしい所だろう。

　この事例では系統的脱感作法を用いたが，この技術はWolpe（1958）により開発された行動療法であり，学習理論では拮抗条件づけといわれ，不安を引き起こす刺激に対して，不安と拮抗する新しい反応を結びつけ，その新しい反応を強め優勢化していくことで，その特定刺激と不安との結びつきを断ち切ることができる（篁，1974）といわれている。

9節　まとめ

　記憶が深くまつわる心理的障害では，PTSDを代表としたトラウマに由来する障害が代表的である。近年PTSDの理解が深まる中で，臨床心理士がどのように対応していくのかは大きな課題である。阪神大震災から臨床心理士の心理支援が活発になり，最近では自然災害だけではなく，学校でのいじめ，職場でのパワハラなど暴力被害に対する心理支援・治療が多く行われるようになった。こうした背景の中で，トラウマになる記憶や，それに対する対処法の開発は基礎心理学の重要な研究テーマになるだろう。また我々現場で活動している者も基礎心理学の知見を学び，臨床に活用しなければならない。

　事例からは各発達時期における問題や対処の実際を紹介した。特に児童と成人とでは治療者側の姿勢が重要であり，心の傷にふれる時期や扱い方に注意がいる。ここでは幼児・児童におけるポストトラウマティックプレイセラピー，思春期から老年期では，ストレス免疫訓練，系統的脱感作法を紹介した。その他にもトラウマ治療に特化した多くの技法はあるが，どの技法の適用にも，それを使っても大丈夫なのかどうかのアセスメントを絶えず行う必要があり慎重な適用を心がけたい。

12 章

心理療法における記憶生成と変容の過程
――うつ病の事例から考える，記憶に苦しめられるメカニズムと治療的対応

1節　はじめに

　本章では 2 章で紹介した記憶心理学と臨床心理学をつなぐモジュールを活用して，心理療法が考察してきた記憶による苦悩のメカニズムをどのように理解することができるのか検討することを目的としている。

　現代の心理療法を一言で定義するならば，「対象者の現在と将来の福祉の向上を目指して，心の働きの最適化を試みる介入」といえるだろう。そして，2 章で紹介したように最適化の対象となる心は心理療法の各学派の中で，それぞれ独自の用語で概念化し考察してきた（杉山，2014a，2014b；2 章参照）。本章はその考察の中でも特に記憶による苦悩と喜び，そしてうつ病における記憶と苦悩の関係を 2 章のモジュールを手がかりに心理学の用語で紹介しよう。

　まず，2 節では心理療法でなぜ記憶を扱う必要があったのか考えてみよう。3 節では臨床心理学（含む精神分析，精神医学）が検討してきたうつ病と記憶の関係を考えてみよう。そして，4 節では記憶に苦しむ実態についてうつ病の事例における一場面を手がかりに記憶の生成と変容について考えてみよう。

　ところで，心理療法を記憶という観点から考えると，病理（異常心理）を理解する諸概念の多くは意味記憶，エピソード記憶，展望記憶・時間的展望，そして手続き記憶とプライミング記憶の 1 つとして理解できることが示唆されている（2 章参照）。このことは，病理が展開する過程で様々な記憶の生成異常や異常変容が生じている可能性を示唆する。同じく，心理療法をワーキングメモリ（以下，WM）という観点から見ると，治療的な介入や支援の多くが WM に関わっていることが示唆される（2 章参照）。このことは，ある程度意識的

に統制できるWMという記憶のメカニズムを最適化することで、記憶とのつきあい方や記憶の再生成や再変容を図っている可能性も考えられる。

記憶に苦しむのはなぜか？
──感情のパラドックス，情動と意識トリガーのスパイラル

　ここからは，私たちがトラウマ記憶に苦しんだり，幸せな思い出に浸ることができるメカニズムについて考えてみよう。記憶はどんなにリアリティを伴って想起したとしても心の劇場（2章参照）に映し出された記憶でしかない。第3世代CBTで指摘されているように実態がない構成概念で（杉山，2014a），映画に例えられることもある。しかし，記憶がもたらす苦しみや喜びは真実の感情[注1]であり，「実態」の伴う苦悩や幸福であることは間違いない（杉山，2014b）。例えば，2節で紹介する二次抑うつという現象では心の劇場に「抑うつ状態に苦悩した記憶」が登場すると，まだ苦しくなっているわけではないにも関わらず，苦悩に引き戻されてしまう。同様の苦悩はPTSDのフラッシュバックや強迫性障害・パニック障害における予期不安でも生じている（杉山，2014b）。なぜ，このようなことが起こってしまうのだろう。この節ではこの問題について考えてみよう。

1．Freudの考察

　心理療法史で想起や想像による苦痛を最初に論じたのはFreud（1917, 1926）であると考えられる。Freudは感情の中でも特に不安を取り上げて，不安は近い将来起こり得る事象をいち早く予期し，その事象に対して取り得る最適な反応に生活体を導くための警告・誘導システムであると考察した。警告・誘導システムとして機能するためには，その警告や誘導に生活体を従わせなけ

注1：心理学や精神医学，認知神経科学では感情（affect, feeling）を短期的で衝動的な情動（emotion）と長期的で比較的弱い気分（mood）に区分して訳すことが多い。しかし，moodを除けば訳し方は領域で異なっている。一部の心理療法（例えば「感情焦点化療法：2章参照」＝emotion focused therapy）などではemotionを感情，affectを情動と訳す場合もある。また法令用語としてはemotionを情操と翻訳することもある（例えば，「情緒障害児」＝emotionally disturbed children）。このように分野や領域間で訳語が統一されていない。本稿では暫定的に刺激に対応した扁桃体を中心とした生理的反応や情緒的衝動を情動とし，気分も含めたやや広い概念として感情を用いることにしよう。

(a)：苦痛が弱いと事象の予期はEgoに無視されかねない

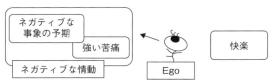

(b)：強い苦痛が伴う事象の予期をEgoは無視できない

→：イドの志向性

図12-1　情動の苦痛へのFreudの考察のイメージ

ればならないので，行動に影響力のあるシステム（精神分析ではEgo）にパワフルに働き掛ける必要がある。つまり，警告が弱いとEgoは見過ごしてしまうかもしれない。そうすると警告としては無意味である（図12-1のa）。そこで，警告・誘導システムとしての不安や恐怖といった感情は，強力な「苦痛」を伴うことでそれを避けるように生活体を突き動かす力を獲得するように進化した，とFreudは考えている（図12-1のb）。

2．感情と記憶

Freudが想定した警告・誘導のシステムとしての感情は原始的なシステムで，少なくとも扁桃体を獲得している魚類レベルの比較的原始的な脊椎動物には備わったシステムであると考えられる。そして，感情を獲得したことで脊椎動物は他の競合する生物より有利になったらしく，脊椎動物の末裔は地球上で盛大に繁殖した。人類に至ってはさらにこのシステムを分化させて，社会という複雑な生活環境に適応するための社会的感情（自己感情）を獲得するに至っている（杉山，2014b）。

すなわち，感情というシステムをいかに効果的に活用するかが生存競争の勝敗を分けた一因であったと考察することができる。この観点から記憶について考えてみると，警告が必要な事象の情報を蓄積して，環境内の予兆を手がかりにより早い予期を行なえば，生存競争でより優位に立ちまわることができるだ

ろう。こうして情報の蓄積，すなわち記憶能力を人類が進化する過程で発展させたと考えることができるだろう。

実際，記憶は強い情動，特にネガティブな情動が伴うほどストレスホルモンの働きで強く記銘されることが知られている（McGaugh, 2001）[注2]。また，ネガティブな情動が伴わなくても，意外性や驚きを伴う事象は繰り返し想起されてリハーサルが行われやすく，結果的に強く記銘される（仲，2007）。ポジティブな出来事の場合，日常的で意外性のない出来事の記銘は相対的に弱いかもしれないが，非日常的で（例えば，旅行や留学，など），想定外の出来事（例えば，サプライズのお祝い，など）は強く記銘される現象はこのメカニズムで説明される。

強い感情価を伴う事象が想起されれば，必然的に情動反応が起こる。2章で紹介されている「心の劇場」のメタファーで表現すると，心の劇場に登場した記憶想起や連想に私たちの情動は，あたかもそれが目の前の現実であるかのように反応する。つまり心の劇場で展開される想起や連想は，本人の体験の中では実際の出来事や刺激との区別があいまいになることを示している（2章参照）。

3．記憶がもたらす「感情のパラドックス」

強く記銘された苦悩体験のプロセッサが環境内の関連する刺激に誘発されて想起されると，苦しみも再現されてしまう。この苦悩には具体的な実態がないので現実的な対処も見失いやすい。このような状態は臨床的には後述の二次抑うつ，PTSD のフラッシュバック（2章，11章参照），パニック障害や強迫性障害の予期不安，さらに学童の学校恐怖症や社会人の出社恐怖の事例などでもみられる（杉山，2014b）。

このような状態の臨床にみられる不都合としては，パニック障害や強迫性障害などの不安障害では苦悩体験の想起を誘発する刺激を避け続けることで，結果的に本人が望んでいる社会的な活動や生活が制限されてしまう。うつ病では進化心理学の観点から，社会的序列競争から社会的な距離を取れるという適応

注2：なおストレスホルモンが長期間分泌されると海馬がダメージを受けて記銘力が低下する。

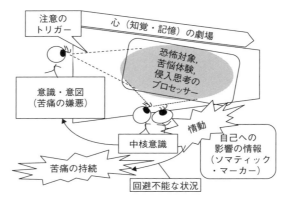

図12-2　感情のパラドックスと皮肉過程（情動と意識トリガーのスパイラル）

的な価値を見いだす試みもあるが（Gardner & Price, 1999），永続するかのような苦悩に苛まれていることは間違いない。

つまり，警告・誘導のシステムとしての感情（特にネガティブな情動）は，脅威への警告・誘導システムとして機能するために苦痛を操る力を獲得したが，より複雑な事態に対応するために記憶を発展させたため，心の劇場で繰り返し脅威の表象（イメージ）が想起され，内発的な苦痛に繰り返しおびやかされている。つまり，苦痛回避のシステムが苦痛もたらすというパラドックスを持つに至ったといえるだろう。なお，杉山（2014b）はこのパラドックスを，「感情のパラドックス」と呼んでいる（図12-2）。

4．ソマティック・マーカー仮説と皮肉過程

Freudの考察は認知神経科学が今日的な発展を遂げる以前のものなので，意識の神経相関（Neural Correlates of Consciousness：NCC；Crick & Koch, 1990）が考慮されていない。しかし，NCCを考慮してもそう間違った理論モデルではないらしい（Solms & Turnbyull, 2002）。

今日的な情動に関する議論では，Damasio（1994）の提案するソマティック・マーカー仮説（somatic marker hypothesis）が精神分析の文脈でも引用されることが多い。ソマティック・マーカーとは対象や事象の自己に対する影響に関する情報が生活体の内面に格納されているとする仮説である（2章参

照)。

　それによるとソマティック・マーカーに格納された情報を手がかりに，対象・事象に対応した扁桃体活動としての情動によって痛みや快楽がもたらされる。痛みや快楽によって対象・事象の存在感が誇張される。さらに中核意識の働きで情動反応をもたらす対象・事象への注意を促すと考えられている。

　Damasio 説では，このシステムはワーキングメモリを中心とした人類的な意識体験を獲得する以前のものであると考えられている。おそらく魚類や両生類レベルの進化の過程で獲得されていたと考えられる（杉山，2014b）。つまり，ワーキングメモリの働きに支えられた認知資源（意識的な認知的努力）とは独立した，無意識的なシステムと考えられる（杉山，2014a）。

　例えば，4章でトラウマ関連刺激への過敏性が指摘されているが，これは必ずしも本人が意図的，意識的にトラウマ関連刺激を探しているわけではないだろう。PTSD に悩む人々の多くが「考えたくないのに考えてしまう」という意図と想起が一致しない苦悩を訴えることから，無意識的な意図が働いてトラウマに関連した刺激が現れていないかどうか監視していると考えられる。同様の現象は二次抑うつ，ネガティブな反すう（6章，7章参照）でも見いだされている。つまり意識的意図とは別にはたらく，注意資源の方向を操る何かの存在が示唆される。2章で紹介したモジュールに基づけば，この何かはソマティック・マーカーを参照した情動反応に突き動かされた中核意識と呼べる。つまり情動に操られた注意資源が二次抑うつやネガティブな反すう・トラウマ関連刺激への過敏性をもたらしている。

　そして意識がその想起を嫌がるということは，注意や関心がそれに向かっている，すなわち意識トリガーが固定（固着）しているということでもある。つまり，想起内容が強い情動を喚起することで中核意識によって注意が促されるだけでなく，想起内容を嫌悪する意志がさらに注意を固定化させ，そのことで想起がさらにパワフルになるという現象が起こっている。

　この思考抑制の皮肉過程（8章参照）のプロセスは「情動と意識トリガーのスパイラル」と呼ぶことができるだろう。つまり2章のモジュールから考えると，皮肉過程は抑制意図だけの問題ではなく，情動と中核意識の働きで注意が呼び込まれていることと，抑制意図による意識トリガーの相乗効果でより強固

に想起されていると考えることができるだろう。第3世代 CBT で行われるマインドフルネス・トレーニングはこの意識トリガーを操作することでこのスパイラルを緩和する技法といえるだろう。

3節 うつ病の苦悩と記憶

　この節では臨床心理学におけるうつ病の苦悩に関わる記憶への考察を紹介しよう。各考察を時間軸上で「新鮮」なものから表すと図12-3のように整理できるだろう。なお，概括化された自伝記憶は7章で詳述されているのでここでは割愛する。総じて，うつ病の議論で扱われている記憶概念は単なる過去の思い出ではなく，未来および不確かな現在を占う手がかりとして働いていることが苦悩を深めていると論じており，同じメカニズムを，着目点や用語を微妙に変えながら議論しているように見える。

1．二次抑うつ

　これまでの臨床心理学において，体系的に議論されてきたうつ病の苦悩に関わる最も「新鮮」な記憶関連の概念は，Teasdale（1988）の「二次抑うつ（secondary depression）」であると考えられる。二次抑うつとは重い抑うつ状態に苦悩する自分（一種のトラウマ記憶）を想起して，「また苦しくなるのではないか」と苦悩することで，抑うつの再発や慢性化のメカニズムを説明する概念

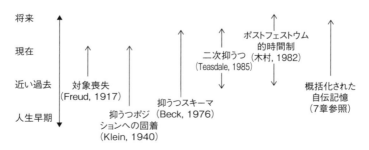

図12-3　臨床心理学における主なうつ病の苦悩と記憶への示唆

の1つである。例えば，今日は比較的調子がよいとしても，重い抑うつ状態の苦悩が蘇って再び苦しくなる，という現象を表している。

2章で検討したモジュールからこの現象を考えてみよう。まず，8章で気晴らしのディストラクタを闇雲に増やすと抑うつ気分に条件づけられた刺激が増えることになると指摘されている。言い換えれば，重い抑うつ状態の時に身の周りにあった何か（刺激）は重い抑うつ気分という情動と関連づけられる。

また，重い抑うつ状態の苦悩はその経験者にとっては一種のトラウマであるが，5章ではトラウマ関連刺激への過敏性が紹介されている。つまり，うつ病者は重いうつ状態の苦悩というトラウマ体験に条件づけられた手がかり刺激を敏感にキャッチする。その刺激はトラウマ記憶のプライミング要因となるだけでなく，抑うつ気分の喚起も行っていると考えられる（図12-4）。なお，6章，7章で述べられている抑うつの認知バイアスは，心の劇場における上演待機中の無意識のプロセッサが抑うつ状態に関連したものが多いというバイアスであるとも考えられる。

情動に対応した中核意識の注意操作と実行系への注意の要求によって意識はプライミングされた苦悩する自分という無意識のプロセッサにトリガー（固定・固着）される（2章参照）。苦悩を抑制・回避したいという意図（嫌悪

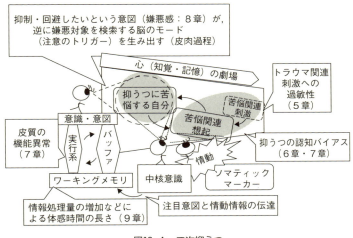

図12-4　二次抑うつ

感）がさらに意識のトリガーを強く固定し（皮肉過程：8章参照），二次抑うつが発生・持続すると考えられる。

　ここでは，意識的に注意をコントロールする皮質の機能異常で心のスポットライトの操作が思い通りにはいかない（7章参照）。一般的に人は意識が心を主導しているという錯覚をしているので（受動的意識仮説：前野，2010），この体験は「考えたくないことばかり考えてしまう」という体験となる。これが長引くと「自分の心が壊れてしまった」と絶望的に感じることになるだろう（4節の事例参照）。この感情体験の体感時間は長く（9章参照），繰り返される中で自分に対する意味記憶（スキーマ）もどんどん絶望的な側面が増えていくことだろう。

　なお，この概念は Teasdale (1988) の抑うつ的処理活性化仮説の中で提案された（図12-5）。この仮説における「脆弱性」とは，元気な人であれば受け流すような些細な刺激に反応して抑うつ的な情報処理を展開する個人内要因として想定されている。図12-3の他の概念を包括したような位置づけともいえる。これまでは，この仮説は6章で紹介されている気分一致効果や記憶バイアスなどとの関連で説明されることが多かったが，「（抑うつ的な連想を）嫌がれば嫌がるほどに，考えてしまう（2章参照）」という点で，8章で紹介されている思考抑制における皮肉過程と類似した側面もある。このことが，うつ病の無力感の持続に関わっている可能性も考えられるので，事例とともにさらに詳しく後述する。

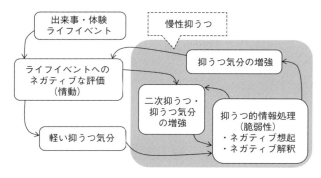

図12-5　Teasdale の抑うつ処理活性化仮説

2．ポストフェストウム的時間制

精神医学者・木村敏が提案したうつ病の病態を表す概念である。過去の取り返しがつかない出来事によって絶望的な未来や将来が確定してしまったと思い悩む病態を木村（1982）は「後の祭り（手遅れ）」のことわざにちなんでドイツ語で"post festum"と呼んだ。この病態では，まず将来を占う起点として過去の何らかの出来事に注意が注がれると考えられる。その出来事が占う将来に受け入れ難い絶望を感じると，「取り返したい」という衝動に駆られる。しかし，取り返すことはできないので，「どうにもできない」という無力感に襲われる。結果的に過去を起点とした絶望的な未来がすでに確定してしまったかのように感じてしまう。このように，うつ病者は現在が未来に繋がる「非うつ病的時間制」を観ることができず，過去が未来を規定してしまうポストフェストウム的時間制（post festum time system）に注目する傾向が，実証研究でも示唆されている（図12-6：杉山・五味，2014）。

ところで，ここで考えられている「絶望的な将来」は，本人が意図して何かを成そうという将来ではない。自分の未来に関わっているという点では未来に関する記憶ではあるが，本人には為す術がない確定された将来である。そのため，意味の記憶である展望記憶とは区別するべき概念であると考えられる。

ここで繰り返し思い出す取り返しがつかない過去は，「あの時，こうしておけば…」といった一時的なエピソード記憶の場合もあれば，「高校生のころ努

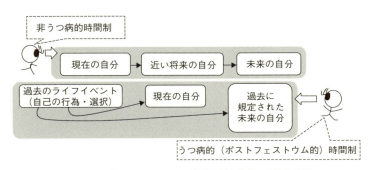

図12-6　ポストフェストウム的時間制と非うつ病的時間制

力を怠った」といった概括性の高い自伝的記憶の場合もある。また，本来は感情価の低い記憶内容である事が多い。つまり，それ自体は必ずしもトラウマになるような情動記憶ではない。しかし，その結果として絶望的な将来が随伴するという認知のためにネガティブな未来の物語の展望に組み込まれ，ネガティブな過去として認知されている。つまり，体験していたその時点ではさほどネガティブではなかった記憶が後からネガティブな過去として評価されるというやや特殊な記憶と情動の関係があるといえるだろう。

2章のモジュールで表わすと，まず何らかのきっかけで絶望と関連づけられた過去に規定された将来を連想すると，激しい嫌悪感という情動を喚起される。中核意識がその将来への注意を促すだけでなく，実行系にもその将来を嫌悪する意志があるので注意がさらに強力にトリガーされる。実行系には「この将来を何とか回避したい」という強い意志もあるため，その原因として過去の自分の行いを検索させていると考えられる。過去は取り返しがつかないので，絶望感だけでなく自責もさらに増すことだろう。こうして，うつ病者によくみられる「自分の人生はもう手遅れで，どうにもならない」「こんな自分は消えたほうがいい」という物語や概括化された自伝的記憶（2章・7章参照）が構成されると考えられる。

3．抑うつスキーマ

うつ病者にありがちな，「恣意的推論（arbitrary inference）」（様々な解釈の可能性の中でよりネガティブな解釈をする）や「選択的注意（selective abstraction）」（多くの情報がある中でよりネガティブな情報に注目する）など，推論の誤りを生み出すスキーマと定義されている。

スキーマとは人生早期の経験から抽出される認知の構造（一種の意味記憶：2章参照）で，具体的なエピソードの想起などは伴わない（うつ病では概括化されて，半ば意味的になった自伝記憶が想起されやすい：7章参照）。幼児期・児童期は言い聞かされた間接的体験も直接的体験に等しい印象深さがあることが知られている（遠藤，2010）。言い換えれば幼少時に言い聞かされたエピソードや逸話，親がしつけのために行う人格評価は直接体験と同様に処理されている。つまり，幼少期には実体験の数倍のエピソードの積み上げが行われ

ている可能性が示唆され，このことが人生早期のスキーマ形成をさらに促している可能性が考えられる（杉山，2011）。

　スキーマは現状では不確かなことや，将来起こり得ることの推論にも影響し，うつ病者を悲観・絶望させる展望の生成に影響を与えると考えられる。例えば，「自分は何をやってもダメだ」というスキーマを持っていれば，何らかの望ましい成果に繋がるような自分の行いを思い描けず，そのような活動計画をつくることもできないだろう。結果的に，「何をやっても…」を補強するエピソードを重ね，当該スキーマはますます本人の中で強く再確認されていくことになる。

　抑うつスキーマ（depressogenic schemata）は少なくとも過去に生きていた状況や立場では機能的だった可能性もある。例えば，子ども時代は上記の「何をやっても…」のスキーマを持っていることで無謀なことをせずに誰かを頼る事ができたのかもしれない。しかし，環境や立場が変わってスキーマが実態に沿わなくなると，上記のスキーマは本人の活動や動機づけを制限し，どんどん自律的になる同年代の他者との社会的比較（Festinger, 1954）で自尊心を損ねる可能性が高い。なお，近年の臨床心理学の文脈では，スキーマはパーソナリティ障害との関連で検討されることが多い（Young, 2006）。

4．対象喪失

　精神分析の文脈では情動が条件づけられた人物や物事を対象（object）と呼ぶ。表象は「他者についての意味記憶」といえるが，特に自分にとっての意味を中心に構成されているのが特徴である。

　対象の中には「自己」を構成するために不可欠なもの，いわば自己の拡張物となっている愛着深い対象は自己対象（Kohut, 1971）とも呼ばれている。自己対象を失うと「自己」を失うことになる。そのため，意識（注意）は喪失した対象に固着し，悲しみや悲哀だけでなく，その運命への怨みや憎しみ，喪失を避けられなかったことへの罪悪感や後悔の気持ちが錯綜することがある。このような事態を対象喪失（object loss）と呼ぶ。

　対象は親・恩師，配偶者，子どもや後継者，偶像（アイドル）など，実在の人物である場合もあるが，才能や財産・地位，または神格化された信条や規範，

なども対象として考察されている。日本人サンプルによる調査研究では，対人関係，自信（自分に対する期待や希望），目標，健康や身体機能，職業，街のお気に入りの場所，愛玩動物，住環境，などが挙がることもある（池内・藤原，2009）。

対象喪失における意識の固着を2章で紹介したモジュールで表してみよう。まず，対象像は心地よい感情価が伴う表象として記憶されているので，その想起によって対象への接近に動機づけると考えられる。しかし，その動機づけが叶わない現実に対する葛藤が不快な情動を喚起し，中核意識が注意をその想起に向けさせる，と表せるだろう。

次に，対象喪失の場合は意識自体も喪失に注目しようとする意図を持つと考えられる。なぜなら，自己は自己を支えてくれる対象があることを前提として構成されている。つまり，自分が何をするか，何ができるかといった展望記憶や時間的展望は対象を喪失していない前提で意識的にも無意識的にも展開している。意識（自伝自己）は展望と現状の一致度を監視する役割を持っているので（Damasio, 2010），そこにズレ（喪失）を見いだすと注意を集中させると考えられる。

こうして意識は対象喪失に強くトリガー（固着）され，否認や怒りといった反応を経てどうにも取り戻せないという暴力的な現実に無力感を覚えると，深い喪失感に苦しむようになる（図12-7）。

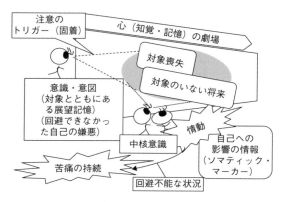

図12-7　対象喪失

対象消失の痛みの多くは「喪の仕事（mourning work）」（Freud, 1917）と呼ばれる喪失を受容する過程を経て解決していくとされる。しかし，いったんは喪失を受容しても，その後の適応が順調でないと「…が居てくれれば」「あの時…していれば」と感じる度に新たな喪失体験を想起する。そして，喪失前の状態を偲ぶあまり再び対象喪失の世界に引き戻されてしまう事が多い。そのため，臨床の実際では喪失の受容と新しい適応の模索が平行して行われることも多い。

現代の診断基準では大うつ病障害は明らかな対象喪失への短期的な反応はうつ病とは区別して考える方向である。その中で，うつ病に関わる喪失は，自己愛と深く結びついた対象の喪失と考えられている。次項ではこのことに関する議論を紹介しよう。

5．自己愛的対象選択と対象喪失

Freud（1914）によると，うつ病に関わる喪失体験は自己愛的（narcissistic）に選ばれた対象の喪失であることが多いという。精神分析で言う"自己愛的"とは不快を避け快楽を最大化する生物的な動機づけ，すなわち快楽原則（pleasure principle）に基づいて心的過程や行動が方向づけられることである。

快楽の原初的な機能は生存・生殖に適した状況にあることを知らせる信号なので，自己愛的であることのすべてがうつ病などの病理に関わるわけではない。例えば，栄養，保証・保身，高揚感，性的な興奮を求めることは生存・生殖に必要な範囲なら，健全なことと考えられている。

なお，自己意識を発達させた人類の場合は自己陶酔（自己高揚）も快楽の1つであるが，ある程度の自己陶酔が健全なことは抑うつのリアリズム・健常者のポジティブ幻想（抑うつ的な人が現実的な自己評価をし，元気な人は現実よりポジティブに自己評価している現象：Tylor & Brown, 1988）で示されている。

快楽原則に基づく自己愛的な側面も一定の健全性を持つ一方で，この世の現実として不満・不快感，恐怖や苦痛，孤独・退屈といった苦悩も確かに存在するので，どのように対象を選択したとしてもすべての苦悩から開放されることはありえない。しかし，対象のもたらす快楽に注目するあまり，対象によって

苦悩から解放されたかのように錯覚した対象の選び方と結びつき方を自己愛的対象選択（narcissistic object choice）と呼んでいる。

例えば，婚約者の自分を喜ばせて幸せな気分にしてくれる側面に注目するあまり婚約者を強く困惑させて婚約を破棄される，という対象喪失をした場合，通常の対象喪失よりも長く快楽を奪われた事実への困惑や避けられなかったことへの自責に悩むことになり慢性的な抑うつ状態に陥りうつ病に至る（図12-7参照）。このように自己愛的対象選択はうつ病に陥るリスクが高い機制と考えられている。

6．抑うつポジションと自己愛的対象選択

自己愛的対象選択は苦悩という極めて重要な現実を無視する短絡的すぎる手続きで，非合理的である。誰もが深刻な自己愛的対象選択をしているわけではないが，この苦悩への対処様式は合理性が十分に発達する以前に獲得されると考えている。言い換えれば，転移（2章参照）と同様に，人生初期には必要だった対処様式が手続き記憶として保持されているものとも考えられる。

その獲得のプロセスは精神分析の対象関係学派で考察されている（Klein, 1940）。それによると，その獲得時期は生後4～5か月の抑うつポジションではないかと考えられている。抑うつポジション（depressive position）とは乳児の知覚の発達によって，半ば妄想的に獲得していた自分の不快感を完全に取り除いてくれる万能の母親のイメージが誤認であったと察するところから始まるとされる。

まず，乳児は生物的にとても死に近いところにあり，不快感（不都合）がある事態は死に繋がる恐怖でもある（死の本能：Freud, 1920）。幻想の完璧な母親のイメージに依存していれば，死の恐怖を忘れて生きる喜びに酔いしれることができる（自己愛という生存本能が満たされる）。この満足度が強化になって，苦悩を取り除く対象への依存という対処様式が一種の手続きとして記憶される。したがって，現実の母親は自分の都合だけで動く存在ではないと察することは「幻想の母親」を喪失する体験であると同時に，生存を母親に依存している乳児には死の恐怖でもあるという。そして，乳児は死の恐怖への対処の方法を他に持っていないので，この自分にとって都合のよい母親の断片に心理的

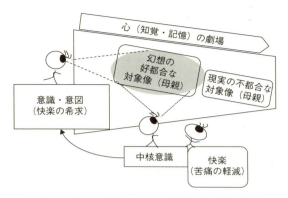

図12-8 抑うつポジションにおける自己愛的対象選択

にしがみつくことがあると考えられている（図12-8）。

　この対処の手続きを成長後もパワフルに繰り返す（再演する）ことが自己愛的対象選択と呼ばれる状態である。「幻想の母親」を喪失したことへの強い抵抗（否認）の意志があり，心理的にはこの手続きで恐怖から開放され（負の強化），喜びを得る（正の強化）体験をしているので，行動心理学でいうところの消去抵抗（Humphreys, 1939）も起こりやすい機制と考えられる。

　なお，この手続は非現実的な試みなので，繰り返していると対象選択と喪失を繰り返すことになる。その中で喪の仕事が適切に行われると「現実の（完璧も最悪も含めた本当の）母親（対象）」を新たな依存の対象とすることができるといわれている。言い換えれば，「完璧に満たされるわけではない」と覚悟して対象を受容する対処の手続きが獲得される。精神分析的心理療法では満たされない思い（不満）を「抱え込む」という意味で"コンテイン能力"と呼ぶこともあり（池田, 2009），適切な成熟の一例とも考えられている。逆に言えばこの能力を獲得する機会を得られなかった場合に自己愛的対象選択をパワフルに行うことになると考えられている。

4節 事例にみる急性期の記憶過程

3節では臨床心理学（精神分析学，異常心理学を含む）がうつ病の苦悩における記憶をどのように考察してきたかを紹介してきた。総じて，「どうして苦悩に至ったのか」を説明しようとしているように思われる。一方で本書の第2部，第3部ではPTSDと抑うつの症状や苦悩に関わる記憶のメカニズムが紹介されている。3節で紹介した二次抑うつから示唆されるように，うつ病には近い過去の苦悩体験に苦悩するというPTSDと近い側面があり，共通の認知神経科学的基盤がある可能性も7章で紹介されている。この節では，第2部，第3部の示唆に基づいてある事例の苦悩発生と持続に関わる記憶のメカニズムを考察し，「今どうしたら楽になるのか」について考えてみよう。

1．急性期

【対象者（以下，Cl）】 男性・20代前半・会社員

大うつ病のエピソードの診断基準を満たす状態が続き通院していたが，勤務先の過度の負担に由来するものではないと本人が考えていたため休職はせず，また勤務先にも報告しなかった。これは勤務先での立場を気にしてのことでもあった。

来談当初は被拒絶感（杉山，2005，2011）が強くセラピスト（以下，Th）を警戒するような雰囲気もあったが，セラピー開始から半年前後でセラピストをかなり信頼してくれるようになっていた。

ある非番の日の前夜，比較的気分が軽く，自宅で趣味のビデオ鑑賞を楽しむことができた。この気持を保ったまま眠りたい，と就寝の準備をするが，その準備中に二次抑うつに襲われて気分が重くなる。床の中では，勤務先でのちょっとしたミスや上司・同僚の冷ややかな視線（と彼には見える），自分へのネガティブな評価（第2世代CBTでいう未熟な読心術）などが侵入的に心に浮かび（侵入思考），非番明けに出勤することが怖くなってきた。寝ようとすればするほどに動悸が激しくなり，「職場でクビを切られるのではないか…」という思いも去来し，なかなか寝つけないことで苦悩した（図12-9）。

12章　心理療法における記憶生成と変容の過程

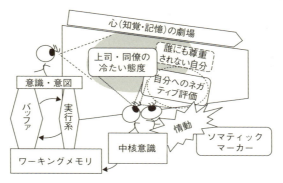

図12-9　寝つけない時の心の劇場のイメージ

　翌朝は予定通りに目覚めたが，その瞬間から涙が出るほどの状態で，幼少時から今日までのみじめな思いをした出来事が侵入的に想起される。お気に入りのビデオ鑑賞に没頭して忘れようとしても過去，現在が入り乱れてネガティブな体験が走馬灯のように想起されて，ビデオが頭に入らない。昼過ぎには，「お気に入りのビデオも楽しめない，もう何も楽しめない，生きていてもいいことはない，生きていると永遠に苦しまないといけない…」という気持ちになり，人生に絶望。包丁を取り出し，手首に押し当てる。

2．セラピストの対応

　その状態で Th に電話。Th は偶然にも空き時間で電話に対応できた。
　Th は状況をうかがい，「今，お話しできてよかった。あなたの声が聞けて本当によかった」と伝え，Cl の苦悩の背景にある心のスポットライトが照らし出している演目を想像しながら，それに対する嫌悪感やどうにもできない無力感・絶望感に共感しつつ「ああ…，それは本当に苦しいですね…。あなたの苦しさが伝わってきます」と応じた。
　次に事態の展開を要約して Th は「今は何もいいことがないように思える…それが苦しい。そういうことですね」と，さらなる言語化を促した。すると，Cl は「そうです。そうなんです。こんなに苦しいことばかり考える僕はおかしいんです」「こんな狂った僕の苦しい人生にもう耐えられないんです」「こんな僕なんか誰もまともに（尊重して）扱ってくれないんです」「もう終わりに

215

したいんです」と泣く。Thは電話ごしに繰り返し「うん，うん」と深くうなずきながら，Clの泣き声に聞き入っていた。平行してClには「狂った」と体験されている二次抑うつと喜びを喪失した人生が映し出されるメカニズムを考慮しながら，手立てを検討していた。

やがてClは「でも，どこかで死にたくなくて電話したんです。先生なら助けてくれる気がして…」と生きる意志を訴え始めた。ここまで「自分を消したい意志」と対立しないように暖かさの提供に集中して，励ますような対応は控えていた。しかし，本人の意思が語られ始めたので，それに沿う形でややアクティブな対応を始めた。

まずは欲求や願望を汲み取るホールディング（Winnicott, 1960）的対応としてThは「私もあなたに死んでほしくありませんよ。生きてほしい。でも，生きることが死ぬことよりも辛く感じたのですね」と伝えたところ，Clから「そうなんです」という反応を得た。そこで，様々な表現で以下のことがらを治療的な熱意とともに伝えた。

① Clの心はけっして狂ってはいない。苦しい時は一時的に苦しさが暴走する（「感情のパラドクス」と「情動と意識トリガーのスパイラル」）メカニズムが誰にでもある。
② ただ，その苦しさは生きることを絶望させるくらい重たい。体感時間も長い（9章参照）。その中でよく生きて電話をしてくれた。あなたの強さを尊敬する。
③ あなたの心を整えてあなたが生きやすくなるようにご一緒にがんばりたい。次にお会いできることを楽しみにしている。

結果，次回の予約に来談した。その後，約1年の経過を経てうつ病は改善し，約3年間の再発予防のためのカウンセリングを経て終結した。

3．考察

この男性は自分自身の抑制意図（気分が軽い状態で眠りたい，嫌なことは考えたくない：8章参照）に反して実際の心の状態のズレが長く続くことで絶望

的な気持ちに陥り，人生を悲観して希死念慮からその行動化に至ったが，様々な幸運で，事なきを得てセラピストに苦悩を伝えることができた。この場面の展開に添って考えてみよう。

【来談から苦悩を伝える場面に至るまで】

勤務先を悪く思おうとしないこと，うつ病を自己責任と考えて勤務先に相談しないこと（背景に勤務先での自分の評判への懸念があるが），被拒絶感（抑うつ的自己認知の要因：杉山，2005）が高いこと，などからうつ病の病前性格的なパーソナリティであったことが示唆される。概してうつ病の病前性格者（メランコリー親和型，メランコリック型）は周囲から喜ばれているが，周りに都合よく使われてしまうこともある。

(1) 被拒絶感と治療関係

被拒絶感は一種の自己スキーマで自分についての意味記憶であるが（杉山，2011），意味記憶を再構成するには相応のエピソード記憶の積み重ねが必要である。しかし，うつ病の記憶欠損と記憶バイアス（6章参照）および概括化された自伝記憶（7章）のために，実際には経験している他者から暖かくされた体験が記銘および想起されにくいことが示唆される。

この現象は認知神経科学的な基盤のある認知機能障害に基づいているため（7章参照），安易に洞察を促すような介入（力動的アプローチの直面化や認知行動アプローチの心理教育，など）は受けつけてもらいにくい。つまり，被拒絶感を安易に否定するような態度をセラピストが取ると違和感を与えるセラピーになるだろう。

うつ病では扁桃体の暴走を抑制するVMPFCと課題遂行に関わるDLPFCの活動の低下が知られている（7章参照）。扁桃体は見知らぬ人に反応しやすいので（大平他，2010），セラピストが「見知らぬ人」として扁桃体の暴走を促さないように，まずは「見知った人」に，さらに「頼れる人」「安心感を与える人」になっていく段階を意識した治療関係の形成を心掛け，セラピストの存在感による扁桃体の沈静化（杉山，2011）を目指した治療関係の形成が必要だろう。実はこの事例では治療関係の形成期に，このことを意識した関係づくりを心がけた。それが功を奏して急性期にセラピストを頼ることに繋がったと思われる。

（2）抑制意図と皮肉過程

ここからは自殺企図とアクティングアウトに至った急性期場面の展開を考えてみよう。この展開は皮肉過程理論（8章参照）から考えると，前夜の抑制意図が「気分が軽い状態」を阻害する想起への監視過程を駆動して抑うつの苦悩体験への過敏性をもたらしたと考えられる。自宅は苦悩を体験したまさに現場なので苦悩体験に関連した刺激にあふれており，二次抑うつが生じやすい環境であったともいえるだろう。そして，二次抑うつをきっかけに抑うつ的想起の侵入が続いて苦悩するというまさに皮肉過程そのものが展開したといえる。

（3）対象喪失と自己愛的対象選択

本人の発言から，「人にまともに（尊重して）扱われる」という将来をわずかでも期待していたことがうかがえる。このような自分に対する期待や希望も一種の対象である。寝つけない中で対象喪失が起こったといえるだろう（図12-9参照）。そして翌朝，お気に入りのビデオを観ても気が晴れないという体験から急激に人生への絶望が展開した。お気に入りのビデオは人物ではないが，「自分を心地よくしてくれるもの…」という期待も強かったので，ある意味では自己愛的に選択された対象にもなっていたのかもしれない。であれば，ここでも一種の対象喪失が起こっているといえるだろう。

（4）担当者としての感想

ビデオを対象にせざるを得ないほどに人間関係が貧困でソーシャル・サポートのない状況が本人をうつ病に追い込んでいるわけだが，現実に彼にサポーティブな人間関係をつくることは時間もかかる。その中でできることは，まずはセラピスト自身がサポート資源として機能することであった。被拒絶感の高いクライエントだったため治療関係づくりをていねいに行った半年であったが，その中で人間関係における手続き記憶が少しずつ変容して「人にまともに扱われる」という期待を持ってもらえたのかもしれない。しかし，うつ病の事例の難しさとして，回復し始めた段階の二次抑うつの苦痛から「期待」という対象喪失を経験するにいたった。つまり，心理的には喪失のエピソードを繰り返すことになる。エピソードの積み重ねは意味を生成する。ネガティブな情報処理は体感時間も長く（9章参照），「誰にも尊重されないみじめな自分」および「うつ病の苦悩から逃れられない自分」という意味が急速に生成されてきたと

いえるだろう。こうして，上記の急性期に発展したと思われる。

　セラピストは臨床的な経験から，希死念慮が暴走する事態は想定していたが，記憶心理学（臨床認知心理学）に基づいて二次抑うつ，そして望んでいないことを想起してしまうメカニズム，主観的な喪失体験を繰り返すメカニズムを考慮することができたおかげで，さらに落ち着いて対応できた。セラピストの確信ある落ち着きは，無力感や絶望感に苛まれるクライエントに安心感を与えることがあり，筆者の印象では特にうつ病で生きる気力をなくしているクライエントには重要なことと思われる。

5節　おわりに

　感情のパラドクスと情動と意識トリガーのスパイラルにみられるように，生存競争を有利にするために獲得した記憶システムは時に苦痛をもたらし，その苦痛が長引くことで生きる意志を阻害することもある。この現象は「心の虫垂炎」とでも呼べるような生物としてのエラーなのか，それとも何らかの見過ごされている適応的なメカニズムなのかわからないが，そのメカニズムを理解することは苦悩する人々を力強く支援するためには必要なことと思われる。

　臨床心理学，特に心理療法の学派は各学派の中での議論は活発であったものの，学派や学問領域を超えた議論は乏しかったように思われる。もし，筆者が二次抑うつや繰り返し対象喪失をしてしまう認知科学的メカニズムを知らなかったら，事例のような落ち着いた対応ができなかったかもしれない。本章ではワーキングメモリに関する議論を臨床に活かすところまで踏み込めなかったが，杉山（2014c）のようにワーキングメモリ実行系の報酬系の制御システムを考慮した治療関係研究の試みもある。記憶心理学は近年，発展著しい領域なので臨床心理学界をあげて，より深いコラボレーションを求めるべきであるといえるだろう。

文　献

● 1章

Atkinson, R. C., & Shiffrin, R. M. (1968). Human memory: A proposed system and its control processes. In K. W. Spence & J. T. Spence (Eds.), *The psychology of learning and motivation: Advances in research and theory* (Vol. 2). New York: Academic Press. pp. 89–195.

Baddeley, A. D. (2000). The episodic buffer: A new component of working memory? *Trends in Cognitive Sciences*, **4**, 417–423.

Baddeley, A. D. (2007). *Working memory, thought, and action*. Oxford: Oxford University Press. 井関龍太・齊藤　智・川﨑惠里子（訳）(2012). ワーキングメモリ―思考と行為の心理学的基盤　誠信書房

Baddeley, A. D., Allen, R. J., & Hitch, G. J. (2011). Binding in visual working memory: The role of the episodic buffer. *Neuropsychologia*, **49**, 1393–1400.

Baddeley, A. D., & Hitch, G. J. (1974). Working memory. In G. A. Bower (Ed.), *The psychology of learning and motivation: Advances in research and theory* (Vol. 8). New York: Academic Press. pp. 47–89.

Collins, A. M., & Loftus, E. F. (1975). A Spreading-activation theory of semantic processing. *Psychological Review*, **82**, 407–428.

Cowan, N. (1999). An embedded-processes model of working memory. In A. Miyake & P. Shah (Eds.), *Models of working memory: Mechanisms of active maintenance and executive control*. Cambridge: Cambridge University Press. pp.62–101.

Craik, F. I. M., & Lockhart, R. S. (1972). Levels of processing: A framework for memory research. *Journal of Verbal Learning and Verbal Behavior*, **11**, 671–684.

Craik, F. I. M., & Watkins, M. J. (1973). The role of rehearsal in short-term memory. *Journal of Verbal Learning and Verbal Behavior*, **12**, 599–607.

Engle, R. W., Kane, M. J., & Tuholski, S. W. (1999). Individual diffrences in working memory capacity and what they tell us about controlled attention, general fluid intelligence and functions of the prefrontal cortex. In A. Miyake & P. Shah (Eds.), *Models of working memory: Mechanisms of active maintenance and executive control*. Cambridge: Cambridge University Press. pp.102–134.

Erdelyi, M. H., & Kleinbard, J. (1978). Has Ebbinghaus decayed with time?: The growth of recall (hypermnesia) over days. Journal of Experimental *Psychology: Human Learning and Memory*, **4**, 275–289.

Fivush, R. (1991). The social construction of personal narratives. *Merrill-Palmer Quarterly*, **37**, 59–81.

Franklin, H. C., & Holding, D. H. (1977). Personal memories at different ages. *The Quarterly Journal of Experimental Psychology*, **29**, 527–532.

箱田裕司 (1981). 画像の記憶　心理学評論, **24**, 123–136.

Madigan, S. (1983). Picture memory. In J. C. Yuille (Ed.), *Imagery, memory, and cognition: Essays in honor of Allan Paivio*. Hillsdale, N. J.: Lawrence Erlbaum Associates, Inc. pp.65–89.

Miller, G. A. (1956). The magical number seven, plus or minus two: Some limits on our capacity for processing information. *Psychological Review*, **63**, 81–97.

Nelson, T. O., & Narens, L. (1990). Metamemory: A theoretical framework and new findings. In G. H. Bower (Ed.), *The psychology of learning and motivation* (Vol. 26). San Diego, CA: Academic

Press. pp.125-173.
Nelson, T. O., & Narens, L. (1994). Why investigate metacognition? In J. Metcalfe & A. P. Shimamura (Eds.). *Metacognition: Knowing about knowing.* Cambridge, MA: MIT Press. pp.1-25.
Paivio, A. (1971). *Imagery and verbal processes.* New York: Holt, Rinehart & Winston.
Paivio, A. (1976). Imagery in recall and recognition. In J. Brown (Ed.), *Recall and recognition.* New York: Wiley.
Shallice, T., & Warrington, E. K. (1970). Independent functioning of verbal memory stores: A neuropsychological study. *Quarterly Journal of Experimental Psychology*, **22**, 261-273.
Sheingold, K., & Tenney, Y. J. (1982). Memory for a salient childhood event In U. Neisser (Ed.), *Memory observed: Rememerbing in natural contexts.* San Francisco: W. H. Freeman. pp. 201-212.
Shepard, R. N. (1967). Recognition memory for words, sentences, and pictures. *Journal of Verbal Learning and Verbal Behavior*, **6**, 156-163.
清水寛之 (2009). メタ記憶―記憶のモニタリングとコントロール 北大路書房
Squire, L. R. (1987). *Memory and brain.* New York: Oxford University Press.
Tipper, S. P. (1985). The negative priming effect: Inhibitory priming by ignored objects. *The Quarterly Journal of Experimental Psychology*, **37A**, 571-590.
Tulving, E. (1972). Episodic and semantic memory. In E. Tulving & W. Donaldson (Eds.), *Organization of memory.* New York: Academic Press. pp.381-403.
Tulving, E. (1983). *Elements of episodic memory.* Oxford: Clarendon Press. 太田信夫（訳）(1985). タルヴィングの記憶理論―エピソード記憶の要素 教育出版
Tulving, E., Schacter, D. L., & Stark, H. A. (1982). Priming effects in word-fragment completion are independent of recognition memory. *Journal of Experimental Psychology: Learning, Memory, and Cognition*, **8**, 336-342.
Warrington, E. K., & Weiskrantz, L. (1974). The effect of prior learning on subsequent retention in amnesic patients. *Neuropsychologia*, **12**, 419-428.
Wegner, D. M. (1994). Ironic processes of mental control. *Psychological Review*, **101**, 34-52.
Wegner, D. M., Schneider, D. J., Carter, S., III., & White, L. (1987). Paradoxical effects of thought suppression. *Journal of Personality and Social Psychology*, **58**, 409-418.

●2章

雨宮有里 (2014). 意図的想起と無意図的想起―自伝的記憶 関口貴裕・森田泰介・雨宮有里（編）ふと浮かぶ記憶と思考の心理学 北大路書房 pp.11-24.
Baars, B. J., & Franklin, S. (2003). How conscious experience and working memory interact. *Trends in Cognitive Science*, **7**, 166-172.
Baddeley, A. D. (2000). The episodic buffer: A new component of working memory? *Trends in Cognitive Sciences*, **4** (11), 417-423.
Boston Process Study Group (2010). *Change processes in psychotherapy: A unifying paradigm.* W. W. Norton & Co. Inc. 丸田俊彦（訳）(2011). 解釈を越えて―サイコセラピーにおける治療的変化プロセス 岩崎学術出版社
Cannon, W. B. (1932). *Wisdom of the body.* United States: W.W. Norton & Company.
Cooper, M. (2008). *Essential research findings in counselling and psychotherapy: The facts are friendly.* Thousand Oaks, CA: Sage Publications.
Damasio, A. (1999). *The feeling of what happens: Body and emotion in the making of consciousness.* Harcourt.
Damasio, A. (2010). *Self comes to mind: Constructing the conscious brain.* Pantheon.

文献

Domjan, M., & Burkhard, B. (1993). *Domjan and Burkhard*'s: *The principles of learning and behaviour*. Third edition. Pacific Grove: Brooks/Cole Publishing Co.
Fonagy, P. (1999). Memory and therapeutic action. *International Journal of Psychoanalysis*, **80**, pp.215-223.
Franklin, S., & Baars, B. J. (2010). Spontaneous remembering is the norm: What integrative models tell us about human consciousness and memory. In J. H. Mace (Ed.), *The act of remembering: Towardan understanding of how we recall the past*. Oxford: Wiley-Blackwell. pp.83-110.
Freud, S. (1917). *Trauer und Melancholie*. 井村恒郎・小比木啓吾外（訳）(1970).悲哀とメランコリー（フロイト著作集） 人文書院
Freud, S. (1926). *Inhibitions, Symptoms and Anxiety*. 井村恒郎（訳）(1970).制止，症状，不安（フロイト著作集） 人文書院
Gerner, C. K., Siegel, R. D., & Fulton, P. R. (2013). *Mindfulness and psychotherapy*, (Second Edition). New York: Guilford Press.
Greenberg, L. S. (2002). *Emotion-focused therapy: Coaching clients to work through their feelings*. Washington DC: American Psychological Association.
服部洋介 (2014). ふと浮かぶ思考と抑うつ　関口貴裕・森田泰介・雨宮有里（編）ふと浮かぶ記憶と思考の心理学　北大路書房　pp.159-172.
Hayes, S. C., Strosahl, K., & Wilson, K. G. (1999). *Acceptance and commitment therapy: Anexperiential approach to behavior change*. Guilford Press.
Humphreys, L. G. (1939). The effect of random alternation of reinforcement on the acquisition and extinction of conditioned eyelid reactions. *Journal of Experimental Psychology*, **25**, 141-158.
Joseph, B. (1985). Transference: The Total Situation. International. *Journal Psycho-Analysis*, **66**, 447-454.
Jung, C. G. (1916). *Die transzendente Funktion*, GW8, Walter-Verlag. 松代洋一（訳）(1996). 創造する無意識　平凡社　pp.24-38.
Jung, C. G. (1931). *The aims of psychotherapy. Collected Works*, Vol. 16. Princeton University Press. 林　道義（訳）(1989).心理療法論　みすず書房　pp.33-62.
Jung, C. G. (1935). *Principles of practical psychotherapy. Collected Works*, Vol. 16. Princeton University Press. 林　道義（訳）(1989).心理療法論　みすず書房　pp.3-32.
木村　敏 (1982). 自己と時間　中公新書
Kopelman, M. D., Wilson, B. A., & Baddeley, A. D. (1989). The autobiographical memory interview: A new assessment of autobiographical and personal semantic memory in amnesic patients. *Journal of Clinical and Experimental Psychology*, **11**, 724-744.
Lewin, K. (1951). *Field Theory in Social Science*. New York: Harper and Row.
Lewis, M. (2000). Self-conscious emotions: Embarrassment, pride, shame, and guilt. M. Lewis, & J. M.Haviland-Jones (Eds.) *Handbook of Emotions* (2 nd ed). The Guilford Press. pp.623-636.
小川洋子・河合隼雄 (2008). 生きるとは，自分の物語をつくること　新潮社
及川　晴 (2014). 考えたくないことが心に浮かぶ　関口貴裕・森田泰介・雨宮有里（編）ふと浮かぶ記憶と思考の心理学　北大路書房　pp.109-118.
Olson, I. R., Plotzker, A., Ezzyat, Y. (2007). The enigmatic temporal pole: a review of fndings on social and emotional processing. *Brain*, **130**, 1718-1731.
田渕　恵・増本康平・小林知博・藤田綾子 (2009). 自伝的記憶の想起内容と顕在的・潜在的時間的展望との関連　日本心理学会第73回大会発表論文集，**886**.
苧阪直行 (2007). 意識と前頭葉——ワーキングメモリからのアプローチ　心理学研究，**77** (6), 553-566.
Rogers, C. (1961). *On becoming a person: A therapist*'s view of psychotherapy. London: Constable.

関口貴裕（2014）．さまよう思考―マインドワンダリング　関口貴裕・森田泰介・雨宮有里（編）ふと浮かぶ記憶と思考の心理学　北大路書房　pp.79-94.
佐藤浩一・白井利明・杉浦　健・下島裕美・越智啓太・太田信夫（2007）．自伝的記憶研究の理論と方法（4），認知科学テクニカルリポート．TR-61
Solms, M., & Turnbull, O. (2002). *The brain and the inner world: An introduction to the neuroscience of subjective experience*. New York: Other Press.
Stevens, A. (1983). *Archetypes: A natural history of the self*. Quell, New York.
杉山　崇（2011）．強迫症状から重度の抑うつ―抑制のきかない憤懣に症状が変遷した男性が「自分」を回復した過程　伊藤絵美・杉山　崇・坂本真士（編）事例でわかる心理学のうまい活かし方　金剛出版．
杉山　崇（2014a）．ふと浮かぶ記憶・思考とのつきあい方　関口貴裕・森田泰介・雨宮有里（編）ふと浮かぶ記憶と思考の心理学　北大路書房　pp.185-198.
杉山　崇（2014b）．臨床心理学における自己　心理学評論，*572*，434-448.
杉山　崇（2014c）．意識と無意識はどこまで明らかになったのか？―意識のワーキングメモリ理論とA-Damasio説からの心理療法への提案　神奈川大学人間科学年報，*8*，5-16.
杉山　崇・五味美奈子（2014）．ポストフェストウム的時間性の測定尺度の研究　日本パーソナリティ心理学会第23回大会発表論文集，*139*．
丹野義彦（2002）．認知行動療法の臨床ワークショップ―サルコフスキスとバーチウッドの面接技法　金子書房
月元　敬（2014）．ふと浮かぶ記憶・思考の計算論モデル　関口貴裕・森田泰介・雨宮有里（編）ふと浮かぶ記憶と思考の心理学　北大路書房　pp.119-132.
上田琢哉（1996）．自己受容概念の再検討―自己評価の低い人の"上手なあきらめ"として　心理学研究，*67*（4），327-332.
Zeintl, M., Kliegel, M., & Hofer, S. M. (2007). The role of processing resources in age-related prospective and retrospective memory within old age. *Psychology and Aging*, *22*(4), 826-834.

● 3章

Anderson, M. C. (2001). Active forgetting: Evidence for functional inhibition as a source of memory failure. *Journal of Aggression, Maltreatment & Trauma*, *4*(2), 185-210.
Anderson, M. C., Bjork, R. A., & Bjork, E. L. (1994). Remembering can cause forgetting: Retrieval dynamics in long-term memory. *Journal of Experimental Psychology: Learning, Memory, and Cognition*, *20*, 1063-1087.
Bass, E., & Davis, L. (2002). *The courage to heal: A guide for women survivors of child sexual abuse*. Random House.（初版は1988年）　原　美奈子・二見れい子（訳）（1997）．生きる勇気と癒す力　三一書房
Brown, R., & Kulik, J. (1977). Flashbulb memories. *Cognition*, *5*, 73-99.
Byrne, C. A., Hyman, I. E., & Scott, K. L. (2001). Comparisons of memories for traumatic events and other experiences. *Applied Cognitive Psychology*, *15*, S119-S133.
Christianson, S. Å., & Hübinette, B. (1993). Hands up! A study of witnesses' emotional reactions and memories associated with bank robberies. *Applied Cognitive Psychology*, *7*, 365-379.
Clancy, S. A. (2009). *Abducted: How people come to believe they were kidnapped by aliens*. Harvard University Press.
Clancy, S. A., McNally, R. J., Schacter, D. L., Lenzenweger, M. F., & Pitman, R. K. (2002). Memory distortion in people reporting abduction by aliens. *Journal of abnormal psychology*, *111*, 455-461.
Conway, M. A. (Ed.). (1997). *Recovered memories and false memories*. Oxford University Press.

文献

Er, N. (2003). A new flashbulb memory model applied to the Marmara earthquake. *Applied Cognitive Psychology*, 17, 503-517.
Fivush, R., Sales, M. J., Goldberg, A., Bahrick, L., & Parker, J. (2004). Weathering the storm: Children's long-term recall of Hurricane Andrew. *Memory*, 12, 104-118.
Freyd, J. J. (1998). *Betrayal trauma: The logic of forgetting childhood abuse*. Harvard University Press.
Freyd, J. J., DePrince, A. P., & Zurbriggen, E. L. (2001). Self-reported memory for abuse depends upon victim-perpetrator relationship. *Journal of Trauma & Dissociation*, 2, 5-15.
Goodman, G. S., Ghetti, S., Quas, J. A., Edelstein, R. S., Alexander, K. W., Redlich, A. D., & Jones, D. P. (2003). A Prospective Study of Memory for Child Sexual Abuse New Findings Relevant to the Repressed-Memory Controversy. *Psychological Science*, 14 (2), 113-118.
Harris, C. B., Sharman, S. J., Barnier, A. J., & Moulds, M. L. (2010). Mood and Retrieval-induced Forgetting of Positive and Negative Autobiographical Memories. *Applied Cognitive Psychology*, 24, 399-413
Herman, J. L. (1981). *Father-daughter incest: With a New Afterword*. Harvard University Press. (初版は1981年) 斉藤 学（訳）(2000).父-娘近親姦—家族の闇を照らす　誠信書房
Hyman, I. E., Husband, T. H., & Billings, F. J. (1995). False memories of childhood experiences. *Applied Cognitive Psychology*, 9, 181-197.
Koss, M. P., Figueredo, A. J., Bell, I., Tharan, M., & Tromp, S. (1996). Traumatic memory characteristics: a cross-validated mediational model of response to rape among employed women. *Journal of abnormal psychology*, 105, 421-432.
Lindsay, D. S., Hagen, L., Read, J. D., Wade, K. A., & Garry, M. (2004). True photographs and false memories. *Psychological Science*, 15, 149-154.
Loftus, E. F. (1975). Leading questions and the eyewitness report. *Cognitive psychology*, 7, 560-572.
Loftus, E. (1994). *The myth of repressed memory: false memories and allegations of sexual abuse*. New York: St martin's.
Loftus, E. F., & Burns, T. E. (1982). Mental shock can produce retrograde amnesia. *Memory & Cognition*, 10, 318-323.
Loftus, E. F., Coan, J. A., & Pickrell, J. E. (1996). Manufacturing false memories using bits of reality. In L. M. Reder (Ed.), *Implicit memory and metacognition*, Psychology Press. pp.195-220.
Loftus, E. F., & Davis, D. (2006). Recovered memories. *Annual Review of Clinical Psychology*, 2, 469-498.
Luminet, O., & Curci, A. (Eds.), (2008). *Flashbulb memories: New issues and new perspectives*. Psychology Press.
Mazzoni, G. A., & Loftus, E. F. (1998). Dream interpretation can change beliefs about the past. *Psychotherapy:Theory, Research, Practice, Training*, 35, 177-187.
Mazzoni, G. A., Lombardo, P., Malvagia, S., & Loftus, E. F. (1999). Dream interpretation and false beliefs. *Professional Psychology: Research and Practice*, 30, 45-50.
McNally, R. J., Lasko, N. B., Clancy, S. A., Macklin, M. L., Pitman, R. K., & Orr, S. P. (2004). Psychophysiological responding during script-driven imagery in people reporting abduction by space aliens. *Psychological Science*, 15, 493-497.
Mechanic, M. B., Resick, P. A., & Griffin, M. G. (1998). A comparison of normal forgetting, psychopathology, and information-processing models of reported amnesia for recent sexual trauma. *Journal of Consulting and Clinical Psychology*, 66, 948-957.
Meyersburg, C. A., Bogdan, R., Gallo, D. A., & McNally, R. J. (2009). False memory propensity in people reporting recovered memories of past lives. *Journal of Abnormal Psychology*, 118, 399-404.

Neisser, U., & Harsh, N. (1992). Phantom flashbulbs: false recollections of hearing the news about Challenger. E. Winograd, & U.Neisser (Eds.), *Affect and Accuracy in Recall: Studies of "Flashbulb" Memories*. Cambridge University Press, Cambridge, UK, pp.9-31.

Nobata, T., Hakoda, Y., & Ninose, Y. (2010). The functional field of view becomes narrower while viewing negative emotional stimuli. *Cognition and Emotion*, **24**, 886-891.

Ofshe, R. (1994). *Making monsters: False memories, psychotherapy, and sexual hysteria*. Univ of California Press.

越智啓太 (2005). 情動喚起が目撃者・被害者の記憶に及ぼす効果 (特集:司法における心理学的問題) 心理学評論, **48** (3), 299-315.

越智啓太 (2015). つくられる偽りの記憶 化学同人

越智啓太・相良陽一郎 (2003). フラッシュバルブメモリーの忘却と変容 認知科学テクニカルリポート TR-48 日本認知科学会

Pezdek, K., Finger, K., & Hodge, D. (1997). Planting false childhood memories: The role of event plausibility. *Psychological Science*, **8**, 437-441.

Rind, B., & Tromovitch, P. (1997). A meta-analytic review of findings from national samples on psychological correlates of child sexual abuse. *Journal of Sex Research*, **34**, 237-255.

Rind, B., Tromovitch, P., & Bauserman, R. (1998). A meta-analytic examination of assumed properties of child sexual abuse using college samples. *Psychological Bulletin*, **124**, 22-53.

Sabbagh, K. (2009). *Remembering our childhood: How memory betrays us*. Oxford University Press.

Safer, M. A., Christianson, S., Autry, M. A., & Österlund, K. (1998). Tunnel memory for traumatic events. *Applied Cognitive Psychology*, **12**, 99-117.

斉藤 学 (2000). 児童期性的虐待の研究と治療に関する日本の現状 ジュディス・ハーマン (著) 斉藤 学 (訳) 父-娘近親姦―家族の闇を照らす 誠信書房

Schooler, J. W. (1994). Seeking the core: The issues and evidence surrounding recovered accounts of sexual trauma. *Consciousness and Cognition*, **3**, 452-469.

Schooler, J. W. (2001). Discovering memories of abuse in the light of meta-awareness. *Journal of Aggression, Maltreatment & Trauma*, **4**, 105-136.

Schooler, J. W., Bendiksen, M., & Ambadar, Z. (1997). Taking the middle line: can we accommodate both fabricated and recoverd memories of sexual abuse? In M. A. Conway (Ed.), *Recoverd memories and False memories*. Oxford University Press. pp.251-292.

Spanos, N. P., Menary, E., Gabora, N. J., DuBreuil, S. C., & Dewhirst, B. (1991). Secondary identity enactments during hypnotic past-life regression: A sociocognitive perspective. *Journal of personality and social psychology*, **61**, 308-320.

Terr, L. (2008). *Too scared to cry: Psychic trauma in childhood*. Basic Books.

Van der Kolk, B. A. (2003). *Psychological trauma*. American Psychiatric Pub.

Williams, L. M. (1994). Recall of childhood trauma: a prospective study of women's memories of child sexual abuse. *Journal of consulting and clinical psychology*, **62**, 1167-1176.

Winograd, E., & Neisser, U. (Eds.), (1992). *Affect and Accuracy in Recall: Studies of*' flashbulb' memories . Cambridge University Press.

● 4章

Abercrombie, H. C., Kalin, N. H., Thurow, M. E., Rosenkranz, M. A., & Davidson, R. J. (2003). Cortisol variation in humans affects memory for emotionally laden and neutral information. *Behavioral Neuroscience*, **117** (3), 505-516.

Adamec, R. E. (1991). Partial kindling of the ventral hippocampus: identification of changes in lim-

bic physiology which accompany changes in feline aggression and defense. *Physiology of Behavior*, **49** (3), 443-453.
American Psychiatric Association (2013). *Diagnostic and statistical manual of mental disorders* (5th ed.). Washington, DC: Author.
Arnsten, A. F. (1998). Catecholamine modulation of prefrontal cortical cognitive function. *Trends in Cognitive Sciences*, **2** (11), 436-447.
Ayers, E. D., White, J., & Powell, D. A. (2003). Pavlovian eyeblink conditioning in combat veterans with and without post-traumatic stress disorder. *Integrative Psychological and Behavioral Science*, **38** (3), 230-247.
Berntson, G. G., Cacioppo, J. T., & Quigley, K. S. (1993). Cardiac psychophysiology and autonomic space in humans: empirical perspectives and conceptual implications. *Psychological Bulletin*, **114** (2), 296-322.
Birnbaum, S., Gobeske, K. T., Auerbach, J., Taylor, J. R., & Arnsten, A. F. (1999). A role for norepinephrine in stress-induced cognitive deficits: alpha-1-adrenoceptor mediation in the prefrontal cortex. *Biological Psychiatry*, **46** (9), 1266-1274.
Blechert, J., Michael, T., Vriends, N., Margraf, J., & Wilhelm, F. H. (2007). Fear conditioning in posttraumatic stress disorder: evidence for delayed extinction of autonomic, experiential, and behavioural responses. *Behaviour Research and Therapy*, **45** (9), 2019-2033.
Bonne, O., Brandes, D., Gilboa, A., Gomori, J. M., Shenton, M. E., Pitman, R. K., & Shalev, A. Y. (2001). Longitudinal MRI study of hippocampal volume in trauma survivors with PTSD. *American Journal of Psychiatry*, **158** (8), 1248-1251.
Bradley, M. M., & Lang, P. J. (2000). Affective reactions to acoustic stimuli. *Psychophysiology*, **37** (2), 204-215.
Bremner, J. D., Randall, P., Scott, T. M., Bronen, R. A., Seibyl, J. P., Southwick, S. M., Delaney, R. C., McCarthy, G., Charney, D. S., & Innis, R. B. (1995). MRI-based measurement of hippocampal volume in patients with combat-related posttraumatic stress disorder. *American Journal of Psychiatry*, **152** (7), 973-981.
Brunet, A., Orr, S. P., Tremblay, J., Robertson, K., Nader, K., & Pitman, R. K. (2008). Effect of post-retrieval propranolol on psychophysiologic responding during subsequent script-driven traumatic imagery in post-traumatic stress disorder. *Journal of Psychiatric Research*, **42** (6), 503-506.
Cahill, L., Prins, B., Weber, M., & McGaugh, J. L. (1994). Beta-adrenergic activation and memory for emotional events. *Nature*, **371** (6499), 702-704.
Cannon, R. B. (1929). *Bodily changes in pain, hunger, fear and rage: An account of recent research into the function of emotional excitement* (2nd ed.). New York: Appleton-Century-Crofts.
Charney, D. S., Deutch, A. Y., Krystal, J. H., Southwick, S. M., & Davis, M. (1993). Psychobiologic mechanisms of posttraumatic stress disorder. *Archives of General Psychiatry*, **50** (4), 295-305.
Cukor, J., Spitalnick, J., Difede, J., Rizzo, A., & Rothbaum, B. O. (2009). Emerging treatments for PTSD. *Clinical Psychology Review*, **29** (8), 715-726.
De Bellis, M. D., Hall, J., Boring, A. M., Frustaci, K., & Moritz, G. (2001). A pilot longitudinal study of hippocampal volumes in pediatric maltreatment-related posttraumatic stress disorder. *Biological Psychiatry*, **50** (4), 305-309.
de Quervain, D. J. (2008). Glucocorticoid-induced reduction of traumatic memories: implications for the treatment of PTSD. *Progress in Brain Research*, **167**, 239-247.
Edmondson, D., & Cohen, B. E. (2013). Posttraumatic stress disorder and cardiovascular disease. *Progress in Cardiovascular Research*, **55** (6), 548-556.

Fanselow, M. S. (1994). Neural organization of defensive behavior system responsible for fear. *Psychonomic Bulletin & Review*, **1** (4), 429-438.

Foa, E. B., Hembree, E. A., & Rothbaum, B. O. (2007). *Prolonged exposure therapy for PTSD: Emotional processing of traumatic experiences therapist guide*. New York, NY: Oxford University Press.

Gilbertson, M. W., Shenton, M. E., Ciszewski, A., Kasai, K., Lasko, N. B., Orr, S. P., & Pitman, R. K. (2002). Smaller hippocampal volume predicts pathologic vulnerability to psychological trauma. *Nature Neuroscience*, **5** (11), 1242-1247.

Ginsberg, J. P., Ayers, E., Burriss, L., & Powell, D. A. (2008). Discriminative delay Pavlovian eyeblink conditioning in veterans with and without posttraumatic stress disorder. *Journal of Anxiety Disorders*, **22** (5), 809-823.

Griffin, M. G. (2008). A prospective assessment of auditory startle alterations in rape and physical assault survivors. *Journal of Traumatic Stress*, **21** (1), 91-99.

Grillon, C., & Morgan, C. A., III. (1999). Fear-potentiated startle conditioning to explicit and contextual cues in Gulf War veterans with posttraumatic stress disorder. *Journal of Abnormal Psychology*, **108** (1), 134-142.

Gurvits, T. V., Shenton, M. E., Hokama, H., Ohta, H., Lasko, N. B., Gilbertson, M. W., Orr, S. P., Kikinis, R., Jolesz, F. A., McCarley, R. W., & Pitman, R. K. (1996). Magnetic resonance imaging study of hippocampal volume in chronic, combat-related posttraumatic stress disorder. *Biological Psychiatry*, **40** (11), 1091-1099.

Guthrie, R. M., & Bryant, R. A. (2006). Extinction learning before trauma and subsequent posttraumatic stress. *Psychosomatic Medicine*, **68** (2), 307-311.

Janet, P. (1889). *L'Automatisme Psychologique*. Paris: Alcan.

Kario, K., McEwen, B. S., & Pickering, T. G. (2003). Disasters and the heart: a review of the effects of earthquake-induced stress on cardiovascular disease. *Hypertension Research*, **26** (5), 355-367.

Kessler, R. C., Sonnega, A., Bromet, E., Hughes, M., & Nelson, C. B. (1995). Posttraumatic stress disorder in the National Comorbidity Survey. *Archives of General Psychiatry*, **52** (12), 1048-1060.

Kleim, B., Wilhelm, F. H., Glucksman, E., & Ehlers, A. (2010). Sex differences in heart rate responses to script-driven imagery soon after trauma and risk of posttraumatic stress disorder. *Psychosomatic Medicine*, **72** (9), 917-924.

Lang, P. J., Bradley, M. M., & Cuthbert, B. N. (1997). Motivated attention; Affect, activation, and action. In P. J. Lang, R. F. Simons & M. T. Balaban (Eds.), *Attention and orienting; Sensory and motivational processes*. Hillsdale, NJ: Erlbaum. pp.97-135.

LeDoux, J. E. (1996). *The Emotional Brain*. New York: Simon and Schuster.

Lykken, D. T., Iacono, W. G., Haroian, K., McGue, M., & Bouchard, T. J., Jr. (1988). Habituation of the skin conductance response to strong stimuli: a twin study. *Psychophysiology*, **25** (1), 4-15.

松村健太・澤田幸展 (2009). 2種類の暗算課題遂行時における心血管反応 心理学研究, **79** (6), 473-480.

Matsumura, K., & Yamakoshi, T. (2013). iPhysioMeter: A new approach for measuring heart rate and normalized pulse volume using only a smartphone. *Behavior Research Methods*, **45** (4), 1272-1278.

Matsumura, K., Yamakoshi, T., Noguchi, H., Rolfe, P., & Matsuoka, Y. (2012). Fish consumption and cardiovascular response during mental stress. *BMC Research Notes*, **5**, 288.

Matsumura, K., Yamakoshi, T., & Rolfe, P. (2011). Love styles and cardiovascular responder types. *International Journal of Psychological Studies*, **3** (2), 21-28.

Orr, S. P., Lasko, N. B., Metzger, L. J., & Pitman, R. K. (1997). Physiologic responses to non-startling tones in Vietnam veterans with post-traumatic stress disorder. *Psychiatry Research*, **73** (1-2), 103-107.

Orr, S. P., Metzger, L. J., Lasko, N. B., Macklin, M. L., Hu, F. B., Shalev, A. Y., & Pitman, R. K. (2003). Physiologic responses to sudden, loud tones in monozygotic twins discordant for combat exposure: association with posttraumatic stress disorder. *Archives of General Psychiatry*, **60** (3), 283-288.

Orr, S. P., Metzger, L. J., Lasko, N. B., Macklin, M. L., Peri, T., & Pitman, R. K. (2000). De novo conditioning in trauma-exposed individuals with and without posttraumatic stress disorder. *Journal of Abnormal Psychology*, **109** (2), 290-298.

Park, C. R., Zoladz, P. R., Conrad, C. D., Fleshner, M., & Diamond, D. M. (2008). Acute predator stress impairs the consolidation and retrieval of hippocampus-dependent memory in male and female rats. *Learning Memory*, **15** (4), 271-280.

Peri, T., Ben-Shakhar, G., Orr, S. P., & Shalev, A. Y. (2000). Psychophysiologic assessment of aversive conditioning in posttraumatic stress disorder. *Biological Psychiatry*, **47** (6), 512-519.

Phelps, E. A., Delgado, M. R., Nearing, K. I., & LeDoux, J. E. (2004). Extinction learning in humans: role of the amygdala and vmPFC. *Neuron*, **43** (6), 897-905.

Pitman, R. K. (1989). Post-traumatic stress disorder, hormones, and memory. *Biological Psychiatry*, **26** (3), 221-223.

Pitman, R. K., Orr, S. P., Forgue, D. F., de Jong, J. B., & Claiborn, J. M. (1987). Psychophysiologic assessment of posttraumatic stress disorder imagery in Vietnam combat veterans. *Archives of General Psychiatry*, **44** (11), 970-975.

Pitman, R. K., Orr, S. P., & Shalev, A. Y. (1993). Once bitten, twice shy: beyond the conditioning model of PTSD. *Biological Psychiatry*, **33** (3), 145-146.

Pitman, R. K., Sanders, K. M., Zusman, R. M., Healy, A. R., Cheema, F., Lasko, N. B., Cahill, L., & Orr, S. P. (2002). Pilot study of secondary prevention of posttraumatic stress disorder with propranolol. *Biological Psychiatry*, **51** (2), 189-192.

Pole, N. (2007). The psychophysiology of posttraumatic stress disorder: a meta-analysis. *Psychological Bulletin*, **133** (5), 725-746.

Powers, M. B., Halpern, J. M., Ferenschak, M. P., Gillihan, S. J., & Foa, E. B. (2010). A meta-analytic review of prolonged exposure for posttraumatic stress disorder. *Clinical Psychology Review*, **30** (6), 635-641.

Rauch, S. L., Shin, L. M., & Phelps, E. A. (2006). Neurocircuitry models of posttraumatic stress disorder and extinction: Human neuroimaging research—past, present, and future. *Biological Psychiatry*, **60** (4), 376-382.

Roozendaal, B., Quirarte, G. L., & McGaugh, J. L. (1997). Stress-activated hormonal systems and the regulation of memory storage. *Annals of The New York Academy of Sciences*, **821**, 247-258.

Rothbaum, B. O., & Davis, M. (2003). Applying learning principles to the treatment of post-trauma reactions. *Annals of The New York Academy of Sciences*, **1008**, 112-121.

Sapolsky, R. M., Uno, H., Rebert, C. S., & Finch, C. E. (1990). Hippocampal damage associated with prolonged glucocorticoid exposure in primates. *Journal of Neuroscience*, **10** (9), 2897-2902.

Schelling, G., Briegel, J., Roozendaal, B., Stoll, C., Rothenhausler, H. B., & Kapfhammer, H. P. (2001). The effect of stress doses of hydrocortisone during septic shock on posttraumatic stress disorder in survivors. *Biological Psychiatry*, **50** (12), 978-985.

Schelling, G., Kilger, E., Roozendaal, B., de Quervain, D. J., Briegel, J., Dagge, A., Rothenhausler, H. B., Krauseneck, T., Nollert, G., & Kapfhammer, H. P. (2004). Stress doses of hydrocortisone, traumatic memories, and symptoms of posttraumatic stress disorder in patients after cardiac surgery: a randomized study. *Biological Psychiatry*, **55** (6), 627-633.

Shalev, A. Y., Orr, S. P., Peri, T., Schreiber, S., & Pitman, R. K. (1992). Physiologic responses to loud tones in Israeli patients with posttraumatic stress disorder. *Archives of General Psychiatry*, **49** (11), 870-875.

Shalev, A. Y., Peri, T., Brandes, D., Freedman, S., Orr, S. P., & Pitman, R. K. (2000). Auditory startle response in trauma survivors with posttraumatic stress disorder: a prospective study. *American Journal of Psychiatry*, **157** (2), 255-261.

Southwick, S. M., Bremner, J. D., Rasmussen, A., Morgan, C. A., Ⅲ., Arnsten, A., & Charney, D. S. (1999). Role of norepinephrine in the pathophysiology and treatment of posttraumatic stress disorder. *Biological Psychiatry*, **46** (9), 1192-1204.

Southwick, S. M., Davis, M., Horner, B., Cahill, L., Morgan, C. A., Ⅲ., Gold, P. E., Bremner, J. D., & Charney, D. C. (2002). Relationship of enhanced norepinephrine activity during memory consolidation to enhanced long-term memory in humans. *American Journal of Psychiatry*, **159** (8), 1420-1422.

Squire, L. R., & Zola-Morgan, S. (1991). The medial temporal lobe memory system. *Science*, **253** (5026), 1380-1386.

Stein, M. B., Koverola, C., Hanna, C., Torchia, M. G., & McClarty, B. (1997). Hippocampal volume in women victimized by childhood sexual abuse. *Psychological Medicine*, **27** (4), 951-959.

Tucker, P. M., Pfefferbaum, B., North, C. S., Kent, A., Burgin, C. E., Parker, D. E., Hossain, A., Jeon-Slaughter, H., & Trautman, R. P. (2007). Physiologic reactivity despite emotional resilience several years after direct exposure to terrorism. *American Journal of Psychiatry*, **164** (2), 230-235.

van der Kolk, B. (1994). The body keeps the score: memory and the evolving psychobiology of posttraumatic stress. *Harvard Review of Psychiatry*, **1** (5), 253-265.

van der Kolk, B., Greenberg, M., Boyd, H., & Krystal, J. (1985). Inescapable shock, neurotransmitters, and addiction to trauma: toward a psychobiology of post traumatic stress. *Biological Psychiatry*, **20** (3), 314-325.

Watson, J. B., & Rayner, R. (1920). Conditioned emotional reactions. *Journal of Experimental Psychology*, **3** (1), 1-14.

Wessa, M., & Flor, H. (2007). Failure of extinction of fear responses in posttraumatic stress disorder: evidence from second-order conditioning. *American Journal of Psychiatry*, **164** (11), 1684-1692.

Winters, R. W., McCabe, P. M., Green, E. J., & Schneiderman, N. (2000). Central nervous system circuitry underlying learned and unlearned affective responses to stressful stimuli. In T. Field, N. Schneiderman & P. M. McCabe (Eds.), *Stress, coping, and the cardiovascular system*.Hillsdale, NJ: Lawrence Erlbaum Associates.

Yaffe, K., Vittinghoff, E., Lindquist, K., Barnes, D., Covinsky, K. E., Neylan, T., Kluse, M., & Marmar, C. (2010). Posttraumatic stress disorder and risk of dementia among US veterans. *Archives of General Psychiatry*, **67** (6), 608-613.

● 5章

Beck, J. G., Freeman, J. B., Shipherd, J. C., Hamblen, J. L., & Lackner, J. M. E. (2001). Specificity of stroop interference in patients with pain and PTSD. *Journal of Abnormal Psychology*, **110**, 536-543.

Bryant, R. A., & Harvey, A. G. (1995). Processing threatening information in posttraumaticstress disorder. *Journal of Abnormal Psychology*, **104**, 537-541.

Cassiday, K. L., McNally, R., & Zeitlin, S. B. (1992). Cognitive processing of trauma cues in rape victims with post-traumatic stress disorder. *Cognitive Therapy and Research*, **16**, 283-295.

Davidson, L., & Baum, A. (1993). Predictions of chronic stress among Vietnam veterans: Stressor exposure and intrusive recall. *Journal of Traumatic Stress*, **6**, 195-212.

Deeprose, C., Zhang, S., Dejong, H., Dalgleish, T., & Holmes, E. A. (2012). Imagery in the aftermath of viewing a traumatic film: using cognitive tasks to modulate the development of involuntary memory. *Journal of Behavior Therapy and Experimental Psychiatry*, **43**, 758-764.

Dubner, A. E., & Motta, R. W. (1999). Sexually and physically abused foster care children and posttraumatic stress disorder. *Journal of Consulting and Clinical Psychology*, **67**, 367-373.

Dougall, A. L., Craig, K. J., & Baum, A. (1999). Assessment of characteristics of intrusive thoughts and their impact on distress among victims of traumatic events. *Psychosomatic Medicine*, **61**, 35-48.

Ehlers, A., Hackman, A., Steil, R., Clohessy, S., Wenninger, K., & Winter, H. (2002). The nature of intrusive memories after trauma: the warning signal hypothesis. *Behaviour Research and Therapy*, **40**, 995-1002.

Ehlers, A., Suendermann, O., Boellinghaus, I., Vossbeck-Elsebusch, A., Gamer, M., Briddon, E., Martin, M. W., & Glucksman, E. (2010). Heart rate responses to atandardized trauma-related pictures in acute posttraumatic stress disorder. *International Journal of Psychophysiology*, **78**, 27-34.

Foa, E. B., Feske, U., Murdock, T. B., Kozak, M. J., & McCarthy, P. R. (1991). Processing of threat-related information in rape victims. *Journal of Abnormal Psychology*, **100**, 156-162

Hackmann, A., Ehlers, A., Speckens, A., & Clark, D. M. (2004). Characteristics and content of intrusive memories in PTSD and their changes with treatment. *Journal of Traumatic Stress*, **17**, 231-240.

Hackmann, A., & Holmes, E. A. (2004). Reflecting on imagery: A clinicl perspective and overview of the special issue of memory on mental imagery and memory in psychopathlogy. *Memory*, **12**, 389-402.

Harvey, A. G., Bryant, R. A., & Rapee, R. M. (1996). Preconscious processing of threat inposttraumatic stress disorder. *Cognitive Therapy and Research*, **20**, 613-623.

Holmes, E., Ella, L. J.,Coode-Bate, T., & Deeprose, C. (2009). Can Playing the Computer Game "Tetris" Reduce the Build-Up of Flashbacks for Trauma? A Proposal from Cognitive Science. *Plos One*, **4**, e4153.

Holmes, E., Grey, N., & Young, K. A. D. (2005). Intrusive images and "hotspots" of trauma memories in Posttraumatic Stress Disorder: an exploratory investigation of emotions and cognitive themes. *Journal of Behavior therapy and experimental psychiatry*, **36**, 3-17.

Jansen, C. F., Keller, T. W., Peskind, E. R., McFall, M. M., Veith, R. C., Martin, D. et al. (1997). Behavioral and neuroendocrine responses to sodium lactate infusion in subjects with posttraumatic stress disorder. *American Journal of Psychiatry*, **154**, 266-268.

Jelinek, L., Jacobson, D., Kellner, M., Larbig, F., Biesold, K-H., Barre, K., & Moritz, S. (2006). Verbal and nonverbal memory functioning in Post traumatic stress disorder(PTSD). *Journal of Clinical and Experimental Neuropsychology*, **28**, 940-948.

Kaspi, S. P., McNally, R. J., & Amir, N. (1995). Cognitive processing of emotional information in posttraumatic stress disorder. *Cognitive Therapy and Research*, **19**, 433-444.

Kimble, M. O., Frueh, B. C., & Marks, L. (2009). Does the modified Stroop effect exist in PTSD? Evidence from dissertation abstracts and the peer reviewed literature. *Journal of Anxiety Disor-*

ders, **23**, 650-655.
Lang, A. J., Craske, M. G., Brown, M., & Ghaneian, A. (2001). Fear-related state dependent memory. *Cognition and Emotion*, **15**, 695-703.
Lemogne, C., Bergouignan, L., Piolino, P., Jouvent, R., Allilaire, J-F., & Fossati, P. (2009). Cognitive avoidance of intrusive memories and autobiographical memory: specificity, autonoetic consciousness, and self-perspective. *Memory*, **17**, 1-7.
McNally, R. J., Amir, N., & Lipke, H. J. (1996). Subliminal processing of threat cues in posttraumatic stress disorder? *Journal of Anxiety Disorders*, **10**, 115-128.
McNally, R. J., Kaspi, S. P., Riemann, B. C., & Zeitlin, S. B. (1990). Selective processing of threat cues in posttraumatic stress disorder. *Journal of Abnormal Psychology*, **99**, 398-402.
McNally, R. J., Lasko, N. B., Macklin, M. L., & Pitman, R. K. (1995). Autobiographical memory disturbance in combat-related posttraumatic stress disorder. *Behavior Research and Therapy*, **33**, 619-633.
McNally, R. J., Litz, B. T., Prassas, A., Shin, L. M., & Weathers, F. W. (1994). Emotional priming of autobiographical memory in post-traumatic stress disorder. *Cognition and Emotion*, **8**, 351-367
Moore, S. A., & Zoellner, L. A. (2007). Overgeneral autobiographical memory and Traumatic Events: An evaluative review. *Psychological Bulletin*, **133**, 419-437.
Neylan, T. C., Marmar, C. R., Metzler, T. J., Weiss, D. S., Zatzick, D. F., Delucchi, K. L., et al. (1998). Sleep disturbances in the Vietnam generation: findings from a nationally representative sample of male Vietnam veterans. *American Journal of Psychiatry*, **155**, 929-933.
越智啓太・及川　晴 (2009). 想起禁止教示による侵入想起の増加と忘却の抑制法政大学文学部紀要, **56**, 61-67.
Rainey, J. M., Aleem, A., Ortiz, A., Yerigani, V., Pohl, R., & Beckhou, R. (1987). A laboratory proocedure for the induction of flashbacks. *American Journal of Psychiatry*, **144**, 1317-1319.
Schönfeld, S., Ehlers, A., Böllinghaus, I., & Rief, W. (2007). Overgeneral memory and suppression of trauma memories in post-traumatic stress disorder. *Memory* , **15**, 339-352
Smith-Bell, C. A., Burhans, L. B., & Schreurs, B. G. (2012). Predictors of susceptibility and resilience in an animal model of posttraumatic stress disorder. *Behavioral Neuroscience*, **126**, 749-761.
Southwick, S. M., Krystal, J. H., Morgan, C. A., Johnson, D., Nagy, L. M., Nicolaon, A. et al. (1993). Abnormal noradrenergic function in post traumatic stress disorder. *Archives of General Psychiatry*, **50**, 266-274.
Sutherland, K., & Bryant, R. A. (2007). Autobiographical memory in posttraumatic stress disorder before and after treatment. *Behavior Research and Therapy*, **45**, 2915-2923.
Takarangi, M. K. T., & Strange, D. (2010). Emotional impact feedback changes how we remember negative autobiographical experiences. *Experimental Psychology*, **57**, 354-359.
Thrasher, S. M., Dalgleish, T., & Yule, W. (1994). Information processing in post-traumatic stress disorder. *Behaviour Research and Therapy*, **32**, 247-254.
Wegner, D. M. (1994). Ironic processes of mental control. *Psychological Review*, **101**, 34-52.
Williams, J. M. G. (1996) Depression and the specificity of autobiographical memory. In: Rubin, DC. (Ed.) *Remembering our past: Studies in autobiographical memory*. Cambridge University Press; New York. pp.244-267.

● 6章
Baddeley, A. D. (2007). *Working memory, thought, and action*.Oxford: Oxford University Press. 井関龍太・齊藤　智・川﨑惠里子 (訳) (2012). ワーキングメモリ―思考と行為の心理学的基盤　誠信

書房

Barry, E. S., Naus, M. J., & Rehm, L. P. (2004). Depression and Implicit Memory: Understanding Mood Congruent Memory Bias. *Cognitive Therapy & Research*, **28**, 387-414.

Barry, E. S., Naus, M. J., & Rehm, L. P. (2006). Depression, implicit memory, and self: a revised memory model of emotion. *Clinical Psychology Review*, **26**, 719-745.

Bazin, N., Perruchet, P., De Bonis, M., & Féline, A. (1994). The dissociation of explicit and implicit memory in depressed patients. *Psychological Medicine*, **24**, 239-245.

Beevers, C. G. (2005). Cognitive vulnerability to depression: A dual process model. *Clinical Psychology Review*, **25**, 975-1002.

Burt, D. B., Zembar, M. J., & Niederehe, G. (1995). Depression and memory impairment: a meta-analysis of the association, its pattern, and specificity. *Psychological Bulletin*, **117**, 285-305.

Danion, J. M., Willard-Schroeder, D., Zimmermann, M. A., Grange, D., Schlienger, J. L., & Singer, L. (1991). Explicit Memory and Repetition Priming in Depression. *Archives of General Psychiatry*, **48**, 707-711.

Ellwart, T., Rinck, M., & Becker, E. S. (2003). Selective memory and memory deficits in depressed inpatients. *Depression And Anxiety*, **17**, 197-206.

Hertel, P. T., & Hardin, T. S. (1990). Remembering with and without awareness in a depressed mood: Evidence of deficits in initiative. *Journal of Experimental Psychology: General*, **119**, 45-59.

堀内　孝（2011）．記憶と意識　太田信夫・厳島行雄（編）　記憶と日常　北大路書房　pp.106-124.

Jenkins, W., & McDowall, J. (2001). Implicit memory and depression: An analysis of perceptual and conceptual processes. *Cognition & Emotion*, **15**, 803-812.

松本　昇・望月　聡（2012）．抑うつと自伝的記憶の概括化―レビューと今後の展望　心理学評論，**55**，459-483.

Matt, G. E., Vázquez, C., & Campbell, W. K. (1992). Mood-congruent recall of affectively toned stimuli: A meta-analytic review. *Clinical Psychology Review*, **12**, 227-255.

Mulligan, N. W. (2011). Implicit memory and depression: Preserved conceptual priming in subclinical depression. *Cognition & Emotion*, **25**, 730-739.

Phillips, W. J., Hine, D. W., & Thorsteinsson, E. B. (2010). Implicit cognition and depression: a meta-analysis. *Clinical Psychology Review*, **30**, 691-709.

杉浦義典（2009）．アナログ研究の技法　新曜社

Surprenant, A. M., & Neath, I. (2009). *Principles of memory*. New York: Psychology Press. 今井久登（訳）（2012）．記憶の原理　勁草書房

上田紋佳（2014）．ワーキングメモリと感情に関する近年の研究動向　老年精神医学雑誌，**25**，530-535.

Watkins, P. C. (2002). Implicit memory bias in depression. *Cognition & Emotion*, **16**, 381-402.

Williams, J. M. G., Watts, F. N., MacLeod, C., & Mathews, A. (1988). *Cognitive Psychology and Emotional Disorders*. Chichester: Wiley.

Williams, J. M. G., Watts, F. N., MacLeod, C., & Mathews, A. (1997). *Cognitive Psychology and Emotional Disorders* (Second Edition). Chichester: Wiley.

● 7章

Adolphs, R., Cahill, L., Schul, R., & Babinsky, R. (1997). Impaired declarative memory for emotional material following bilateral amygdala damage in humans. *Learning Memory*, **4**, 291-300.

American Psychiatric Association (2000). *Diagnostic and statistical manual of mental disorders* (4 th ed. text revision). Washington, DC: American Psychiatric Association.

Austin, M. P., Mitchell, P., & Goodwin, G. M. (2001). Cognitive deficits in depression: Possible impli-

cations for functional neuropathology. *British Journal of Psychiatry*, **178**, 200-206.
Baddeley, A. (1996). The fractionation of working memory. *Proceedings of the National Academy of Sciences of the United States of America*, **93**, 13468-13472.
Baños, R. M., Medina, P. M., & Pascual, J. (2001). Explicit and implicit memory biases in depression and panic disorder. *Behaviour Research and Therapy*, **39**, 61-74.
Bear, M. F., Connors, B. W., & Paradiso, M. A. (2007). *Neuroscience: Exploring the brain* (3rd ed.). Baltimore, MD: Lippincott Williams & Wilkins Inc.
Beddington, J., Cooper, C. L., Field, J., Goswami, U., Huppert, F. A., Jenkins, R., Jones, H. S., Kirkwood, T. B., Sahakian, B. J., & Thomas, S. M. (2008). The mental wealth of nations. *Nature*, **455**, 1057-1060.
Braver, T. S., Cohen, J. D., Nystrom, L. E., Jonides, J., Smith, E. E., & Noll, D. C. (1997). A parametric study of prefrontal cortex involvement in human working memory. *NeuroImage*, **5**, 49-62.
Bremner, J. D. (2002). Structural changes in the brain in depression and relationship to symptom recurrence. *CNS spectrums*, **7**, 129-130, 135-139.
Brewin, C. R., Hunter, E., Carroll, F., & Tata, P. (1996). Intrusive memories in depression: An index of schema activation? *Psychological Medicine*, **26**, 1271-1276.
Brewin, C. R., Reynolds, M., & Tata, P. (1999). Autobiographical memory processes and the course of depression. *Journal of Abnormal Psychology*, **108**, 511-517.
Brittlebank, A. D., Scott, J., Williams, J. M. G., & Ferrier, I. N. (1993). Autobiographical memory in depression: State or trait marker? *British Journal of Psychiatry*, **162**, 118-121.
Burt, D. B., Niederehe, G., & Zembar, M. J. (1995). Depression and memory impairment?: A meta-analysis of the association, its pattern, and specificity. *Psychological Bulletin*, **117**, 285-305.
Cahill, L., Babinsky, R., Markowitsch, H. J., & McGaugh, J. L. (1995). The amygdala and emotional memory. *Nature*, **377**, 295-296.
Campbell, S., Marriott, M., Nahmias, C., & MacQueen, G. M. (2004). Lower hippocampal volume in patients suffering from depression: a meta-analysis. *The American Journal of Psychiatry*, **161**, 598-607.
Christopher, G., & MacDonald, J. (2005). The impact of clinical depression on working memory. *Cognitive Neuropsychiatry*, **10**, 379-399.
Conway, M. A., & Pleydell-Pearce, C. W. (2000). The construction of autobiographical memories in the self-memory system. *Psychological Review*, **107**, 261-288.
Conway, M. A., Singer, J. A., & Tagini, A. (2004). The self and autobiographical memory: Correspondence and coherence. *Social Cognition*, **22**, 491-529.
Crane, C., Barnhofer, T., & Williams, J. M. G. (2007). Cue self-relevance affects autobiographical memory specificity in individuals with a history of major depression. *Memory*, **15**, 312-323.
Daneman, M., & Carpenter, P. A. (1980). Individual differences in working memory and reading. *Journal of Verbal Learning and Verbal Behavior*, **19**, 450-466.
Decety, J., & Michalska, K. (2010). Neurodevelopmental changes in the circuits underlying empathy and sympathy from childhood to adulthood. *Developmental Science*, **13**, 886-899.
Diener, C., Kuehner, C., Brusniak, W., Ubl, B., Wessa, M., & Flor, H. (2012). NeuroImage A meta-analysis of neurofunctional imaging studies of emotion and cognition in major depression. *NeuroImage*, **61**, 677-685.
Disner, S. G., Beevers, C. G., Haigh, E. A. P., & Beck, A. T. (2011). Neural mechanisms of the cognitive model of depression. *Nature Reviews Neuroscience*, **12**, 467-477.
Drevets, W. C., Bogers, W., & Raichle, M. E. (2002). Functional anatomical correlates of antidepres-

sant drug treatment assessed using PET measures of regional glucose metabolism. *European Neuropsychopharmacology*, 12, 527-544.
Drevets, W. C., Price, J. L., & Furey, M. L. (2008). Brain structural and functional abnormalities in mood disorders?: implications for neurocircuitry models of depression. *Brain Structure and Function*, 213, 93-118.
Elliott, R. (1998). The neuropsychological profile in unipolar depression. *Trends in cognitive sciences*, 2, 447-454.
Elliott, R., Sahakian, B. J., McKay, A. P., Herrod, J. J., Robbins, T. W., & Paykel, E. S. (1996). Neuropsychological impairments in unipolar depression: The influence of perceived failure on subsequent performance. *Psychological Medicine*, 26, 975-989.
Fornito, A., & Bullmore, E. T. (2012). Connectomic intermediate phenotypes for psychiatric disorders. *Frontiers in Psychiatry*, 3, 32.
Goddard, L., Dritschel, B., & Burton, A. (1996). Role of autobiographical memory in social problem solving and depression. *Journal of Abnormal Psychology*, 105, 609-616.
Goel, V., Grafman, J., Tajik, J., Gana, S., & Danto, D. (1997). A study of the performance of patients with frontal lobe lesions in a financial planning task. *Brain*, 120, 1805-1822.
Gotlib, I. H., & Hamilton, J. P. (2008). Neuroimaging and Depression: Current Status and Unresolved Issues. *Current Directions in Psychological Science*, 17, 159-163.
Hamilton, J. P., & Gotlib, I. H. (2008). Neural substrates of increased memory sensitivity for negative stimuli in major depression. *Biological Psychiatry*, 63, 1155-1162.
Harvey, A., Watkins, E., Mansell, W., & Shafran, R. (2004). *Cognitive behavioural processes across psychological disorders: A transdiagnostic approach to research and treatment*. New York: Oxford University Press.
Harvey, P. O., Fossati, P., Pochon, J. B., Levy, R., Lebastard, G., Lehéricy, S., Allilaire, J. F., & Dubois, B. (2005). Cognitive control and brain resources in major depression: an fMRI study using the n-back task. *NeuroImage*, 26, 860-869.
Harvey, P. O., Le Bastard, G., Pochon, J. B., Levy, R., Allilaire, J. F., Dubois, B., & Fossati, P. (2004). Executive functions and updating of the contents of working memory in unipolar depression. *Journal of Psychiatric Research*, 38, 567-576.
Ilardi, S. S., Atchley, R. A., Enloe, A., Kwasny, K., & Garratt, G. (2007). Disentangling Attentional Biases and Attentional Deficits in Depression: An Event-Related Potential P300Analysis. *Cognitive Therapy and Research*, 31, 175-187.
Keedwell, P. A., Andrew, C., Williams, S. C., Brammer, M. J., & Phillips, M. L. (2005). A double dissociation of ventromedial prefrontal cortical responses to sad and happy stimuli in depressed and healthy individuals. *Bioogical. Psychiatry*, 58, 495-503.
Knutson, B., Fong, G. W., Adams, C. M., Varner, J. L., & Hommer, D. (2001). Dissociation of reward anticipation and outcome with event-related fMRI. *Neuroreport*, 12, 3683-3687.
小嶋雅代・古川壽亮（2003）．BDI-II ベック抑うつ質問表　日本文化科学社
LeDoux, J. (2002). *Synaptic self: How our brains become who we are*. New York: Viking Penguin. 森憲作（監修）谷垣暁美（訳）（2004）．シナプスが人格をつくる―脳細胞から自己の総体へ　みすず書房
Lee, R. S. C., Hermens, D. F., Porter, M. A., & Redoblado-Hodge, M. A. (2012). A meta-analysis of cognitive deficits in first-episode Major Depressive Disorder. *Journal of Affective Disorders*, 140, 113-124.
Lezak, M. D. (1995). *Neuropsychological assessment* (3rd ed.). New York: Oxford University Press.

Mackinger, H. F., Loschin, G. G., & Leibetseder, M. M. (2000). Prediction of postnatal affective changes by autobiographical memories. *European Psychologist*, 5, 52-61.

Mathews, A., & MacLeod, C. (2005). Cognitive vulnerability to emotional disorders. *Annual Review of Clinical Psychology*, 1, 167-195.

松本　昇・望月　聡（2012）. 抑うつと自伝的記憶の概括化—レビューと今後の展望　心理学評論, 55, 459-483.

Matt, G. E., Vazquez, C., & Campbell, W. K. (1992). Mood congruent recall of affectively tones stimuli: A meta-analytic review. *Clinical Psychology Review*, 12, 227-255.

McDermott, L. M., & Ebmeier, K. P. (2009). A meta-analysis of depression severity and cognitive function. *Journal of Affective Disorders*, 119, 1-8.

Millan, M. J., Agid, Y., Brüne, M., Bullmore, E. T., Carter, C. S., Clayton, N. S., Connor, R., Davis, S., Deakin, B., DeRubeis, R. J., Dubois, B., Geyer, M. A., Goodwin, G. M., Gorwood, P., Jay, T. M., Joëls, M., Mansuy, I. M., Meyer-Lindenberg, A., Murphy, D., Rolls, E., Saletu, B., Spedding, M., Sweeney, J., Whittington, M., & Young, L. J. (2012). Cognitive dysfunction in psychiatric disorders: characteristics, causes and the quest for improved therapy. *Nature Reviews Drug Discovery*, 11, 141-168.

Miyake, A., Friedman, N. P., Emerson, M. J., Witzki, A. H., Howerter, A., & Wager, T. (2000). The unity and diversity of executive functions and their contributions to complex "frontal lobe" tasks: A latent variable analysis. *Cognitive Psychology*, 41, 49-100.

Miyake, A., & Shah, P. (1999). *Models of Working Memory*. Cambridge, MA: Cambridge.

長田泉美・中込和幸（2009）. 気分障害の薬物療法と認知機能　臨床精神医学, 38, 447-453.

Okada, G., Okamoto, Y., Morinobu, S., Yamawaki, S., & Yokota, N. (2003). Attenuated left prefrontal activation during a verbal fluency task in patients with depression. *Neuropsychobiology*, 47, 21-26.

Packard, M. G., Cahill, L., & McGaugh, J. L. (1994). Amygdala modulation of hippocampal-dependent and caudate nucleus-dependent memory processes. *Proceedings of the National Academy of Sciences of the United States of America*, 91, 8477-8481.

Raes, F., Hermans, D., Williams, J. M. G., Demyttenaere, K., Sabbe, B., Pieters, G., & Eelen, P. (2005). Reduced specificity of autobiographical memories: Amediator between rumination and ineffective problem solving in major depression? *Journal of Affective Disorders*, 87, 331-335.

Raes, F., Williams, J. M. G., & Hermans, D. (2009). Reducing cognitive vulnerability to depression: a preliminary investigation of MEmory Specificity Training (MEST) in inpatients with depressive symptomatology. *Journal of Behavior Therapy and Experimental Psychiatry*, 40, 24-38.

Reynolds, M., & Brewin, C. R. (1999). Intrusive memories in depression and posttraumatic stress disorder. *Behaviour Research and Therapy*, 37, 201-215.

Ridout, N., Noreen, A., & Johal, J. (2009). Memory for emotional faces in naturally occurring dysphoria and induced sadness. *Behaviour Research and Therapy*, 47, 851-860.

Robinson, J. A. (1986). Autobiographical memory: a historical prologue. In D.C. Rubin (Ed.), *Autobiographical memory*. Cambridge: Cambridge University Press. pp. 19-49.

Rose, E. J., & Ebmeier, K. P. (2006). Pattern of impaired working memory during major depression. *Journal of Affective Disorders*, 90, 149-161.

Sacher, J., Neumann, J., Fünfstück, T., Soliman, A., Villringer, A., & Schroeter, M. L. (2012). Mapping the depressed brain: A meta-analysis of structural and functional alterations in major depressive disorder. *Journal of Affective Disorders*, 140, 142-148.

坂本真士・伊藤絵美・杉山　崇（2010）. 臨床に活かす基礎心理学　東京大学出版会

文献

坂爪一幸（2007）．高次脳機能の障害心理学—神経心理学的症状とリハビリテーション・アプローチ　学文社

Southwick, S. M., & Charney, D. S. (2012). The science of resilience: implications for the prevention and treatment of depression. *Science*, **338**, 79-82.

Steinvorth, S., Levine, B., & Corkin, S. (2005). Medial temporal lobe structures are needed to re-experience remote autobiographical memories: evidence from H. M. and W. R. *Neuropsychologia*, **43**, 479-496.

杉山崇・坂本真士・前田泰宏（2007）．これからの心理臨床—基礎心理学と統合・折衷的心理療法のコラボレーション　ナカニシヤ出版

Sumner, J. A., Griffith, J. W., & Mineka, S. (2010). Overgeneral autobiographical memory as a predictor of the course of depression: a meta-analysis. *Behaviour Research and Therapy*, **48**, 614-625.

Van Vreeswijk, M. F., & De Wilde, E. J. (2004). Autobiographical memory specificity, psychopathology, depressed mood and the use of the Autobiographical Memory Test: a meta-analysis. *Behaviour Research and Therapy*, **42**, 731-743.

Videbech, P., & Ravnkilde, B. (2004). Hippocampal volume and depression: a meta-analysis of MRI studies. *The American Journal of Psychiatry*, **161**, 1957-1966.

Watkins, E. R., Baeyens, C. B., & Read, R. (2009). Concreteness training reduces dysphoria: proof-of-principle for repeated cognitive bias modification in depression. *Journal of Abnormal Psychology*, **118**, 55-64.

Watkins, P. C., Martin, C. K., & Stern, L. D. (2000). Unconscious memory bias in depression: perceptual and conceptual processes. *Journal of Abnormal Psychology*, **109**, 282-289.

Wechsler, D. (1987). *Manual for the Wechsler Memory Scale-Rrevised*. San Antonio, TX: The Psychological Corporation.

Williams, J. M. G., Barnhofer, T., Crane, C., Hermans, D., Raes, F., Watkins, E., & Dalgleish, T. (2007). Autobiographical memory specificity and emotional disorder. *Psychological Bulletin*, **133**, 122-148.

Williams, J. M. G., & Broadbent, K. (1986). Autobiographical memory in suicide attempters. *Journal of Abnormal Psychology*, **95**, 144-149.

Williams, J. M. G., Ellis, N. C., Tyers, C., Healy, H., Rose, G., & MacLeod, A. K. (1996). The specificity of autobiographical memory and imageability of the future. *Memory & Cognition*, **24**, 116-125.

Williams, J. M. G., Teasdale, J. D., Segal, Z. V., & Soulsby, J. (2000). Mindfulness-based cognitive therapy reduces overgeneral autobiographical memory in formerly depressed patients. *Journal of Abnormal Psychology*, **109**, 150-155.

Yamamoto, T., Sato, T., Mori, Y., & Shimada, H. (2010). *The effects of memory retrieval training in college students on memory retrieval processes and depression.* Ⅵ th World Congress of Behavioural & Cognitive Therapies, Boston.

Yamamoto, T., & Shimada, H. (2012). Cognitive Dysfunctions after Recovery from Major Depressive Episodes. *Applied Neuropsychology*, **19**, 183-191.

山本哲也・山野美樹・嶋田洋徳・市川　健・仲谷　誠（印刷中）　反復性の大うつ病エピソード経験者が示す認知的反応性の特異性　心理学研究

山本哲也・山野美樹・田上明日香・市川　健・河田真理・津曲志帆・嶋田洋徳（2011）．認知機能障害に焦点を当てた心理学的介入方法がうつ病の再発予防に及ぼす効果に関する展望　行動療法研究，**37**，33-45.

● 8章

Abramowitz, J. S., Tolin, D. F., & Street, G. P. (2001). Paradoxical effects of thought suppression: A meta-analysis of controlled studies. *Clinical Psychology Review*, **21**, 683-703.

Aldao, A., Nolen-Hoeksema, S., & Schweizer, S. (2010). Emotion-regulation strategies across psychopathology: A meta-analytic review. *Clinical Psychology Review*, **30**, 217-237.

Bandura, A. (1989). Human agency in social cognitive theory. *American Psychologist*, **44**, 1175-1184.

Baumeister, R. F., Bratslavsky, E., Muraven, M., & Tice, D. M. (1998). Ego depletion: Is the active self a limited resource? *Journal of Personality and Social Psychology*, **74**, 1252-1265.

Bomyea, J., & Amir, N. (2011). The Effect of an executive functioning training program on working memory capacity and intrusive thoughts. *Cognitive Therapy and Research*, **35**, 529-535.

Conway, M., Howell, A., & Giannopoulos, C. (1991). Dysphoria and thought suppression. *Cognitive Therapy and Research*, **15**, 153-166.

Dalgleish, T., Mathews, A., & Wood, J. (1999). Inhibition processes in cognition and emotion: A special case? In T. Dalgleish & M. Power (Eds.), *Handbook of cognition and emotion*. Chichester, UK: John & Wiley. pp.243-265.

Dalgleish, T., & Yiend, J. (2006). The effects of suppressing a negative autobiographical memory on concurrent intrusions and subsequent autobiographical recall in dysphoria. *Journal of Abnormal Psychology*, **115**, 467-473.

Davies, M. I., & Clark, D. M. (1998). Thought suppression produces a rebound effect with analogue post-traumatic intrusions. *Behaviour Research and Therapy*, **36**, 571-582.

Denzler, M., Förster, J., & Liberman, N. (2009). How goal-fulfillment decreases aggression. *Journal of Experimental Social Psychology*, **45**, 90-100.

Erskine, J. A. K., Georgiou, G. J., & Kvavilashvili, L. (2010). I suppress, therefore I smoke: effects of thought suppression on smoking behavior. *Psychological Science*, **21**, 1225-1230.

Hartlage, S., Alloy, L. B., Vázquez, C., & Dykman, B. (1993). Automatic and effortful processing in depression. *Psychological Bulletin*, **113**, 247-278.

Harvey, P. O., Fossati, P., Pochon, J. B., Levy, R., Lebastard, G., Lehéricy, S., Allilaire, J. F., & ,Dubois, B. (2005). Cognitive control and brain resources in major depression: an fMRI study using the n-back task. *NeuroImage*, **26**, 860-869.

服部陽介・川口　潤 (2009). 抑うつ者における思考抑制時の侵入思考と注意の焦点化方略の関係　心理学研究, **80**, 238-245.

Hattori, Y., & Kawaguchi, J. (2010). Decreased effectiveness of a focused-distraction strategy in dysphoric individuals. *Applied Cognitive Psychology*, **24**, 376-386.

服部陽介・川口　潤 (2012a). 集中的気晴らしの利用が侵入思考を減少させる　人間環境学研究, **10**, 79-84.

服部陽介・川口　潤 (2012b). 抑うつ者が気晴らしに失敗する理由—focused-distraction 時の抑制意図と侵入思考の関係　日本社会心理学会第53回大会発表論文集, **95**.

服部陽介・川口　潤 (2013). 集中的気晴らしに関するメタ認知的信念と抑うつの関係に関する検討　パーソナリティ研究, **21**, 267-277.

Hertel, P. T. (1998). Relation between rumination and impaired memory in dysphoric moods. *Journal of Abnormal Psychology*, **107**, 166-172.

Hertel, P. T., & Hardin, T. S. (1990). Remembering with and without awareness in a depressed mood: Evidence of deficits in initiative. *Journal of Experimental Psychology: General*, **119**, 45-59.

Hertel, P. T., & Rude, S. S. (1991). Depressive deficits in memory: focusing attention improves subsequent recall. *Journal of Experimental Psychology: General*, **120**, 301-309.

木村　晴（2004）．望まない思考の抑制と代替思考の効果　教育心理学研究，**52**，115-126．
Lavy, E. H., & van den Hout, M. (1994). Cognitive avoidance and attentional bias: Causal relationships. *Cognitive Therapy and Research*, **18**, 179-191.
Liberman, N., & Förster, J. (2000). Expression after suppression: A Motivational Explanation of Postsuppressional Rebound. *Journal of Personality and Social Psychology*, **79**, 190-203.
Lin, Y. J., & Wicker, F. W. (2007). A comparison of the effects of thought suppression, distraction and concentration. *Behaviour Research and Therapy*, **45**, 2924-2937.
Luciano, J. V., Belloch, A., Algarabel, S., Tomás, J. M., Morillo, C., & Lucero, M. (2006). Confirmatory factor analysis of the White Bear Suppression Inventory and the Thought Control Questionnaire: A comparison of alternative models. European *Journal of Psychological Assessment*, **22**, 250-258.
Magee, J. C., Harden, K. P., & Teachman, B. A. (2012). Psychopathology and thought suppression: A quantitative review. *Clinical Psychology Review*, **32**, 189-201.
森　津太子・木村　晴（2004）．自動性とコントロール過程　大島　尚・北村英哉（編）　認知の社会心理学　北樹出版　pp.43-53．
及川　晴（2011）．思考抑制の3要素モデル　風間書房
及川昌典（2005）．意識的目標と非意識的目標はどのように異なるのか？ステレオタイプ抑制における非意識的目標の効果　教育心理学研究，**53**，504-515．
及川　恵（2002）．気晴らし方略の有効性を高める要因―プロセスの視点からの検討　教育心理学研究，**50**，185-192．
Ozer, E. M., & Bandura, A. (1990). Mechanisms governing empowerment effects: A self-efficacy analysis. *Journal of Personality and Social Psychology*, **58**, 472-486.
Reich, D. A., & Mather, R. D. (2008). Busy perceivers and ineffective suppression goals: A critical role for distracter thoughts. *Personality and Social Psychology Bulletin*, **34**, 706-718.
Rude, S. S., Wenzlaff, R. M., Gibbs, B., Vane, J., & Whitney, T. (2002). Negative processing biases predict subsequent depressive symptoms. *Cognition & Emotion*, **16**, 423-440.
Salkovskis, P. M., & Campbell, P. (1994). Thought suppression induces intrusion in naturally occuring negative intrusive thoughts. *Behaviour Research and Therapy*, **32**, 1-8.
Simons, J. S., Gaher, R. M., Correia, C. J., Hansen, C. L., & Christopher, M. S. (2005). An affective motivational model of marijuana and alcohol problems among college students. *Psychology of Addictive Behaviors*, **19**, 326-334.
Watkins, E. R., & Moulds, M. (2007). Revealing negative thinking in recovered major depression: A preliminary investigation. *Behaviour Research and Therapy*, **45**, 3069-3076.
Wegner, D. M. (1989). *White bears and other unwanted thoughts: Suppression, obsession, and the psychology of mental control*. New York: Guilford Press.
Wegner, D. M. (1992). You can't always think what you want: Problems in the suppression of unwanted thoughts. In M. Zanna (Ed.), *Advances in experimental social psychology*, Vol. 25. San Diego, CA: Academic Press. pp.193-225.
Wegner, D. M. (1994). Ironic processes of mental control. *Psychological Review*, **101**, 34-52.
Wegner, D. M. (2011). Setting free the bears: Escape from thought suppression, *American Psychologist*, **66**, 671-680.
Wegner, D. M., & Erber, R. (1992). The hyperaccessibility of suppressed thoughts. *Journal of Personality and Social Psychology*, **63**, 903-912.
Wegner, D. M., Erber, R., & Zanakos, S. (1993). Ironic processes in the mental control of mood and moo-related thought. *Journal of Personality and Social Psychology*, **65**, 1093-1104.

Wegner, D. M., & Gold, D. B. (1995). Fanning old flames: Emotional and cognitive effects of suppressing thoughts of a past relationship. *Journal of Personality and Social Psychology*, **68**, 782-792.

Wegner, D. M., Schneider, D. J., Carter S. R., & White, T. L (1987). Paradoxical effects of thought suppression. *Journal of Personality and Social Psychology*, **53**, 5-13.

Wegner, D. M., & Zanakos, S. (1994). Chronic thought suppression. *Journal of Personality*. **62**, 615-641.

Wenzlaff, R. M. (2005). Seeking solace but finding despair: The persistence of intrusive thoughts in depression. In D. A. Clark (Ed.), *Intrusive thought in clinical disorders: Theory, research and treatment*. New York: Guilford Press. pp. 54-85. 丹野義彦（監訳）(2006). 侵入思考―雑念はどのように病理へと発展するのか　星和書店

Wenzlaff, R. M., & Bates, D. E. (1998). Unmasking a cognitive vulnerability to depression: How lapses in mental control reveal depressive thinking. *Journal of Personality and Social Psychology*, **75**, 1559-1571.

Wenzlaff, R. M., & Luxton, D. D. (2003). The role of thought suppression in depressive rumination. *Cognitive Therapy and Research*, **27**, 293-308.

Wenzlaff, R. M., Meier, J., & Salas, D. M. (2002). Thought suppression and memory biases during and after depressive moods. *Cognition & Emotion*, **16**, 403-422.

Wenzlaff, R. M., Wegner, D. M., & Roper, D. W. (1988). Depression and mental control: The resurgence of unwanted negative thoughts. *Journal of Personality and Social psychology*, **55**, 882-892.

Williams, A. D., & Moulds, M. L. (2008). Manipulating recall vantage perspective of intrusive memories in dysphoria. *Memory*, **16**, 742-750.

● 9章

Aggleton, J. P. (Ed.) (2000). *The amygdala: A functional analysis*. Oxford, UK: Oxford University Press.

Alloy, L. B., Abramson, L. Y., Murray, L. A., Whitehouse, W. G., & Hogan, M. E. (1997). Self-referent information-processing in individuals at high and low cognitive risk for depression. *Cognition and Emotion*, **11**, 539-568.

Angrilli, A., Cherubini, P., Pavese, A., & Mantredini, S. (1997). The influence of affective factors on time perception. *Perception and Psychophysics*, **59**, 972-982.

Block, R. A. (1990). Models of psychological time. In R. A. Block (Ed.), *Cognitive models of psychological time*. Hillsdale, NJ : Erlbaum Publisher. pp.1-35.

Block, R. A., & Zakay, D. (1997). Prospective and retrospective duration judgments: A meta-analytic review. *Psychonomic Bulletin & Review*, **4**, 184-197.

Bower, G. H. (1981). Mood and memory. *American Psychologist*, **36**, 129-148.

Bschor, T., Ising, M., Bauer, M., Lewitzka, U., Skerstupeit, M., Müller-Oerlinghausen, B., & Baethge, C. (2004). Time experience and time judgment in major depression, mania and healthy subjects. A controlled study of 93subjects. *Acta Psychiatrica Scandinavica*, **109**, 222-229.

Clark, D. M., & Teasdale, J. D. (1982). Diurnal variation in clinical depression and accessibility of memories of positive and negative experiences. *Journal of Abnormal Psychology*, **91**, 87-95.

Collins, A. M., & Loftus, E. F. (1975). A spreading-activation theory of semantic processing. *Psychological Review*, **82**, 407-428.

Doob, L. W. (1971). *Patterning of time*. New Haven, CT: Yale University Press.

Eich, E., Kihlstorm, J. F., Bower, G. H., Forgas, J.P., & Niedenthal, P. M. (2000). *Cognition and emotion*. New York: Oxford University Press.

Forgas, J. P. (1992). Affect in social judgments and decisions: A multiprocess model. In M. P. Zanna

文献

(Ed.), *Advances in experimental social psychology*. Vol. 25. San Diego: Academic Press. pp.227-275.
Gibbon, J. (1977). Scalar expectancy theory and Weber's law in animal timing. *Psychological Review*, **84**, 279-325.
Gibbon, J., Church, R. M., & Meck, W. H. (1984). Scalar timing in memory. In J. Gibbon, & L. Allan (Eds.), Timing and time perception. *Annuals of the New York Academy of Sciences*, Vol. 423, pp.52-77.
林 潤一郎(2009).研究の発展①認知心理学研究　下山晴彦(編)よくわかる臨床心理学改訂新版(やわらかアカデミズム・わかるシリーズ)　ミネルヴァ書房　pp.242-243.
Hevner, K. (1936). Experimental studies of the elements of expression in music. *American Journal of Psychology*, **48**, 246-248.
平 伸二(1996).これからのアウグスティヌス　松田文子・調枝孝治・甲村和三・神宮英夫・山崎勝之・平 伸二(編)心理的時間—その広くて深い謎　北大路書房　pp.501-529.
伊藤美加(2005).感情状態が認知過程に及ぼす影響　風間書房
Izard, C. E. (1991). *The psychology of emotions*. New York: Plenum Press. 荘厳舜哉(監訳)(1996).感情心理学　ナカニシヤ出版
Jaspers, K. (1963). *General psychopathology* (J. Hoein & M. W. Hamilton, Trans.). Manchester: Manchester University Press. (Original work published1942)
北村俊則(1981).うつ状態における時間認識の研究　慶医医学,**58**, 239-254.
Lang, P. J., Bradley, M. M., & Cuthbert, B. N. (1990). Emotion, attention, and the startle reflex.*Psychological Review*, **97**, 377-395.
Le Doux, J. E. (1996) *The emotional brain*. New York: Simon & Schuster.
Licht, D., Morganti, J. B., Nehrke, M. F., & Heiman G. (1985). Mediators of estimates of brief time intervals in elderly domiciled males. *International Journal of Aging and Human Development*, **21**, 211-225.
Llord, G. G., & Lishman, W. A. (1975). Effects of *depression on the* speed of recall of pleasant and unpleasant experiences. *Psychological Medicine*, **5**, 173-180.
Lusting, C., Matell, M. S., & Meck, W. H. (2005). Not "just" a coincidence: Frontal-striatal syndronization in working memory and interval timing. *Memory*, **13**, 441-448.
Martin, L. L., & Clore, G. L. (Eds). (2001). *Theories of Mood and Cognition: A User*'s Guidebook. Mahwah, N.J.: Lawrence Erlbaum Associates.
Matt, G. E., Vazquez, C., & Compbell, W. K. (1992). Mood-congruent recall of affectively toned stimuli: A meta-analytic review. *Clinical Psychology Review*, **12**, 227-255.
松田文子(1996).現代のアウグスティヌス　松田文子・調枝孝治・甲村和三・神宮英夫・山崎勝之・平 伸二(編)心理的時間その広くて深い謎　北大路書房　pp.1-26.
松田文子(編)(2004).時間を作る，時間を生きる—心理的時間入門　北大路書房
Meck, W. H. (2005). Neuropsychology of timing and time perception. *Brain and Cognition*, **58**, 1-8.
森田麻登(2011).感情価が時間評価に与える影響　共栄学園短期大学紀要, **27**, 167-176.
森田麻登(2012).抑うつ傾向と感情価が心理的時間に及ぼす影響　パーソナリティ研究, **20**, 167-178.
Morita, A., Morishita, Y., & Rockham, D. W. (2015). Right dorsolateral prefrontal cortex activation during a time production task: A functional near-infrared spectroscopy study. *Asian Journal of Neurosciense*, 2015, Article ID189060, 1-9.
Ohira, H. (1996). Accessibility of negative constructs in depression: An event-related brain potential and reaction time analysis. *The Japanese Journal of Experimental Social Psychology*, **35**, 1-11.
大平英樹(2005).抑うつと情報処理　坂本真士・丹野義彦・大野　裕(編)抑うつの臨床心理学　東

京大学出版会　pp.51-73.
奥村泰之・坂本真士（2004）．アナログ研究にBDIとSDSは有効か？　日本心理学会第45回大会論文集，**45**，244-245.
Orme, J. E. (1962). Time studies in normal and abnormal personalities. *Acta Psychologica*, **20**, 285-303.
Orme, J. E. (1964). Personality, time estimation and time experience. *Acta Psycologica*, **22**, 430-440.
Ornstein, R. E. (1969). *On the experience of time. Harmondsworth*. UK: Penguin Books.
尾崎由佳（2006）．接近・回避行動の反復による潜在的態度の変容　実験社会心理学研究，**45**，98-110.
Perbal-Hatif, S. (2012). A neuropsychological approach to time estimation. *Dialogues Clinical Neuroscience*, **14**, 425-432.
Pyszczynski, T., Hamilton, J. C., Herring, F. H., & Greenberg, J. (1989). Depression, self-focused attention, and the negative memory bias. *Journal of Personality and Social Psychology*, **57**, 351-357.
Roberts, C. M. (1999). The prevention of depression in children and adolescents. *Australian Psychologist*, **34**, 49-57.
Rusting, C. L. (1998). Personality, mood, and cognitive processing of emotional information: Three conceptual frameworks. *Psychological Bulletin*, **124**, 165-196.
Salovey, P., & Singer, J. A. (1989). Mood congruency effects in recall of childhood versus recent memories. In D. Kuilen (Ed.), *Mood and memory: Theory, research and applications*. Newbury Park: Sage. pp.99-120.
Sévigny, M. C., Everett, J., & Grondin, S. (2003). Depression, attention, and time estimation. *Brain and Cognition*, **53**, 351-353.
高橋雅延（1996）．記憶と感情の実験的研究の問題点　聖心女子大学論叢，86，61-102.
高橋雅延（2002）．感情の操作方法の現状　高橋雅延・谷口高士（編）感情と心理学—発達・整理・認知・社会・臨床の接点と新展開　北大路書房　pp.66-80.
谷口高士（1991）．認知における気分一致効果と気分状態依存効果　心理学評論，**34**，319-344.
谷口高士（1997）．記憶・学習と感情　海保博之（編）「温かい認知」の心理学　金子書房　pp.53-75.
田山忠行（1996）．運動パターンの時間評価　松田文子・調枝孝治・甲村和三・神宮英夫・山崎勝之・平　伸二（編）心理的時間その広くて深い謎　北大路書房　pp.101-116.
Teasdale, J. D. (1985). Psychological treatment for depression: How do they work? *Behavior Research and Therapy*, **23**, 157-165.
Ueda, K., Okamoto, Y., Okada, G., Yamashita, H., Hori, T., & Yamawaki, S. (2003). Brain activity during expectancy of emotional stimuli: an fMRI study. *Neuroreport*, **14**, 51-55.
Watts, F. N., & Sharrock, R. (1984). Fear and time estimation. *Perceptual and Motor Skills*, **59**, 597-598.
Wearden, J. H. (2003). Applying the scalar timing model to human time psychology: Progress and challenges. In H. Helfrich (Ed.), *Time and mind II: Information-processing perspectives*. Gottingen, Germany: Hogrefe & Huber. pp.21-39.
Williams J. M. G., & Broadbent, K. (1986). Autobiographical memory in suicide attempters. *Journal of Abnormal Psychology*, **95**, 144-149.
山脇成人（2005）．うつ病の脳科学的研究：最近の話題　第129回日本医学会シンポジウム記録集—うつ病，6-12.
Zakay, D., & Block, R. A. (1995). An attentional gate model of prospective time estimation. In M. Richelle, V. De Keyser, G. D'Ydewalle, & A. Vandierendonck(Eds.), *Time and the dynamic control of behaviour*. University of Liego Press. pp.167-178.
Zakay, D., Block, R. A., & Tsal, Y. (1999) Prospective duration estimation and performance. In, D.

Gopher & A. Koriat (Eds.), *Attention and performance XVII. Cognitive regulation of performance: interaction of theory and application*. MIT Press, Cambridge. pp.557-580.

● 10章

Alexander, F., & French, T. (1946) *Psychoanalytic therapy: Principles and application*. Ronald Press.
Bluck, S., Alea, N., Habarmas, T., & Rubin, D. C. (2005). A tale of three functions: The Self-reported use of auto-biographical memory. *Social Cognition*, 23, 91-117.
Cohen, G. (1989). *Memory in the real world*. New York: Lawrence Erlbaum Associates. 川口潤(訳) (1992). 日常記憶の心理学　サイエンス社
福島哲夫 (2011a). 心理療法の3次元統合モデルの提唱——より少ない抵抗と，より大きな効果を求めて　日本サイコセラピー学会雑誌，12 (1)，51-59.
福島哲夫 (2011b). 気分変調性障害とパニック障害を伴った20代後半女性への統合・折衷的心理療法　伊藤絵美・杉山　崇・坂本真士 (編) 事例でわかる心理学のうまい活かし方　金剛出版　pp.45-64.
福島哲夫 (2011c). スピリチュアリティの統合——ユング心理学から3次元統合モデルへ　平木典子・岩壁　茂・福島哲夫 (編) 新世紀うつ病治療・支援論——うつに対する統合アプローチ　金剛出版　pp.141-164.
福島哲夫 (2011d). 結語にかえて　平木典子・岩壁　茂・福島哲夫 (編) 新世紀うつ病治療・支援論——うつに対する統合アプローチ　金剛出版　pp. 241-243.
Harvey, M. R. (1996). Memory research and clinical practice: A critique of three paradigms and a framework for psychotherapy with trauma survivors. In L. M. Williams, V. L. Banyard (Eds.), *Trauma & Memory*. Thousand Oaks: CL.,Sage Publications. 家族機能研究所 (訳) (1999). 記憶の研究と臨床活動——3つのパラダイムの分析とトラウマ・サヴァイヴァーへの精神療法の枠組み　アディクションと家族，16 (3), 325-336.
Harvey, M. R. (1999). *Treatment for victims of sexual violence in the family and in society: An ecological framework and a "Stage by Dimentions" approach to in tervention*. Paper presented at10th Meeting of Japanese Society for Studies of Addictive Behavior, Tokyo. 家族機能研究所 (訳) (2000). 性的虐待犠牲者への家族的社会的治療——介入に関する生態学的枠組みと"次元別段階アプローチ"　アディクションと家族，17 (1), 35-50.
河村光毅 (2007). 扁桃体の構成と機能　臨床精神医学，36, 817-828
Neisser, U. (1978). Memory: What are the important questions? In M. M. Gruneberg, E. E. Morris, & R. N. Sykes (Eds.), *Practical aspects of memory*. San Diego, CA: Academic Press. pp.3-24.
越智啓太 (2004). 感情・情動と自伝的記憶の関連——本当に感情システムは自伝的記憶に影響を及ぼすのか　佐藤浩一・槙　洋一・下島裕美・堀内　孝・越智啓太・太田信夫 (編)　自伝的記憶研究の理論と方法　日本認知科学会テクニカル・レポート，51, 15-18.
O'Hanlon, B. (2011). *Quick step to resolving trauma*. 前田泰宏 (監訳) (2013). 可能性のある未来につながるトラウマ解消のクイック・ステップ——新しい4つのアプローチ　金剛出版.
岡田　斉 (2011). 夢の認知心理学　勁草書房
佐藤浩一・下島裕美・越智啓太 (2008). 自伝的記憶の心理学　北大路書房
榊美知子 (2007). 自伝的記憶の感情情報はどのように保持されているのか——領域構造の観点から　教育心理学研究，55, 184-196.
Schachatel, E. G. (1947). On memory and childhood amnesia. *Psychiatry*, 10, 1-26.
Schachtel, E. G. (1959/2001). *Metamorphosis: On the conflict of human development and the psychology of creativity*. Hillsdale, NJ: The Analytic Press.
丹藤克也・仲真紀子 (2007). 検索誘導性忘却の持続性　心理学研究，78 (3), 310-315.

Young, J. E., Klosko, J. S., & Weishaar, M. E. (2003). *Schema therapy: A practitioner's guide*. New York: Guilford Press. 伊藤絵美（監訳）(2008). スキーマ療法―パーソナリティの問題に対する統合的認知行動療法アプローチ　金剛出版

van der Kolk, B. A., McFarlane, A. C., & Weisaeth, L. (1996). *Traumatic stress: The effects of overwhelming experience on mind, body, and society*. 西澤　哲（監訳）(2001). トラウマティック・ストレス　誠信書房　pp.346-348.

Wachtel, P. L. (1997). *Psychoanalysis, behavior therapy, and the relational world*.Washington, DC: American Psychological Association. 杉原保史（訳）(2002). 心理療法の統合を求めて―精神分析，行動療法，家族療法　金剛出版

● 11章

Foa., E. B., Keane, T. M., Friedman, M. J. & Cohen, J. A. (2000). *Effective treatment for PTSD practive guidelines from the inteactional society for traumatic stress studies*. The Guilford Press. 飛鳥井　望他 (2005). PTSD治療ガイドライン　エビデンスに基づいた治療戦略　金剛出版

Gil, E. (1991). *The healing power of play: Working with abused children*. New York: Guilford Press. 西澤　哲（1997). 虐待を受けた子どものプレイセラピー　誠信書房

加藤　敬（2007). 理論統合アプローチ　杉山　崇・前田泰宏・坂本真士（編）これからの心理臨床　ナカニシヤ出版

河合隼雄（1992). 心理療法序説　岩波書店

Lazarus, R. S., & Folkman, S. (1984). *Stress, Appraisal, and Coping*. New York: Springer Publishing Company.

Meichenbaum, D. (1985) *Stress inoculation training*. Pergomon　上里一郎（監訳）(1987). ストレス免疫訓練　岩崎学術出版社

西澤　哲（1997). 子どものトラウマ　講談社現代新書

杉山　崇（印刷中）事例でわかる，心理療法の2つの統合　岩崎学術出版社

杉山　崇・巣黒慎太郎・大島郁葉・佐々木純（2012）認知療法の治療関係　東　斉彰（編）統合的方法としての認知療法　岩崎学術出版社

杉山登志郎（1994). 自閉症に見られる特異な記憶想起現象-自閉症のタイムスリップ現象　精神経誌，96, 281-297

杉山登志郎（2007). 子ども虐待という第4の発達障害　学研教育出版

篁　一誠（1974). 行動療法の治療技法の分類と内容について　佐治守夫　水島恵一（編）臨床心理学の基礎知識　有斐閣

Teicher, M, H. (2002). Scars that won't heal: the neurobiology of child abuse. *Scientific American*, Vol. 286, 68-75.

Terr, L. C. (1981). "Forbidden games" post-traumatic child's play. *Journal of the American Academy of Child Psychiatry*, **20**, 741-760.

Wolpe, J. (1958). *Psychotherapy by reciprocal inhibition*. Oxford University Press.

山松質文（1975). 自閉症児の治療教育　岩崎学術出版社

● 12章

Beck, A. T. (1976). *Cognitive therapy and the emotional disorders*. International Universities Press.

Crick, F., & Koch, C. (1990). Towards a neurobiological theory of consciousness. *Seminars in Neuroscience*, **2**, 263-275.

Damasio, A. (1994). *Descartes' error: emotions, reason, and the human brain*. New York: Avon Books.

Damasio, A. (2010). *Self comes to mind constructing the conscious brain*. New York: Pantheon Books.

文献

遠藤俊彦 (2010). 発達心理学を活かす　坂本真士・杉山　崇・伊藤絵美 (編) 臨床に活かす基礎心理学　東京大学出版

Festinger, L. (1954). A theory of social comparison processes. *Human relations*, 7(2), 117-140.

Freud, S. (1914). *On Narcissism: An introduction*. Standard Edition, Vol. 14. (trans. Strachey, J., 1957). London: Hogarth Press. pp.67-102. 懸田克躬・高橋義孝他 (訳) (1969). ナルシシズム入門　フロイト著作集5 人文書院　pp.109-132.

Freud, S. (1917). *Mourning and Melancholia*. Standard Edition, Vol. 14. (trans. Strachey, J., 1957). London: Hogarth Press. pp.237-260. 井村恒郎・小此木啓吾 (訳) (1970). 悲哀とメランコリー　フロイト著作集6　人文書院　pp.137-149.

Freud, S. (1920). *Beyond the pleasure principle*. Standard Edition, Vol. 18. (trans. Strachey, J., 1955). London: Hogarth Press. pp.1-64. 井村恒郎・小此木啓吾 (訳) (1970). 快感原則の彼岸　フロイト著作集6　人文書院　pp.150-194.

Freud, S. (1926). *Inhibitions symptoms and anxiety*. Standard Edition, Vol. 19. (trans. Strachey,J., 1959). London: Hogarth Press. pp.77-175. 井村恒郎・小此木啓吾 (訳) (1970). 制止，症状，不安　フロイト著作集6　人文書院　pp.320-376.

Gardner, R. Jr., & Price, J. S., (1999). Sociophysioligy and depression. In T., Joiner., & J. C. Coyne. (Eds.), *The Interactional Nature of Depression*. American Psychological Association. Washington, D. C.

Hayes, S. C., Strosahl, K., & Wilson, K. G. (1999). *Acceptance and Commitment Therapy: Anexperiential approach to behavior change*. Guilford Pres.

Humphreys, L. G. (1939). The effect of random alternation of reinforcement on the acquisition and extinction of conditioned eyelid reactions. *Journal of Experimental Psychology*, 25, 141-158.

池田正俊 (2009). 精神力動的な抑うつの理解　帝京大学心理学紀要，13, 1-15.

池内裕美・藤原武弘 (2009). 喪失からの心理的回復過程　社会心理学研究，24 (3), 169-178.

木村　敏 (1982). 時間と自己　中央公論新社

Klein, M. (1940). *Mourning and its relation to manic-depressive states*. In Contributions to Psychoanalysis1921-1945. London: Hogarth Press.

Kohut, H. (1971). *The analysis of the self*. NewYork: International Universities Press.

前野隆司 (2010). 脳はなぜ「心」を作ったのか―「私」の謎を解く受動意識仮説　ちくま文庫

McGaugh. J. L. (2001). *Memory and emotion: The making of lasting memories*. New York: Columbia University Press.

仲　真紀子 (2007). 思い出はどこから―出来事の記憶と想起　内田伸子・氏家達夫 (編) 発達心理学特論，53-66, 日本放送出版協会

大平英樹・伊藤絵美・加藤敬 (2010). 神経―生理心理学を活かす　坂本真士・杉山　崇・伊藤絵美 (編) 臨床に活かす基礎心理学　東京大学出版会

Solms, M., & Turnbull, O. (2002). *The brain and the inner world: An introduction to the neuroscience of subjective experience*. New York: Other Press.

杉山　崇 (2005). 抑うつと対人関係　坂本真士・丹野義彦・大野　裕 (編) 抑うつの臨床心理学　東京大学出版会　pp.175-190.

杉山　崇 (2011). 事例―強迫症状から重度の抑うつ，抑制のきかない憤懣に症状が変遷した男性が「自分」を回復した過程　伊藤絵美・杉山　崇・坂本真士 (編) 事例でわかる心理学のうまい活かし方　金剛出版　pp.102-126.

杉山　崇 (2014a). ふと浮かぶ記憶・思考とのつきあい方　関口貴裕・森田泰介・雨宮有里 (編) ふと浮かぶ記憶と思考の心理学　北大路書房　pp.185-198.

杉山　崇 (2014b). 臨床心理学における自己　心理学評論，57 (3), 434-448.

杉山　崇（2014c）．治療関係の認知神経科学と心理学的現象学に基づく再検討―意識のワーキングメモリ理論と実行系における前部帯状回と前頭前野内側皮質の機能に注目した理論的考察と質問紙調査　心理相談研究，5, 9-22.

杉山　崇・五味美奈子（2014）．ポストフェストウム的時間性の測定尺度の研究―抑うつの促進要因としての可能性の検討　日本パーソナリティ心理学会23回大会発表論文集

Teasdale, J. D. (1985). Psychological treatment for depression: How do they work? *Behavior Reserch and Therapy*, **23**, 157-165.

Teasdale, J. D. (1988). Cognitive vulnerability to persistent depression. *Cognition and Emotion*, **2**, 247-274.

Young, J. E. (2006). *Schema therapy: A practitioner*'s guide. New York: Guilford.

Winnicott, D. (1960). The theory of the parent-child relationship. *International Journal of Psycho-analysis*, **41**, 585-595.

人名索引

●A
Abramowitz, J. S.　140
Alexander, F.　174
Amir, N.　135
Anderson, M. C.　53
Atkinson, R. C.　2

●B
Back, A.　32
Baddeley, A. D.　5, 11, 24
Baños, R. M.　121
Barry, E. S.　108
Bass, E.　45
Baumeister, R. F.　137
Beddington, J.　134
Beevers, C. G.　116
Blechert, J.　72
Bomyea, J.　135
Bower, G. H.　160
Braver, T. S.　122
Bremner, J. D.　75
Brewin, C. R.　121
Brittlebank, A. D.　130
Broadbent, K.　121
Brown, R.　49
Burt, D. B.　101

●C
Cahill, L.　74
Campbell, S.　127
Cannon, R. B.　73
Carpenter, P. A.　122
Clancy, S. A.　56
Collins, A. M.　15
Conway, M. A.　130
Cowan, N.　13
Craik, F. I. M.　4, 8
Crick, F.　202

●D
Damasio, A.　25, 38
Daneman, M.　122
Danion, J. M.　102
Davis, L.　45
Diener, C.　126
Drevets, W. C.　125

●E
Ebbinghaus, H.　2
Ebmeier, K. P.　123
Ehlers, A.　81

●F
Fivush, R.　20
Foa, E. B.　76, 83
Forgas, J. P.　154
Förster, J.　137
French, T.　174
Freud, S.　46, 199
Freyd, J. J.　51

●G
Goodman, G. S.　51
Gotlib, I. H.　126

●H
Hackmann, A.　85
Hamilton, J. P.　126
Hardin, T. S.　102
Harris, C. B.　53
Harsh, N.　58
Hattori, Y.　137
Herman, J. L.　44, 46
Hertel, P. T.　102, 142
Hitch, G. J.　11
Holmes, E. A.　85
堀内　孝　103
Hyman, I. E.　54

●I
Ilardi, S. S.　119

●J
Janet, P.　66
Jelinek, L.　92
Jenkins, W.　103, 104
Jung, C. G.　27, 29, 31

246

●K
Kawaguchi, J.　137
木村　敏　207
木村　晴　137
Koch, C.　202
Kulik, J.　49

●L
Lang, A. J.　87
LeDoux, J. E.　73
Lee, R. S. C.　123
Liberman, N.　137
Lindsay, D. S.　57
Lockhart, R. S.　4, 8
Loftus, E. F.　15, 47, 54

●M
MacLeod, C.　118
Magee, J. C.　140
Mathews, A.　118
松本　昇　98, 129
Matt, G. E.　107, 119
McDermott, L. M.　123
McDowall, J.　104
McNally, R. J.　56, 84, 90
Millan, M. J.　120
Miyake, A.　122
森田　麻登　158
Mulligan, N. W.　104, 105

●N
Neath, I.　103
Neisser, U.　49, 58
Nelson, T. O.　15

●O
越智　啓太　89
及川　晴　89, 137

●P
Paivio, A.　8
Pavlov, I. P.　67
Pezdek, K.　58
Phillips, W. J.　108
Pleydell-Pearce, C. W.　130

●R
Raes, F.　129
Ravnkilde, B.　127
Rogers, C.　35

●S
Sabbagh, K.　62
Sacher, J.　125
斉藤　学　48
坂本　真士　134
Schooler, J. W.　50
Shah, P.　122
Shalev, A. Y.　70
Sheingold, K.　20
Shepard, R. N.　8
Shiffrin, R. M.　2
Shimada, H.　119
Spanos, N. P.　56, 64
Squire, L. R.　7, 75
杉山　崇　134
Sumner, J. A.　130
Surprenant, A. M.　103

●T
Teasdale, J. D.　159
Terr, L.　51, 58
Tulving, E.　9, 10

●V
van der Kolk, B.　53, 66, 71, 74
Videbech, P.　127

●W
Watkins, P. C.　108
Watson, J. B.　67
Wegner, D. M.　18, 89
Wenzlaff, R. M.　135, 140
Williams, J. M. G.　90, 112, 121
Williams, L. M.　51
Winograd, E.　49
Wolpe, J.　196

●Y
Yamamoto, T.　119

事項索引

● あ
アイデンティティ　166
あきらめる　34
アクセプタンス＆コミットメント療法　34
悪夢　65
アドレナリン　73
アナログ研究　100
アルコール依存　66

● い
医学モデル　182
『生きる勇気と癒やす力』　45, 60
意識トリガー　203
意識の神経相関　202
維持リハーサル　5
偽りの記憶（フォールスメモリ）　30, 47, 64
偽りの記憶財団　46
偽りの記憶症候群　44
「今ここで」　167
意味記憶　7, 198
イメージ化　56, 64
イメージ符号化　8

● う
ウェクスラー記憶検査　123
ヴェルテン法　100
裏切りのトラウマ　51

● え
エクスポージャー療法　76
エピソード記憶　7, 35, 198
エピソード記憶システム　130
エピソードバッファ　12

● お
オペラント条件づけ　31, 82
音韻ループ　12

● か
概括化　90
概括化記憶　121
解決思考アプローチ　170

外出恐怖　82
概念駆動型処理　103
海馬　75, 125, 167
回避　65, 80
解離　53
解離性健忘　50
学習容易性判断　17
覚醒亢進症状　80
画像記憶　7
カタルシス　168
活性化拡散モデル　15
カテゴリー連想課題　104
過度の一般化　114
感覚登録器　3
監視過程　19, 137, 218
感情焦点化療法　35
感情スキーム　35
感情のパラドックス　201
間接プライミング効果　13

● き
記憶回復療法　45, 47, 64
記憶機能障害　118
記憶具体性訓練　132
記憶欠損　37, 96, 97, 111
記憶障害　118
記憶の固定化　74
記憶バイアス　37, 96, 97, 106, 118, 206
希死念慮　219
既知感　17
既知感判断　17
技能　7
機能的回避　131
機能的磁気共鳴画像法（fMRI）　21, 125
機能不全家族　178
気分一致効果　87, 106, 157, 167, 206
気分の状況依存記憶　87
気分不一致効果　167
気分誘導アプローチ　99, 100, 102
記銘　16
逆説的効果　136
逆説的想起促進　88
逆転移　26
急性ストレス障害　79
急性PTSD　79

248

事項索引

驚愕パラダイム　70
驚愕反応　70-72
強迫性障害　199
恐怖記憶　74
恐怖条件づけ　67, 70, 71, 75
恐怖反応　68

●く
具体性訓練　132
グローバルワークスペース理論　36

●け
系統的脱感作法　170, 196
ゲシュタルト療法　35
元型　29
顕在記憶　37, 97, 98
検索　16
検索誘導性忘却　53
現実自己　35
健忘症患者　10

●こ
効果量　101, 108
交感神経系　69, 73, 87
高次条件づけ　71
更新　122
行動主義　2
広汎性発達障害　192
コーピング　28, 113
心の劇場　199
心のスポットライト　206
心のフィルター　114
個人差アプローチ　99, 100
個人的意味記憶　30
個性化　31
固着　203
固定化　67, 185
古典的条件づけ　7, 31, 67, 81
コルチゾール　73, 75-77
コンテイン能力　213

●さ
再固定化　185
最早期記憶　168
再体験　65

再体験化　195
再認課題　14
催眠　63
催眠面接　63
催眠療法　48
サバイバー　45, 60, 63

●し
自我違和感　33
視覚空間タッピング課題　85
自我枯渇理論　137
時間停止現象　157
時間（的）展望　198
時間評価　150
時間評価の障害　151
視空間スケッチパッド　12
自己愛的対象選択　211
思考抑制　18, 135, 169, 203
思考抑制の逆説的効果　18
自己概念　28, 35
自己記憶システム　130
事後情報効果　54
自己スキーマ　28, 33
自己制御の効力感　147
自己対象　209
自己定義記憶　178
事象関連電位　160
実験室的研究　114
実行過程　19, 137
実行容量の減少と制御の障害　131
自伝的記憶　19, 30, 32, 90, 91, 165
自伝的記憶テスト　121
自伝的記憶の具体性の減少　129
自伝的記憶の検索過程　132
自動思考　33
死の本能　212
自発的回復　68
社会的意味記憶　30
社会的感情　200
社会的比較　209
修正感情体験　37, 174
集中的気晴らし　143, 165
皺眉筋反応　71
主体的気晴らし　165, 171
受動的意識仮説　206

249

事項索引

馴化　70
瞬目判別学習　72
消去　67-70
消去抵抗　32, 213
条件刺激　81
条件づけの抑制　72
状態的抑うつ　107
情動記憶　25
処理水準　8
処理水準モデル　4, 5
処理説　103
自律神経系　69
事例研究　164
新近性効果　20
心的外傷後ストレス障害（PTSD）　38, 65, 121, 199
侵入思考　33, 166
侵入想起　79, 93
心拍（反応）　69, 71
心理的時間　150
心理療法の統合　164

●す
スキーマ　33, 209
スキーマ療法　32, 33, 170
スクリプト法　69
ストループ効果　83
ストレスの3F反応　72
ストレス反応　72
ストレス免疫訓練　195

●せ
脆弱性因子　76
成熟モデル　182
精神分析（療法）　25, 46, 168, 198
生態学的妥当性　115
精緻化リハーサル　5
性的虐待　44, 54, 60
セカンドレイプ　185
セットシフティング　122
節約率　2
潜在記憶　13, 97, 98, 166
潜在記憶バイアス　108
前世の記憶　64
選択的記憶　119, 120

前部帯状回　127, 158

●そ
早期体験　25
即時的増強効果　136
ソマティック・マーカー仮説　32, 202

●た
第3世代CBT　27, 34, 204
対象喪失　209
対象の（内在化された）表象　25
対人関係バイアス　166
第2世代CBT　32
タイプ1トラウマ　51
タイプ1リハーサル　5
タイプ2トラウマ　51
タイプ2リハーサル　5
タイムスリップ現象　193
脱感作　185
短期記憶　3
短期貯蔵庫　3
単語完成課題　13, 14, 99

●ち
蓄積容量モデル　159
チャンク　4
注意バイアス　118
中央実行系　12
中核意識　38, 203
中核自己　38
長期記憶　4
長期自己　130
長期貯蔵庫　3
直接検索　34
直接プライミング効果　13
陳述記憶　7

●つ
追想的時間評価　152

●て
定位反応　72
ディストラクタ　165
データ駆動型処理　103
手続き記憶　7, 198

250

テトリス　86
デブリーフィング　195
転移　25, 166
転移適切処理説　108
展望（的）記憶　25, 31, 32, 198

●と
動機づけ推論モデル　137
統合失調症　102
統合モデル　112
闘争・逃走・凍結反応　72
闘争－逃走反応　73, 75
ドーパミン　151
特性的抑うつ　107
トップダウン　85, 92, 127
トラウマ関連刺激　82, 203
トラウマ記憶　25, 25, 48, 66
トラウマ体験　49, 66
遁走　50

●な
ナラティヴ　168
難治性 PTSD　76

●に
2次恐怖条件づけ　72
二重貯蔵モデル　3
二重符号仮説　8
二次抑うつ　199, 201
人間性心理学　31, 35
認知行動療法　31
認知行動療法第 3 世代（第 3 世代 CBT）
　　27, 34, 204
認知再構成法　32
認知資源の枯渇　142
認知神経科学　25
認知的な自発性　143
認知バイアス　118

●ね
ネガティブプライミング効果　15

●の
喉まで出かかる現象　15
ノルアドレナリン　73

●は
バーチャル・リアリティー　76
背外側前頭前野　127
箱庭療法　169
パニック障害　199
パニック発作　88
般化　68
汎化　81
反すう　130, 131, 142, 203
反復的記憶　121

●ひ
被暗示性　64
被殻　125
被拒絶感　217
尾状核　125
非宣言的記憶　26
皮肉過程　89, 203
皮肉過程理論　19, 137
否認　213
皮膚コンダクタンス（反応）　69, 71
表情筋反応　69
広場恐怖　82

●ふ
不安拮抗刺激　196
不安障害　66, 102
不安障害への技法　32
ファントムフラッシュバルブメモリ　58
フォールスメモリ（偽りの記憶）　30, 47, 64
フォールスメモリシンドローム　44, 60
複雑性 PTSD　179
腹内側前頭前野　125
プライミング　7, 13, 14, 26, 33, 37, 98, 198
フラッシュバック　38, 65, 79, 199
フラッシュバルブメモリ　49, 58
ブリーフ・セラピー　170
分散的気晴らし　143
分析心理学　27-29, 168

●へ
β ブロッカー　74, 77
ベック抑うつ調査　117
弁証法的行動療法　34
扁桃体　38, 75, 125, 167, 200

●ほ
保持　16
ポジトロン断層法　126
ポストトラウマティックセラピー　189
ポストトラウマティックプレイ　188
ポストフェストウム的時間制　207
ボトムアップ　85, 88, 91, 128

●ま
マインドフル　27
マインドフルネス　34
マインドフルネス認知療法　34, 132
マインドレスネス　27
マインドワンダリング　34, 39
マウラーの二過程説　82
マジカルナンバー7±2　4
麻痺　80
慢性PTSD　79

●む
無意識　46, 166
無意図想起　33
無意味綴　2
無条件刺激　81

●め
迷走神経系　69
メタ記憶　15, 17
メタ認知的信念　147
メタ分析　101, 108, 115
メランコリー親和性　217

●も
モニタリング　16
喪の仕事　211

●ゆ
遊戯療法　189
誘惑理論　46
夢解釈　62

●よ
幼児期健忘　20
予期的時間評価　152

予期不安　199
抑圧　45, 46, 53, 61, 166
抑圧現象　50
抑うつ　66, 96, 117
抑うつ処理活性仮説　160
抑うつスキーマ　208, 209
抑うつ的処理活性化仮説　206
抑うつポジション　212
抑制　122
抑制意図　145, 170, 203

●り
リアリティモニタリング　56, 64
離人感　66
理想自己　35
リーディングスパンテスト　122
リハーサル　3
リバウンド効果　136
リマインダー　69

●れ
レスポンデント（古典的）条件づけ　7, 31, 67, 81
レミニッセンスバンプ　21
連合学習　31

●わ
ワーキングセルフ　130
ワーキングメモリ　5, 11, 24, 35, 38, 122, 198

●アルファベット
Attentional-gate model　152
BDI　92
CaR-FA-X モデル　131
DSM　117
Ego　200
fMRI　21, 125
fNIRS　21
IDA モデル　36
LEI　62
n-back 課題　122
PTSD　38, 65, 75, 121, 199
Rey の聴覚性言語学習検査　123

Scalar Expectancy Theory   151   White Bear Suppression Inventory   138

おわりに——記憶心理学と臨床心理学の課題と展望

　本書を読んでいただいた読者は，どのような感想をお持ちだろうか。本書は記憶研究者と心理臨床家，そして研究者・心理臨床家を目指す大学院生，さらに一部の熱心な学部生を想定して執筆した。心理臨床家は特に普段から研究者の用語になじみがない。また研究者も心理臨床家が用いる独特の非科学的（あるいは未科学的）な概念や用語になじみがない。双方に理解していただくために，執筆陣には多大なご無理をお願いすることになった。

　筆者の知る限り，本稿の執筆時点では国内はもとより国外にも本書の類書といえるような本はないだろう。新しい試みというものは必然的に産みの苦しみが伴うのである。しかし，本書に関しては編者らがこれまで関わってきたどの書籍よりも重たいものがあった。執筆者の先生方，そして北大路書房の奥野さまの類まれなるご厚意がなければ本書は頓挫していたことだろう。

　読者のみなさまには，ここで本書の完成には編者らの無理難題にお付き合いくださった執筆者と奥野さまのご尽力があったこともお知りおきいただきたい。編者としては，どのような感謝の言葉を重ねても足りないほどの気持ちだが，読者のみなさまにお力添えの大きさを知っていただくことでご恩に報いたい。その成果である本書が心理学研究と心理療法の発展に少しでも貢献できれば本望である。

　ところで，本書の執筆・編集の過程では臨床心理学と記憶心理学のコラボレーションをめぐるさらなる課題も明らかになってきた。課題の発見は次の段階への発展のチャンスでもある。ここでは，研究者と臨床家の態度の壁といった専門家の姿勢の問題，そして構成概念の壁といった学術的発展性の問題について考察し，展望を試みよう。

1）研究者と臨床家の壁の正体は何か？
　心理学研究者と心理臨床家の視点や観点の壁はよく指摘される問題だが，本書の作成過程の議論でもやはり問題になった。しかし，壁の意味を理解できれば生産的な壁にできるかもしれない。まずは記憶を中心に壁の意味を考えてみ

よう。

　「はじめに」でも述べたように，認知心理学の一分野として発展してきた記憶心理学は，心がどれだけ精密に情報を処理できるのか，どれだけ歪んだ処理をするのか，に関心が向かっていた。このパラダイムでは，精密な処理が成功（success）で，歪んだ処理が失敗（failure）であった。

　一方で臨床心理学は適応をサポートする目的を持っているので，適応が成功であり，不適応が失敗であった。初期の精神分析のように情報処理の成功を適応の成功と考える人間観も臨床心理学にはあったが，これは現代では少数派の見解といえるだろう。筆者の実感としては，たとえ歪んだ処理が行われていても本人も関係者も幸せで誰も困っていないのなら，成功（または特に失敗というほどではない状態）と考える人間観が主流のように思われる。

　つまり，臨床心理学の活動は心理職の動機づけではなく，対象者が困っているかどうかという動機づけに基づいて行われている。対象者も関係者も，現状で特に困っていないことには注目しないし，考える気にもならない。心理職はどれだけ自分自身が問題意識を強く持っていても，当事者に動機づけがなければ関心を撤退させざるを得ない。

　一方で研究活動は対象者の動機づけではなく，研究者の主体的で学究的な動機づけに基づいて行われているので，対象者が研究協力に動機づけられていれば，真実を明らかにするための介入（研究）が行える。対象者に対して主体的になれるか，受動的にならざるを得ないかという態度の壁は，それぞれの活動目的の関係で今後とも末永く存在し続けると思われる。

2）壁があるからこそコラボレーションに意味がある

　このように心理臨床家と心理研究者は視点が決定的に違う。しかし，この違いを破滅的な壁にするか，生産的な違いにするかは私たち次第だろう。視点の違い，パラダイムの違いを「お互いに出来ないことができる」または「お互いの気づかない側面を見ることができる」という点で相互に活かし合えば，コラボレーションによって双方ともに発展するだろう。

　そのために，双方にどのような努力が必要なのだろうか。まず，心理臨床家には心理学研究に対して受容的になってほしい。クライエントに受容的になるのと同じように研究者の生きている世界を漂ってほしい。研究は人のごく狭い

おわりに

一面を切り取るからこそ科学として成立する。「狭い一面を切り取っては生態に近づけない」,「人生に寄り添うことができない」と拒絶や批判をしてはいけない。なぜなら,心理療法は心理学という科学に基づくからこそ,他の対人支援業務や無資格の心理カウンセラーもどきと差別化されるのである。何万の心理学研究を積み重ねることで,天才的な心理臨床家の誰も明言しなかった心理療法の真実も見つかりつつある。心理学研究への肯定的関心は必ず,心理療法をより行いやすくなる所見として返ってくることだろう。

　研究者には心理臨床家の,時に情緒的で内向的,そして非科学的(未科学的)な態度を怪しまないでほしい。実は心理臨床家がこのような態度に向かっていくには理由がある。

　まず,現代の心理臨床家の多くは"〇〇派","〇〇大学系"といった「家元制度」の中で訓練され,仕事もその枠の中で斡旋される事がある。資格制度や公募制度が整備されてずいぶんとクリーンになったが,臨床という実務は利用者の福祉に責任があり,利用者の期待通りにいかなかった時の訴訟リスクは研究活動のそれより頻度が高い。いざというときに力になってくれる後ろ盾や互助的なコミュニティなしに責任を負うのも怖いものである。安心を求めて家元への帰依を求めてしまう心理臨床家もいるので,家元制度はなくなる気配がない。家元制度の中では家元と先達の教え,その人間観に疑問を持ったとしても,それを口にすることは許されにくいことも多い。

　また,現場で対象者のある仕事をしていると,いつのまにか「いままでどうやっていたのか」を気にするようになる。社会的な責任も負えない立場では家元や先達の作ったマニュアルや教えに従わざるを得ない。その中で科学的な態度を失う心理臨床家は少なくない。このような状況の中で,いつしか疑問を持つことすらやめてしまう心理臨床家もいる。

　しかし,心理臨床家の感じている疑問はクライエントの生態に即しているし,理解できれば研究のヒントにも満ちている。情緒的で非論理的で理解に時間がかかるかもしれないが,彼らと対話する寛容さを持ってほしい。

3)「未来の記憶」の問題

　次に学術的な発展課題として未来や将来の展望の概念化を考えてみたい。

　健常な人間は,概ね未来を見ながら日常を生きている。自分がこれからやる

べきこと，次にやりたいこと，そして自分の身の回りで次に何が起こるかを予想しながら日々を営んでいる。2章で紹介したA. Damasio説では，このような「未来の（予想に関する）記憶」を参照しながら現状を確認する意識を自伝自己（延長意識）と呼んでいる。未来の記憶と現状の比較は人の日常を支える非常に重要な心の機能といえる。そこで，未来の記憶についての記憶心理学の概念を臨床心理学概念との対応を考慮しながら検討すると，さらに発展できる可能性があるように思われる。

たとえば，2章では相対的に社会心理学の文脈に位置づけられる時間的展望を援用している。時間的展望は過去・現在・未来に渡る一連の展望であり必ずしも未来の記憶ではないが，自伝自己において参照されている未来の記憶に相対的に近い概念と考えられる。後述する展望記憶も近い概念だが，やや異なるようである。そこで2章では記憶心理学研究ではあまり用いられない時間的展望を援用することになった。

また，10章の福島論文は分析心理学を専門とする臨床心理士・福島哲夫氏による珠稿だが，分析心理学で考える「自分という物語を生きている人」という人間観と記憶心理学をつなぐ概念に自伝的記憶を活用している。確かに自伝的記憶の自己機能は今とこれからのあるべき自分を展望するものだが，自伝的記憶は基本的には過去の記憶を指す概念である。人が生きている「物語」は未来へと続くものであり，未来の記憶をよりクリアーに表す記憶心理学の概念とその研究があれば，さらに議論を深められたのではないだろうか。

現状で，未来の記憶に最も近い概念としては展望記憶があげられるだろう。これは「"○○しよう"という行動意図の記憶」と定義されている。現在の記憶心理学研究では予定通りの意図の想起に成功したか，失敗したかに焦点を当てたものが多いようである。確かに，意図の想起も臨床心理学的に重要なテーマといえる。特にADHDや発達障害，学習障害といった心の機能的な障害の支援では重要だろう。これまでの展望記憶研究も十分に臨床的な示唆に富むといえるだろう。

しかし，認知行動科学や分析心理学など心理療法に直結する理論体系とのコラボレーションで展開ができる可能性が残されているように思われる。たとえば，「行動意図の記憶」という定義を認知行動科学から検討してみると，意図

の記憶だけに注目して実用的な意味がある場合は限られるのではないだろうか。つまり，行動は生活体が勝手に行うものではない。何らかの先行刺激に対応して生起するものである。つまり，行動意図の記憶は「○○が起こったら，△△しよう」というように，その行動のきっかけになる出来事（刺激）の展望とセットで形成されていると考えられる。出来事の展望は「出来事ベースの展望記憶」で考えられているが，出来事の展望やその監視過程をより考慮した展望記憶研究が増えると人の生態により即したものになるだろう。

　また認知行動科学では，行動は「○○と考えよう」という認知も含んで考えている。同様に「○○を考えない」も行動である。つまり8章で考察されている思考の抑制意図も展望記憶の一種と考えられるのではないだろうか。このように展望記憶は臨床で見られる人の生態を参考に概念を発展させられる可能性があるだろう。たとえば，「○○しないで，△△しよう」といった行動の抑制意図が伴う行動意図や，「○○ができたら，△△しよう」という行動意図の積み重ね，さらには「○○するはずが…」といった事態における展望記憶の更新など，臨床家と展望記憶の研究者が本気で対話すればアイディアは広がることだろう。

4）監視過程と臨床心理学概念

　監視過程（8章，12章）は「否認・抑圧された何か」という意味での無意識とは違う，「意識や意図によるコントロールが困難」という意味での無意識をよりロジカルに捉え得る概念である。言い換えれば「無意識的な意図」であり，「自分の心が思い通りにならない」という現象の黒幕かもしれない構成概念ともいえる。12章では監視過程とA. Damasio説における中核意識とトラウマ関連刺激への過敏性（5章）との機能的な類似性について事例を通して検討したが，この他にも臨床心理学の様々な概念との類似性を検討できるだろう。たとえば，精神分析でいう「快楽原則」や「超自我」，ロゴセラピーでいう「快楽への意思」や「意味への意思」など筆者が気づく限りでも多岐にわたる。このような臨床心理学概念を監視過程と絡めて再定義し，科学的検証が可能な構成概念として再構成することで壮大な仮説の域を出なかった臨床心理学理論の一部は，科学的に検証された理論に昇華される可能性があるかもしれない。

おわりに

むすび

　本書の試みは記憶心理学と臨床心理学，言い換えれば心理学における科学と実務を結ぶ始まりに過ぎない。両者のコラボレーションが常識になる未来は編者らの存命中には訪れないかもしれない。しかし，本書を読むあなたが研究者であっても臨床家であっても，それを目指してほしい。心理学も臨床心理学も，それに基づいた支援を必要としている人々が確かにいる。よりよい支援を求める人々の聞こえざる声に耳を傾けて，コラボレーションの成果を世に届けてほしい。いつか心理学における科学と実務のコラボレーションが当たり前になって，編者らが忘れ去られる未来が訪れれば本望である。

2015年9月
編者を代表して　杉山　崇

■ 執筆者一覧（執筆順）

越智啓太（法政大学文学部）		編者，1章，3章，5章
松本　昇（筑波大学大学院／日本学術振興会）		1章
杉山　崇（神奈川大学人間科学部）		編者，2章，12章
松村健太（北海道大学大学院）		4章
上田紋佳（ルーテル学院大学総合人間学部）		6章
山本哲也（ピッツバーグ大学医学部）		7章
服部陽介（京都学園大学人文学部）		8章
森田麻登（国際基督教大学大学院／身延山大学仏教学部）		9章
福島哲夫（大妻女子大学人間関係学部／成城カウンセリングオフィス）		10章
加藤　敬（一般社団法人こども心身医療研究所・診療所）		11章
丹藤克也（愛知淑徳大学心理学部）		編者

■ 編者紹介

杉山　崇（すぎやま　たかし）
1970年　下関市生まれ
1994年　臨床動作法訓練会トレーナー，これ以降，医療，教育，福祉，産業，司法の各領域で心理職を務める
1997年　学習院大学大学院人文科学研究科心理学専攻修了
2001年　日本学術振興会特別研究員
2002年　長野大学社会福祉学部専任講師
2008年　神奈川大学人間科学部准教授
現　在　神奈川大学人間科学部教授・心理相談センター所長，臨床心理士（7525号）
主著・論文
　これからの心理臨床　（共編著）ナカニシヤ出版　2007年
　臨床に活かす基礎心理学　（共編著）東京大学出版会　2009年
　事例でわかる基礎心理学のうまい活かし方　（共編著）金剛出版　2010年
　グズほどなぜか忙しい　ナガオカ文庫　2010年
　臨床心理学における自己　心理学評論57（3）434-448.　2014年
　入門！産業社会心理学　（編者）北樹出版　2015年
　読むだけで，人づきあいがうまくなる　サンマーク出版　2015年

越智　啓太（おち　けいた）
1965年　横浜市生まれ
1992年　学習院大学大学院人文科学研究科心理学専攻修了
1992年　警視庁科学捜査研究所研究員
2001年　東京家政大学文学部助教授
2006年　法政大学文学部心理学科助教授
現　在　法政大学文学部心理学科教授
主　著
　犯罪捜査の心理学　化学同人　2008年
　progress and application　犯罪心理学　サイエンス社　2012年
　ケースで学ぶ犯罪心理学　北大路書房　2013年
　つくられる偽りの記憶　化学同人　2014年
　恋愛の科学　実務教育出版　2015年

丹藤　克也（たんどう　かつや）
2007年　北海道大学大学院文学研究科人間システム科学専攻博士課程修了
現　在　愛知淑徳大学心理学部准教授（博士（文学））
主著・論文
　検索誘導生忘却の持続性　心理学研究，78，310-315.　（共著）2007年
　検索誘導性忘却における反応基準と回想経験の役割：Remember/Know手続きを用いた検討　認知心理学研究，5，23-31.　2007年
　子どもの頃の思い出は本物か─記憶に裏切られるとき─　（共訳）化学同人　2011年
　法と心理学の事典─犯罪・裁判・矯正─　（分担執筆）朝倉書店　2011年

記憶心理学と臨床心理学のコラボレーション

| 2015年11月1日 | 初版第1刷印刷 | 定価はカバーに表示 |
| 2015年11月10日 | 初版第1刷発行 | してあります。 |

編 著 者 　杉 山　　崇
　　　　　　越 智 啓 太
　　　　　　丹 藤 克 也
発 行 所　　㈱北大路書房
〒603-8303 京都市北区紫野十二坊町12-8
　　電　話　（075）431-0361（代）
　　Ｆ Ａ Ｘ　（075）431-9393
　　振　替　01050-4-2083

ⓒ2015　　　　　　　　　印刷・製本／亜細亜印刷（株）
検印省略　落丁・乱丁はお取り替えいたします。

ISBN978-4-7628-2910-9　Printed in Japan

・ JCOPY 〈㈳出版者著作権管理機構 委託出版物〉
本書の無断複写は著作権法上での例外を除き禁じられています。
複写される場合は，そのつど事前に，㈳出版者著作権管理機構
（電話 03-3513-6969,FAX 03-3513-6979,e-mail: info@jcopy.or.jp）
の許諾を得てください。